Monica Connell wuchs in Nordirland auf. Sie studierte Soziologie in London und Sozialanthropologie in Oxford. Heute lebt sie in Oxfordshire.

Peter Barker arbeitet als freier Fotograf. Nach zahlreichen Projekten im Himalaja lebt er heute in London.

Monica Connell

Der Duft von Wacholder

Impressionen aus einem Bergdorf in Nepal

Aus dem Englischen
von Ingrid Price-Gschössl

Die Übersetzung wurde vom Magistrat der Stadt Wien gefördert.

Die Deutsche Bibliothek – CIP-Einheitsaufnahme
Ein Titeldatensatz für diese Publikation ist bei
der Deutschen Bibliothek erhältlich.

REISEN · MENSCHEN · ABENTEUER

Deutsche Erstausgabe, 1. Auflage 2001
SIERRA bei Frederking & Thaler Verlag, München,
in der Verlagsgruppe Random House GmbH
Alle Rechte vorbehalten
© 1991 Monica Connell
© 1991 Fotos von Peter Barker
© 1991 erschienen bei Penguin Books Ltd.
Originaltitel: Against a Peacock Sky
Autorenfoto: Nicholas De Vore (Agentur: Gettyone Stone)
Fotos: Peter Barker; panos pictures, London
Umschlaggestaltung: Atelier Seidel, Altötting
Lektorat: Ariadne Buch, München
Herstellung: Sebastian Strohmaier, München
Satz: Uhl + Massopust, Aalen
Druck und Bindung: Clausen & Bosse, Leck
Papier: Das Papier wurde aus chlorfrei gebleichtem Zellstoff hergestellt.
ISBN 3-89405-123-X

www.frederking-und-thaler.de

*Für Jaktu, Bānchu, Lākśmi, Sauni, Hira Lāl,
Biḍa Jakali, Śaṅkar, Kālo, Nara Bahādur
und Bātuli*

Inhalt

Einleitung 9

TEIL 1

Einen Rinderbauern verstehen lernen 31
Das Vollmondfest und die Geschichte der Maṣṭā-Götter 45
Mit den Schafen durch das Jahr 60
Als Sigarup krank wurde 73
Die Phasen des Monsuns 84
Sāun Saṅkaṅti 98

TEIL II

Der Karaso 111
Die rote Hündin 125
Japan – Einst und heute 139
In guten wie in schlechten Tagen 162

Danksagung 217
Glossar 218
Aussprachehilfe 223

Einleitung

Lange Zeit sah es so aus, als ob ich alleine nach Nepal gehen würde, um dort Feldforschung für meine Doktorarbeit in Kulturanthropologie zu betreiben. Als sich dann aber Peter entschloss, als Fotograf, Forschungsassistent und als mein Partner mitzukommen, war ich begeistert. Das ungute Gefühl, das mich bei dem Gedanken befallen hatte, in einem entlegenen Teil der Welt ganz auf mich allein gestellt zu sein, war nun der Vorfreude auf das Abenteuer gewichen. Wir nahmen an der Londoner School of Oriental and African Studies Nepāli-Unterricht, studierten Landkarten und Reiseführer, schrieben Listen und kauften Dinge, die wir brauchen würden.

Wir hatten damals vage Vorstellungen davon, in welchen Teil des Landes wir gehen wollten, hatten uns aber noch auf kein bestimmtes Dorf festgelegt. Es sollte sich dabei aber auf jeden Fall um eine hinduistische, Nepāli sprechende Gemeinde handeln. Ich als Anthropologin wünschte mir natürlich auch ein möglichst entlegenes Dorf. Ich hatte eine romantische Vorstellung von der Feldforschung und dachte mir, dass ich mich völlig in die dortige Kultur vertiefen würde, eine Kultur, die von modernen und westlichen Einflüssen möglichst unberührt sein sollte. Mir ging es auch darum, einen Ort zu finden, der noch nicht von anderen Anthropologen bearbeitet worden war – also ein Stückchen der Welt, das ich mein Eigen nennen konnte.

Meine Nachforschungen hatten ergeben, dass sich der Bezirk von Jumla im nordwestlichen Vorgebirge des Himalaja ganz offensichtlich dafür eignete. Jumla Bazaar, die Bezirkshauptstadt, liegt etwa zehn Tagesmärsche von der nächsten Autostraße entfernt. Zwar gibt es dort einen kleinen Flughafen, der seit den 60er-Jahren zweimal wöchentlich von Kathmandu aus angeflogen wird, aber ich dachte mir, dass dies wahrscheinlich wenig Einfluss auf das Leben der einen oder zwei Tagesmärsche entfernt wohnenden Menschen haben würde.

Und was die übrigen Anthropologen anging, so hatte ich feststellen können, dass sich in dieses Gebiet noch nicht viele verirrt hatten. Die wenigen, die einige Zeit hier verbracht hatten, waren vor allem an hochkastigen Hindus wie Brahmanen, Chhetris und Ṭhakuris interessiert gewesen. Beim Lesen ihrer Arbeiten stieß ich des Öfteren auf eine Gruppe von Menschen, die bis dahin noch wenig erforscht zu sein schienen – die *matawāli* Chhetri. Ihre Sippennamen weisen darauf hin, dass es sich bei den *matawāli* Chhetri um Hochkasten-Hindus handelt, wobei ihre Kultur und Religion einer derartigen Einordnung jedoch zu widersprechen scheinen. Viele Anthropologen nehmen an, dass es sich um einen Volksstamm handeln könnte, der in das Gebiet eingewandert ist und sich im Lauf der Jahre der umgebenden hinduistischen Kultur angepasst hat. Zwar sind die *matawāli* Chhetri über das ganze Gebiet verteilt, doch gibt es ein Tal – das Chaudabis Dāra –, wo sie praktisch die einzigen Einwohner sind (abgesehen von einigen *Ḍum* oder Unberührbaren.) Nun gab es keine Zweifel mehr: Dort wollte ich hin.

Obwohl die *matawāli* Chhetri mein Interesse geweckt hatten, wollte ich mich nicht von vornherein festlegen. Denn schon damals war ich realistisch genug, den Warnungen eines Kollegen zu glauben, der zehn Jahre damit verbracht hatte, Sprache und Kultur eines bestimmten Stammes zu studieren, bevor er dann vor Ort herausfand, dass alle Englisch sprachen, Coca-Cola tranken und zu amerikanischer Popmusik aus dem Radio tanzten. Ich wollte lieber hingehen, so viel wie möglich lernen und dokumentieren und dann meine Dissertation über ein Thema schreiben, das sich im Lauf meiner Forschungsarbeit anbieten würde.

In England und später auch in Kathmandu riet man uns vor allem wegen der Abgeschiedenheit des Gebiets davon ab, in Jumla zu arbeiten. Im Frühling und im Herbst gab es zwar regelmäßig Flüge, die während der Monsunzeit von Ende Juni bis Anfang Oktober aber eingestellt wurden, und auch im Winter war der Flugplan bei Schnee unberechenbar. Das bedeutete, dass wir im Notfall, wenn beispielsweise einer von uns erkranken sollte, nicht ausgeflogen werden könnten. Aber es gab auch noch andere Gründe. Für viele Leute in Kathmandu ist Jumla tiefste Provinz. Sie erzählten uns, dass es dort eiskalt und ›unterentwickelt‹ sei und dass die Menschen, die an Ausländer nicht gewöhnt sind, misstrauisch, ungastlich und vielleicht sogar feindselig sein würden.

Wir dachten darüber und auch über die Tatsache nach, dass Jumla im Jahr zuvor zum ›Nahrungsdefizitgebiet‹ erklärt worden war. Es machte uns Sorge, dass wir die mageren Ressourcen noch zusätzlich belasten würden. Und doch wollten wir unbedingt hin.

Vom Tag unserer Ankunft in Kathmandu dauerte es noch vier Monate, bis mein Forschungsantrag von der Tribhuvan-Universität angenommen wurde und wir unsere Visa erhielten. Während wir darauf warteten, lernte ich weiter Nepāli und verbrachte meine Zeit damit, einschlägige Artikel und Bücher aufzuspüren und zu lesen. Ich traf mich auch mit anderen Anthropologen, die in Jumla gearbeitet hatten. So stieß ich auch auf Gabriel Campbell, der mit seinem Wissen und seinen Erfahrungen nicht geizte. Seine Dissertation zog ich zu Beginn meiner Feldforschung, als Jumla für mich auch auf dem Mars hätte liegen können, immer wieder zu Rate.

Wir füllten unsere Tage auch damit, notwendige Dinge zu beschaffen. Einige davon hatten wir schon aus England mitgebracht, darunter ein Tonbandgerät mit Kassetten (zum Aufnehmen von Mythen, Liedern und möglicherweise Interviews), eine Taschenlampe, Batterien, genug Filme für ein Jahr, Medikamente und lebensnotwendige Bücher. Den Rest besorgten wir in Kathmandu: Daunenanoraks, Schlafsäcke und Bergschuhe (in den vielen Secondhandläden für Trekker), Töpfe und Pfannen, Tee, Kaffee, Gewürze, Öl, Kerzen – allen möglichen Kleinkram, den wir in Jumla Bazaar nicht oder nur für viel Geld erstehen konnten.

Aber es war fast unmöglich, sich für einen Ort auszurüsten, von dem wir überhaupt nichts wussten. Über vieles, das wir mitgenommen hatten (Anoraks, Schnellkochtopf, Thermosflasche), waren wir froh. Generell hatte ich aber das Gefühl, dass die meisten Luxusartikel die Stimmung eher trübten, denn sie führten bei unseren Mitbewohnern zu Vorbehalten uns gegenüber und bei uns selbst zu Schuldgefühlen und Angst vor Diebstahl. Wir bereuten auch nie, dass wir kein Radio mitgebracht hatten, denn es hätte nur Scharen von Menschen angezogen (es gab ein oder zwei Radios im Dorf, doch denen fehlten meist die Batterien). Außerdem erschien es uns als ein seltenes Privileg, für so lange Zeit jeglichen Kontakt zur restlichen Welt abbrechen zu können.

Wir flogen in einer kleinen, 14-sitzigen Twin Otter nach Jumla. Als sich die Maschine über Kathmandu erhob, sahen wir unter uns die engen Straßen zwischen den hohen Backsteinhäusern, die Chilischnüre, die an den Fenstern zum Trocknen hingen, die Tempel mit den Pagodendächern, das geschäftige Treiben in den Straßen und in einiger Entfernung das fruchtbare Kathmandu-Tal, in dem es das ganze Jahr über grünt und blüht. Dahinter kahle braune Hügel, leere, abgeerntete Reisfelder, Häuser, die sich an den entlegenen Hängen zu kleinen Dörfern scharten. Eine Zeit lang flogen wir entlang des Annapurna- und Aulaghirigebirges, einer gigantischen unbewohnten Welt aus glitzerndem Eis und Schnee. Und dann, ganz unerwartet, verlor die Maschine an Höhe, und wir landeten im Tal von Jumla.

Wir stiegen in einem kleinen Hotel in Jumla Bazaar ab. Dessen Besitzer Gaya Prasād, der während unserer Feldforschungsarbeiten leider starb, nahm uns mit zu einem ausführlichen Rundgang und zeigte uns das Postamt, die Bank, die Kaserne, die Polizeiwache, das Krankenhaus, die ungenutzt leer stehende Familienplanungsklinik und die verschiedenen Teeläden, die von der United Mission geführte Berufsschule, die Masten, die in Erwartung des Stroms von den Wasserkraftwerken aufgestellt, und die Gräben, die zur Kanalisation angelegt worden waren (weder Wasserkraftwerke noch Kanalisation wurden während unserer Zeit in Nepal fertig gestellt). Danach ging er mit uns in einen der tibetischen *chang*-Läden, in denen Reisbier serviert wurde und wo wir auch später noch viele fröhliche Stunden mit ihm verbringen sollten.

Wir blieben vier Tage in Jumla Bazaar. Am Morgen des fünften Tages machten wir uns dann, nur mit unseren Schlafsäcken bepackt, auf die Suche nach einem Dorf, wo wir arbeiten und wohnen konnten. Gaya Prasād hatte uns Talphi, eines der größten Dörfer im Chaudabis-Tal, vorgeschlagen, das nur einen Tagesmarsch entfernt war.

Es hätte eine herrliche Wanderung sein können, wenn wir nur nicht so aufgeregt gewesen wären. Zuerst folgten wir dem Lauf des Tila-Flusses, vorbei am Flugplatz, und zweigten dann in nordöstliche Richtung zum Chaudabis-Tal ab. Der Fluss war breit und voll, stellenweise schäumte zischend die weiße Gischt, und dann war das Wasser wieder still und glatt wie grüne Seide. Nachdem wir eine Holzbrücke überquert hatten, die an den vier Ecken mit geschnitzten Figuren geschmückt war, führte uns der Weg hoch hinauf in die rote und gelbe Blätterpracht eines Mischwaldes. Wo sich das Tal verbreiterte, gab es immer eine Siedlung. Wir durchquerten zuerst Felder, auf denen uns die Menschen zuriefen und fragten, wohin wir unterwegs seien. Dann kamen wir an den Rand des Dorfes. Die aus Stein und Lehm gebauten Häuser waren groß, und auf den flachen Dächern waren Getreidegarben zum Trocknen ausgebreitet. Manche Häuser waren terrassenförmig übereinander gebaut, die übrigen standen nahe aneinander, um möglichst wenig vom bebaubaren Land wegzunehmen.

Vor einem dieser Dörfer kamen wir an einem kleinen Schrein vorbei. Es war ein Dornenbusch, an dem weiße und rote Bänder flatterten. Auf dem Boden darunter sahen wir die Reste eines Opfers – Blutspritzer und ein paar Federn. Ich spürte meine Aufregung bei dem Gedanken, dass ich nun bald mehr erfahren würde über diese Religion, die Götter und Göttinnen, denen diese Schreine geweiht waren. Ich ließ meinen Blick über die Berge mit ihren dichten, in vielen Teilen Nepals schon so rar gewordenen Tannenwäldern schweifen und war überzeugt, dass wir mit Jumla die richtige Wahl getroffen hatten.

Wir hatten nun die bisher breiteste Stelle des Tales erreicht. Und da, eng an die Talwand geschmiegt, lag Talphi.

Im Dorf angelangt, überfiel mich Panik. Überall auf den Wegen lag haufenweise Kot, die Häuser standen so eng beieinander, dass man das Gefühl hatte, gefangen zu sein, und von allen Seiten wurden wir angerufen und angestarrt. Ein Rudel Hunde lief uns bellend und knurrend nach, sodass wir schließlich mit Steinen nach ihnen warfen, um sie zu vertreiben.

Als wir weitergingen, rief uns eine Gruppe von Männern nach, die auf einem der ersten Hausdächer saß. Ich fragte sie, ob wir uns zu ihnen setzen dürften. Nachdem wir den gekerbten Baumstamm, der als Leiter diente, hinaufgeklettert waren, nahmen wir auf einer Decke Platz, die einer der Männer vor uns ausgebreitet hatte. Peter bot ihnen Zigaretten an.

Innerhalb weniger Sekunden war eine Schar von Menschen um uns versammelt. Alle starrten uns an. Einige Kinder kamen ganz nahe heran, und ihre braunen Augen hingen ohne jegliche Scheu oder Verlegenheit an unseren Gesichtern. Etliche befühlten unsere Haare und unsere Haut. Die etwas älteren Jungen standen dahinter und schwatzten und kicherten, und ich hörte, wie eine junge Mutter neckend ihr Baby warnte, dass die Fremden es mitnehmen würden, wenn es nicht brav sei.

Wir boten erneut Zigaretten an. Ein Mann versuchte, uns etwas zu sagen, doch wir verstanden den Dialekt nicht. Andere Männer schlossen sich an und riefen dieselbe Frage immer lauter und lauter, zuerst geduldig und lächelnd, dann jedoch mit zunehmender Frustration. Als wir endlich verstanden hatten, schien die gegenseitige Erleichterung uns einen Augenblick lang näher zu bringen. Sie wollten wissen, weshalb wir hier waren. Ich war auf diese Frage schon vorbereitet. Ich erzählte ihnen, dass wir in unseren Schulen von fremden Ländern hören. Wir wollten nun mehr über das Leben hier erfahren, damit wir ein Buch darüber schreiben und den Leuten zu Hause davon berichten könnten. Ich schloss damit, dass wir gerne mindestens sechs Monate in Talphi bleiben würden, und fragte, ob das denn möglich sei?

Als ich sprach, hörten mir alle aufmerksam zu. Meine Stimme klang seltsam schwach, und ich konnte nicht sagen, ob man mein Kathmandu-Nepāli verstand oder nicht. Ich kam mir vor wie bei einem Verhör: Die Sonne schien heiß und stechend und blendete mich, sodass ich die geschwärzten Gesichter der in schmutzige Lumpen gekleideten Menschen vor mir nur blinzelnd betrachten konnte.

Im Stimmengewirr, das meinen Worten folgte, versuchten alle, das Gesagte zu deuten oder zu kommentieren. Ich konnte aber nicht sagen, ob sie unseren Plan für gut befanden oder nicht. Nach einiger Zeit erklärte schließlich einer der Männer, dass es für uns in Talphi keine Bleibe gebe. Ich fragte nach anderen Dörfern, doch glaubte er nicht, dass man uns dort aufnehmen würde.

Als wir bald danach aufstanden, um zu gehen, trug ein Mann ein kleines Mädchen nach vorne und zeigte es uns. Trotz seiner vier Jahre sah es nur halb so alt aus. Ich hatte keine Ahnung, woran die Kleine litt, außer dass sie unterernährt war, sah aber, dass sie im Sterben lag. Ihr Vater bat mich um Medizin. Mir steckte ein Klumpen im Hals, als ich sah, wie er seine Tochter hielt und wie sich ihr schlafender Körper in seine Arme schmiegte. Ich sagte ihm, dass wir nichts bei uns hätten und dass er sie ins Krankenhaus bringen sollte. Er sah mich an, als ob ich ihm vorgeschlagen hätte, mit ihr zum Mond zu fahren.

Wir gingen weiter durchs Dorf, vorbei am Viertel der *Ḍum*, und wehrten uns mit Steinwürfen gegen die Hunde. Außerhalb des Dorfes setzten wir uns in den Schatten eines Walnussbaumes. Ich war (sicher nicht zum letzten Mal) entsetzt und empört über die anmaßende Einstellung der Anthropologie.

Lange saßen wir unter dem Baum. Es war beruhigend, den

Herbstblättern zuzusehen, wie sie eines nach dem anderen zu Boden flatterten. Wir überlegten, was wir nun tun sollten. Dabei ging es nicht länger darum, wo wir die nächsten sechs Monate, sondern wo wir die kommende Nacht verbringen sollten. Die Oktobersonne wärmte zwar noch, aber die Nächte waren kalt und frostig. Schließlich beschlossen wir, nach Bazaar zurückzuwandern, und wenn uns die Nacht überraschen sollte, würden wir in einem der Dörfer am Weg um Unterkunft bitten. Über diesen Entschluss war keiner von uns beiden begeistert. Von der einfachen Landkarte, die wir aus Kathmandu mitgebracht hatten, wussten wir, dass Talphi zu einer Gruppe von Dörfern gehörte. Und wir wussten auch, dass wir über kurz oder lang zurückkommen mussten, um unser Glück in den übrigen Dörfern zu versuchen.

Wir saßen noch immer unter dem Baum. Eine halbe Stunde musste vergangen sein, als plötzlich, wie aus dem Nichts, zwei Buben (Sigarup und Natra) angelaufen kamen und uns sagten, ihr Vater (Kalchu) sei bereit, uns für sechs Monate aufzunehmen.

Einige Stunden später, in Kalchus Haus, ließ unsere Anspannung nach. Die Sonne war schon untergegangen, und es wurde kalt. Alle Leute, die sich seit unserer Ankunft so neugierig um uns geschart hatten, waren nach Hause gegangen. Wir saßen vor dem Haus, bis es fast dunkel war. Als wir beobachteten, wie es im Dorf Abend wurde, kam uns alles plötzlich vertraut vor: Menschen, die von der Feldarbeit heimkehrten, Kühe und Schafe, die in die Ställe getrieben wurden, ihr Muhen und Blöken, der Geruch der Tiere und das Rascheln von frischem Stroh. Es hätte ein Bauerndorf überall auf der Welt zu irgendeinem Zeitpunkt der Geschichte sein können.

Nachdem es völlig dunkel geworden war, gingen wir hinein und saßen mit Kalchus Familie am Feuer. Und als wir unsere Weizen-*rotis* aßen und warme Milch dazu tranken, fühlte ich erneut, wie mir die Situation plötzlich gar nicht mehr fremd war. Uns verband das Bedürfnis nach Nahrung und die Freude am Essen – wir waren Bauer und Reisender, Gastgeber und Gast –, und wir alle freuten uns nach einem langen Tag am warmen Heim. Nach dem Essen packten wir unsere Schlafsäcke aus, Kalchu gab uns noch einige Decken, und dann legten wir uns alle um das Feuer zum Schlafen nieder.

Früh am nächsten Morgen zogen wir los, bedankten uns und versicherten, dass wir so bald wie möglich zurückkommen würden.

Kalchus Haus war in drei Bereiche gegliedert. Bis zum vorigen Jahr waren alle drei bewohnt gewesen: von Kalchu und seinen zwei jüngeren Brüdern samt Ehefrauen und Kindern sowie von den Frauen seiner verheirateten Söhne. Ein Jahr zuvor hatte auch Kalchus Vater noch bei ihm gewohnt. Wir kamen in einem leeren Teil des Hauses unter, aus dem der jüngste Bruder ausgezogen war, um sich ein eigenes kleines Haus zu bauen.

Wir hatten zwei Zimmer. Das äußere wurde nur in der Monsunzeit benutzt, denn dann war es darin angenehm kühl, da die beiden Außenwände aus einem offenen Holzrahmen bestanden, der nur zum Teil mit Lehm verputzt worden war. Als wir einzogen, deckte Kalchu auch die letzten offenen Stellen ab. Auf diese Weise entstand ein Raum, der im Dorf seinesgleichen suchte und genau für uns passte. Da die Wände aber nicht aus Stein waren, war es im Winter eiskalt. Wenn wir morgens aufwachten, war das Wasser in unserer großen Schüssel oft gefroren. Dafür gab es aber ein Fenster, was bedeutete, dass wir die Tür schließen konnten (wenn wir allein sein wollten) und noch immer genügend Licht zum Lesen und Schreiben hatten.

Während des ersten Winters schliefen wir im hinteren Raum. Das hatte den Nachteil, dass sich darin der Rauch von unserem Feuer und dem von Kalchu und Chola aus dem Nebenzimmer sammelte und hängen blieb. Im folgenden Winter beschlossen wir daher, lieber die Kälte als den Rauch in Kauf zu nehmen, und zogen aus dem hinteren Zimmer aus, das wir dann nur noch als Lagerraum benutzten. Trotzdem hassten wir diesen Raum, denn es war Tag und Nacht stockdunkel darin, und sogar mit einer Taschenlampe war es fast unmöglich, das zu finden, was man gerade suchte. Wir nannten ihn die Höhle.

Alle drei Teile des Hauses – Kalchus, Māilos (Kalchus jüngerer Bruder) und unserer – hatten Zugang zum gemeinsamen Flachdach.

Oberhalb dieses Daches und der Wohnräume befand sich ein weiteres Flachdach und dahinter ein kleiner Schrein und ein Lagerraum für das Getreide. Von der Seite gesehen war das Haus wie eine Treppe gebaut. Die verschiedenen Stockwerke waren durch Pfostenleitern verbunden. Zwischen Erdgeschoss und erstem Stockwerk gab es zwei breitere Steintreppen.

Wenn die Familie nicht gerade beim Essen, Schlafen oder bei der Feldarbeit war, verbrachte sie die meiste Zeit auf dem gemeinsamen Dach. Wir hatten also beides: eine eigene Wohnung und Anschluss an eine Großfamilie.

Wir zahlten Kalchu eine monatliche Miete von sechzig Rupien (etwa acht Mark). Als wir später merkten, dass wir uns nicht selbst mit ausreichend Brennholz versorgen konnten, zahlten wir ihm oder einem seiner Söhne, die uns das Holz brachten, für jedes Bündel acht Rupien. Auch unser Getreide kauften wir zumeist von ihm.

Die Feldforschung in der Anthropologie stützt sich vor allem auf die teilnehmende Beobachtung. Das heißt, der oder die Forschende verbringt so viel Zeit wie möglich mit den Menschen, teilt die Arbeit mit ihnen und lernt dabei durch Beobachten, Zuhören und Miterleben. In der Praxis kommen dazu fast immer auch Interviews. Denn einerseits lässt sich bei Gesprächen, die sich im normalen Umgang ergeben, nicht immer feststellen, wann sie zum (zielgerichteten) Interview werden. Andererseits ist es oft auch notwendig, Erlebnisse, deren Zeuge man war, zu klären und zu vertiefen.

Manche Anthropologen stützen sich fast ausschließlich auf Interviews. Das ist unter Umständen nötig, wenn die Zeit knapp ist. Wenn man zum Beispiel einen bestimmten Ort nur im Winter aufsuchen kann, aber Informationen über ein Sommerfest braucht, dann ist es am besten, Fragen zu stellen. Der Hauptgrund, weshalb die teilnehmende Beobachtung oft durch Interviews ersetzt wird, ist allerdings Bequemlichkeit: Man zahlt den Informanten und quetscht in den eigenen vier Wänden alles aus ihm heraus, ohne sich dabei ›die Hände schmutzig‹ machen zu müssen.

Als Forschungsmethode erweist sich das Interview jedoch als problematisch. Im Lauf der Zeit wurde mir bewusst, dass mir die Leute zumeist Antworten gaben, die ich hören wollte. Und nicht nur das. Ich merkte auch, dass sie sagten, sie würden Dinge tun, von denen sich im Zuge meiner späteren Beobachtungen herausstellte, dass dies überhaupt nicht der Fall war. Es wurde mir klar, dass eine Überbewertung der Interviews die Forschungsergebnisse systematisch verfälschen kann. Wenn man an einen Ort geht, über dessen Bevölkerung man fast nichts weiß, kann man seine Fragen nur auf Grundlage vorgefasster Meinungen und Hypothesen stellen. Und wenn die Leute dann so antworten, wie man es hören will, ist der Schaden schon passiert. Man hat den Gegenstand seiner Untersuchung bereits im Vorfeld beurteilt und interpretiert.

Der Grundgedanke der teilnehmenden Beobachtung ist im Gegensatz zur Befragung der, dass der Anthropologe eine passive Rolle spielt. Damit ermöglicht er den Menschen, ihr Leben selbst zu definieren, was im Idealfall hilft, seine vorgefasste Meinung zu untergraben. Für uns war die teilnehmende Beobachtung ein langer und oft schmerzlicher Prozess der fast demütigenden Erniedrigung und anschließenden Wiedereingliederung in die Gemeinschaft. Es war in gewisser Weise eine Reise der Seele.

Während unseres ersten Jahres im Dorf verbrachten wir die meiste Zeit mit ganz einfachen Tätigkeiten. Das Leben war für uns wie ein Puzzle, das wir langsam, Stück für Stück, zusammenfügten, ohne zu wissen, was das Endergebnis sein würde.

Ich bin oft gefragt worden, wie denn ein typischer Tag aussah. Wir standen zumeist beim ersten Licht der Dämmerung auf (zum Teil auch deshalb, weil man uns keine Ruhe ließ, um länger zu schlafen) und gingen dann hinunter zum Fluss, wo wir uns wuschen und unsere Behälter mit Wasser füllten. Nach unserer Rückkehr machten wir Feuer, kneteten den Teig für unsere *roṭis,* rösteten sie über dem Feuer und aßen sie. Danach gingen wir hin und wieder mit der Familie aufs Feld, manchmal wuschen wir unsere Sachen (eine recht aufwändige Angelegenheit), glätteten den Boden mit einer neuen Schicht Lehm, was einmal die Woche gemacht werden musste, oder besuchten andere Dörfer im Tal. Die Hausarbeit (inklusive Kochen) beanspruchte viel Zeit, und viel Zeit verbrachten wir ganz einfach auch in Gesellschaft der Menschen. Abends, nach dem Kochen und Essen, versuchte ich immer, etwas Zeit für mich zu haben – da lernte ich Vokabeln, hielt die Ereignisse des Tages fest und dachte nach.

Unser normaler Tagesablauf fügte sich in das Auf und Ab des Dorflebens ein. Manchmal, bei Hochzeiten oder Festen, waren wir vollauf damit beschäftigt, alles gleichzeitig zu sehen und zu tun. Und dann wieder plätscherten die Tage monatelang ruhig dahin.

Im ersten Jahr reisten wir zweimal zur Verlängerung unserer Visa nach Kathmandu. Etwa alle drei Wochen gingen wir nach Jumla, um unsere Post abzuholen, etwas Tee oder Kerosin für unsere Lampe zu kaufen, wieder einmal Englisch sprechen zu können oder ganz einfach, um den Tapetenwechsel zu genießen.

Wenn ich an unsere Zeit in Talphi zurückdenke, erinnere ich mich vor allem an unsere Beziehung zu einer Familie – Kalchu, Chola und Kinder der beiden – und ihre außerordentliche Liebenswürdigkeit und Großzügigkeit.

Anfangs herrschte zwischen uns gehöriges Misstrauen. In gewissem Maße tolerierten wir einander aus recht eigennützigen Gründen – sie bekamen ihr Geld und die kleinen Vorteile, die sich aus dem Umgang mit Fremden ergaben, wir bekamen unsere Informationen und Fotos. Langsam wurde diese Einstellung aber durch die Bande echter Zuneigung und Anteilnahme ersetzt.

Die Freundschaft vertiefte sich unweigerlich im selben Maße in dem wir mit der Sprache vertraut wurden. Anfangs war es störend und anstrengend, wenn Leute in unser Zimmer kamen, sich hinsetzten und ununterbrochen auf uns einredeten. Ohne es zu merken oder sich darum zu kümmern, dass wir praktisch überhaupt nichts verstanden, traktierten sie uns mit einsilbigen Wörtern, die für uns ebenfalls keinen Sinn ergaben. Später wurde das Sprechen zum Vergnügen, und je mehr wir sprachen, desto mehr verstanden wir schließlich vom Leben im Dorf und konnten in den Gesprächen mit echter Anteilnahme reagieren. Es war wie eine Initiation, als wir dann den Punkt erreichten, wo wir miteinander lachen und uns gegenseitig necken konnten. Nach einigen Monaten zeigte uns Kalchu, wie man Bier braut, was bedeutete, dass wir immer gut damit versorgt waren. Wenn sein Bier alle war, war unseres fast fertig und so weiter. Abends saßen wir dann meist zu dritt zusammen, manchmal auch mit anderen Dorfbewohnern, tranken eine Schale Bier und redeten.

Unsere Beziehung zur Familie und den anderen Menschen bestand zum Großteil aus unserer Rolle als Schüler und deren Rolle als Lehrer. Sie erklärten uns, den Anthropologen, Aspekte ihres Lebens, lehrten uns gleichzeitig aber auch viele Fertigkeiten des täglichen Lebens. In ihren Augen waren wir wie Babys: Wir konnten fast nichts außer Lesen und Schreiben, und das war in ihren Augen bedeutungslos.

Es war Kāli, ein Mädchen von etwa zehn Jahren, das mir die einfachsten Fertigkeiten beibrachte, die jede Frau im Dorf beherrschte: wie man Reis schält, das Getreide in der Wassermühle mahlt, verschiedene *roṭis* macht, wie man sich nach örtlicher Sitte kleidet und den Lehmboden tüncht. Sie sagte mir sogar, wie ich mich zu verhalten hätte, wenn ich meine Periode hatte, denn da dürfe ich kein Wasser holen, nicht kochen und keinen Mann berühren.

Das alles war Teil des Prozesses der Demütigung und Resozialisierung. Und obwohl alle in der Familie, selbst die Kinder, geduldige und verständnisvolle Lehrmeister waren, war es manchmal hart, sich so nutzlos und zugleich zu Dank verpflichtet zu fühlen. Das war vielleicht auch einer der Gründe, weshalb es uns unmöglich war, Menschen abzuweisen, die uns um Medikamente baten, was von Anfang an passierte. Wir versuchten zwar, ihnen zu erklären, dass wir keine Ärzte seien und fast keine Medikamente hätten, aber niemand glaubte uns. Wir brauchten also unsere Vorräte auf, holten Nachschub aus Kathmandu und fanden uns mit der Rolle der Sanitäter ab.

Angesichts der schrecklichen Krankheiten und Gebrechen, deren Heilung uns anvertraut wurde, fühlten wir uns in unserer Unzulänglichkeit oft völlig gelähmt. Aber es war das Einzige, worum uns diese Menschen baten: das Einzige, womit wir ihnen helfen konnten.

Es kam oft vor, dass uns das gesamte Konzept der anthropologischen Feldforschung als eine unmöglich schwierige Aufgabe erschien. Wir konnten uns zum Beispiel nie so richtig mit einigen Umständen abfinden, die von den anderen einfach als gegeben akzeptiert wurden. Der Rauch des Feuers war eine stete Reizquelle, denn die Häuser waren so angelegt, dass sich die Feuerstelle in der Mitte eines Raumes befand. Es gab keinen Kamin, und der Rauch konnte nur durch einen schmalen Spalt zwischen Wänden und Dachgesims entweichen. Alle hackten ihr Holz recht klein, damit es besser brannte; wir zerkleinerten das unsere besonders fein, doch unsere Augen und Nasen trieften unentwegt. Kalchu erlaubte uns schließlich, ein Loch als Kamin ins Dach zu schneiden. Dafür mussten wir zuerst ein Huhn opfern, um die bösen Geister daran zu hindern, durch das Loch ins Haus zu kommen. Der Kamin zog aber nur an windstillen Tagen. Die übrige Zeit wurde der Rauch auch weiterhin hin und her geblasen, und wir litten wie die anderen weiterhin an Kopfschmerzen und Husten.

Ich hasse es auch, immer so schmutzig zu sein. Der Rauch der Pechkieferfackeln überzog bald alles – Kleider, Bücher und Schlafsäcke – mit einer schwarzen Rußschicht. Im Handumdrehen saß der Ruß auch an unseren Händen und Gesichtern fest. Im Winter war das Flusswasser zum Erstarren kalt. Also erwärmten wir unser Wasser in einer Schüssel und wuschen uns dann am Feuer – ganz leise, denn wir verstießen damit gegen eines der Reinheitsgebote. Und des Öfteren, wenn ich wieder einmal gleichzeitig Läuse, Flöhe, Würmer und Durchfall hatte, träumte ich von einem Badezimmer.

Bei den Dorfbewohnern verursachte unsere Anwesenheit oft Neidgefühle. Immer wieder wiesen die Leute darauf hin, wie leicht doch unser Los im Vergleich zu dem ihren war: Wir waren gut genährt und gesund und hatten reichlich zu essen. Wir verfügten über Medikamente, Empfängnisverhütung und Geld. Wir brauchten nicht aufs Feld zu gehen, sondern konnten den ganzen Tag daheim sitzen und lesen und schreiben.

Das machte sie auch misstrauisch. Abgesehen von der Familie, bei der wir wohnten, wussten die Leute nie so recht, was wir eigentlich taten. Manchmal ging das Gerücht um, wir wollten etliche Dörfer in der Umgebung evakuieren, um ein Jagdreservat für Ausländer zu schaffen. Leute kamen zu uns und fragten, wann wir sie denn fortschicken würden. Wenn wir fotografierten oder aufschrieben, was wir soeben gehört hatten, schauten sie uns manchmal eindringlich an und fragten, wozu wir diese ganzen Informationen denn *wirklich* brauchten.

Natürlich waren wir unglücklich darüber. Eines Tages erschien mir die Situation so unerträglich, dass ich nahe daran war, einfach davonzulaufen. Es war während unseres ersten Monsuns. Das Zimmer war voller Fliegen – ich habe vorher und auch nachher nie mehr solche Fliegen gesehen –, und ich wusch gerade unser Geschirr. Den ganzen Tag lang waren Leute hereingekommen, hatten uns angestarrt, mit dem Finger auf uns gezeigt und Bemerkungen gemacht, als ob wir Tiere in einem Zoo wären, und ich war zu allen grob und schlecht gelaunt gewesen. Ich erinnere mich, dass ich, als ich die verrußten Pfannen mit Asche und Holzkohle abrieb, auf meine schmutzigen Hände im fettigen Wasser starrte, auf dem Holzkohlestückchen herumschwammen, und mir plötzlich bewusst wurde, dass ich ganz einfach gehen konnte – und wie glücklich mich das machen würde.

Aber ich ging nicht – denn es gab noch ganz andere Gefühle: Ich war vernarrt in das Dorf. Ich liebte die Beschaulichkeit des bäuerlichen Lebens. Zur Arbeit zu gehen bedeutete hier, das Feld zu bestellen, damit es etwas zu essen gab. Und alles wurde bestimmt von der Landschaft, dem Wetter und den Jahreszeiten. Trotz all seiner Härten hatte das Leben hier eine Logik, die uns im Westen schon seit langem verloren gegangen ist. Ich liebte das Fehlen von Geschäften und Werbung, die Unschuld der Kinder, die kein Fernsehen kannten. Ich aß mit Freuden, was gerade der Jahreszeit entsprechend reif geworden war – das erste grüne Gemüse und die ersten Erdbeeren, im Sommer eine seltene Schüssel Milch –, anstatt wie bei uns alles konserviert, verarbeitet und ständig verfügbar zu haben. Am meisten aber liebte ich das gelegentliche Gefühl der Zugehörigkeit, wie damals, als ich Jakalis *mitini* (rituelle Freundin) wurde. Oder als wir mit Angeln und Fischhaken, Gewürzen und Fotos als Geschenke aus Kathmandu zurückkamen und dann überall zu Festessen eingeladen wurden.

Nachdem wir ein Jahr im Dorf verbracht hatten, begann ich, in meinen Notizen nachzulesen, um über den Stand meiner Recherchen Bilanz zu ziehen. Dabei beunruhigte es mich etwas, dass meine Kenntnisse über das Dorf, die ich mir gänzlich durch teilnehmende Beobachtung und Gespräche – hauptsächlich mit Kalchu – erworben hatte, durchwegs impressionistischer Natur waren und es an so genannten ›Fakten‹ mangelte. Da erinnerte ich mich an Kollegen, die mir für derartige Fälle einen guten Rat gegeben hatten: Wenn alle Stricke reißen, geh' zum Lehrer. Da es in Talphi zu jener Zeit keinen gab, ging ich in das etliche Kilometer entfernte Dorf Māthichaur. In die Schule dort kamen die Kinder der umliegenden Dörfer, sofern sie nicht von ihren Eltern für die Feldarbeit gebraucht wurden.

Die vier Lehrer Tasi, Nara Bahādur, Chandan (aus benachbarten Dörfern) und Keśāb (aus Jumla Bazaar) verstanden mein Problem und schlugen vor, dass ich nachmittags gelegentlich nach dem Unterricht mit meinem Notizblock vorbeikommen sollte. Diese Sitzungen erwiesen sich als Erfahrungen von unschätzbarem Wert. An den Tagen vor meinen Besuchen bereitete ich verschiedene Themen vor, wie zum Beispiel Kastensystem, Religion, Familienverhältnisse oder Bildung. Dabei prüfte ich alle Informationen, die ich bereits selbst zusammengetragen hatte, und las das Wenige, das es zu diesen oder ähnlichen Themen gab, bevor ich einige vage Fragen formulierte.

Der größte Vorteil meiner Arbeit mit den Lehrern war (ganz abgesehen davon, dass sie nicht ständig auf den Feldern unterwegs waren), dass sie eine Schulbildung hatten. Im Gegensatz zu den meisten Dorfbewohnern waren sie in der Lage, begrifflich und abstrakt zu denken, eine unerlässliche Voraussetzung, um ein Thema analysieren und über Details nachdenken zu können. Sobald ich versuchte, mit Kalchu eine aus dem Kontext herausgelöste Frage zu besprechen, verlor er sehr schnell das Interesse, denn das war nicht seine Art der Unterhaltung.

Selbst die Lehrer hatten damit Schwierigkeiten. Es war von Vorteil, dass Keśāb, wie ich, eine Art Außenseiterrolle hatte. So konnten wir die anderen gemeinsam überreden, für sie selbstverständliche Dinge aus der Distanz zu betrachten, um diese dann zu objektivieren und zu erklären. Der größte Segen war aber, dass Keśāb außer Peter der bisher Erste und Einzige war, der etwas Englisch sprach.

Schließlich freute ich mich schon immer auf diese Nachmittage in Māthichaur – und ich glaube, nicht nur ich. Etwa einmal in der Woche saßen wir dann während dieses Winters im kleinen Klassenzimmer um das Feuer, rösteten Kartoffeln, tranken tibetischen Tee (Māthichaur war das einzige Tibeterdorf in der Gegend), lachten und unterhielten uns.

Im Frühling wurden diese Treffen seltener. Wenn ich zum vereinbarten Zeitpunkt nach Māthichaur kam, wurde mir oft gesagt, dass es keinen Unterricht gegeben hatte, weil die Lehrer mit Pflügen oder Säen beschäftigt waren, oder nach Jumla gegangen waren, um ihren Lohn abzuholen. Schließlich hörten unsere Sitzungen ganz auf, allerdings besuchten uns alle Lehrer auch später immer wieder einzeln. Keśāb blieb für die restliche Zeit unseres Aufenthalts ein guter Freund und half, wo immer er konnte.

Als die Zeit unseres Abschieds vom Dorf gekommen war, wurden wir beinahe täglich von verschiedenen Leuten zum Essen eingeladen und mit kleinen Geschenken bedacht. Von Sigarup erhielten wir ein gestricktes Täschchen, von Kāli ein Halsband, das sie aus winzigen Perlen gewebt hatte, und ein anderer schenkte uns einen rotweißen Gürtel aus geflochtener Wolle.

Am Tag der Abreise glättete ich noch den Boden unserer Wohnung mit Lehm, denn für Hindus gehören wir Ausländer eigentlich zu den Unberührbaren, unter anderem, weil wir Rindfleisch essen. In Talphi hatten wir diese Einstellung zwar kaum zu spüren bekommen, doch wollte ich das Heim unserer Freunde auf keinen Fall unrein hinterlassen.

Wir aßen unsere letzte Mahlzeit mit Kalchu und Chola – *puris* mit Reis und Quark, und tranken dazu Bier, das Kalchu extra gebraut hatte. Bekannte kamen vorbei und wünschten uns eine gute Reise. Viele brachten auch Reiseproviant, wie Brotfladen aus Buchweizen und geröstete Amarantkörner in Honig, die sie in Birkenrinde gewickelt hatten.

Später standen dann alle auf ihren Dächern und sahen zu, wie wir uns reisefertig machten. Wir trugen noch immer die einheimische Kleidung, doch als wir unsere Rucksäcke aufgesetzt hatten, wusste ich, dass wir wieder wie Ausländer und Touristen aussahen. Kalchu und Chola setzten uns gelbe *ṭikās* auf die Stirn, und wir machten dasselbe bei ihnen. Da es im lokalen Dialekt kein Wort für ›danke‹ gibt, verwendeten wir das in Kathmandu übliche ›*dhanyabād*‹, um uns für ihre Gastfreundschaft zu bedanken. Es gab noch vieles, das ich ihnen sagen wollte, doch plötzlich fehlten mir die Worte. Und als sie uns mit dem Wunsch ›geht gut‹ verabschiedeten, antworteten wir ganz einfach mit ›bleibt gut‹.

Wir waren schon am Rand des Dorfes angekommen, als mir einfiel, dass Kālī bei unserem Abschied nicht zu Hause gewesen war. In der Aufregung hatte ich es nicht bemerkt. Ich wollte schon zurückgehen, um ihr Lebewohl zu sagen, da entdeckte ich sie auf dem Pfad vor mir, wo sie die Kühe hütete. Sie wirkte ganz scheu, als wir auf sie zugingen, und hielt den Blick gesenkt. Ich hatte das starke Bedürfnis, sie in die Arme zu schließen, tat es aber nicht. Ich sagte ihr nur, dass ich den Sari, der ihr immer so gut gefallen hatte, für sie bei der Mutter gelassen hatte – und sie lächelte mich an.

In den Jahren nach unserem Aufenthalt in Talphi war Peter noch dreimal dort. Er erzählte mir, dass sich Kalchu, Chola und die Kinder über seinen Besuch gefreut und ihn mit Wärme und Gastfreundschaft aufgenommen hatten. Er brachte mir auch Neuigkeiten aus dem Dorf: wer geheiratet hat, wo es Nachwuchs gab und wer einen Job bei der Regierung in Jumla bekommen hat. Ich bin nie mehr dort gewesen, denn für mich ist die Erinnerung noch heute an der Grenze dessen, was ich verkraften kann.

TEIL I

Einen Rinderbauern
verstehen lernen

Ich fragte Kalchu einmal, wie er denn seine Kühe voneinander unterscheide und wie er seine eigenen und die der anderen Leute auseinander halten könne. In meinen Augen sahen sie alle gleich aus, nämlich klein und ganz schwarz, wobei ich natürlich merkte, dass einige längere Hörner und andere überhaupt keine Hörner hatten. Er sah mich an und sagte, dass er sich oft fragte, wie ich denn meine Bücher unterscheide, in seinen Augen sähen sie alle gleich aus. Wir lächelten und mussten zugeben, dass unsere beiden Welten grundverschieden sind.

Das Kalb kam im März zur Welt, einen Monat zu früh. Die Nächte waren noch so kalt, dass sich an den Mühlen an jenen Stellen der Wasserrinnen, wo das Wasser schäumend überlief, Eiszapfen gebildet hatten. Tagsüber tropften die Zapfen dann vor sich hin und tauten fast auf, doch zwischen Abend- und Morgendämmerung wurden sie vom Frost wieder neu geformt. So weit das Auge reichte, war die Erde braun. Dazwischen kleine Reste von gefrorenem Schnee, auf den Gebirgskämmen das dunkle Grün des Tannendickichts, doch es gab noch keine Blätter an den Laubbäumen und keine grünen Triebe in den welken Resten des Grases vom Vorjahr. Die Erde war noch nicht bereit für neues Leben.

Ich weiß nicht, was Kalchu veranlasst hatte, in den Stall zu gehen. Vielleicht hatte er das Stöhnen der Kuh bei der Geburt vernommen, denn seine Ohren waren empfindlich für Geräusche, die wir anderen sicher nicht hörten, als wir lachend um das Feuer saßen und uns unterhielten. Oder vielleicht hatte er auch schon die ersten Anzeichen der Wehen im Verhalten der Kuh entdeckt, als er mit Kāli die Heuballen auseinander genommen und frische Tannennadeln als Streu für die Nacht ausgebreitet hatte. Er verschwand für etwa eine halbe Stunde, und ich glaube, keiner von uns vermutete, dass etwas nicht stimmte.

Als er zurückkam, trug er das Kalb in den Armen. Dabei hielt er alle vier Beine umfasst, sodass die kleinen Hufe in seiner Hand gebündelt waren. Hinterleib und Schwanz ragten über seinen Unterarm und Schultern und Brustkorb des Tieres über den anderen. Der Hals war nach vorne gestreckt, und der Kopf hing tief nach unten, sodass er fast die Hufe berührte.

Im Raum angelangt, drehte sich Kalchu um, lehnte Schulter und Ellbogen gegen die Tür und drückte sie fest zu. Dann ließ er das Kalb ganz sanft auf die Decke neben dem Feuer gleiten. Sobald die Hufe den Boden berührten, knickten die Beine um, und Kalchu streckte sie vorsichtig zu einer Seite auf dem Boden aus. In der Sicherheit des wärmenden Feuers drehte das Kalb seinen Kopf in einer reflexartigen Bewegung über die Rippen hin, sodass es mit dem Maul seine weiche, eingefallene Flanke berührte. Die Ohren lagen flach am Kopf an, und die langen, dunklen Wimpern waren fest über den Augen geschlossen. Es schien schon fast tot zu sein, nach einem passiven Übergang von der Geburt zum Tod, ohne sich je des Lebens bewusst gewesen zu sein.

Die Zwillinge, die an Cholas Seite gesessen hatten, sprangen auf und rannten um die Feuerstelle herum, um besser sehen zu können. Nackt knieten sie bei dem Kälbchen nieder und ließen ihre Finger durch sein Fell gleiten. Alle Blutreste waren verschwunden, und wo die Mutter ihr Junges sauber geleckt hatte, war das Fell stattdessen von einer feuchten, öligen Schicht überzogen. Lāla Bahādur begann, mit dem sehnigen Schwanz zu spielen. Sie ließ ihn durch die Luft wirbeln, wickelte ihn um ihren Finger und zog fest am Ansatz, um das Tier auf diese Weise zu einer Reaktion zu bewegen und ins Leben zurückzurufen. Hārkini wiederum berührte es nur sanft am ganzen Körper, voller Staunen über seine winzige, perfekte Form.

Zuerst wusste niemand so recht, was zu tun sei. Kalchu saß still da und betrachtete das Kalb. Er schien sich damit abgefunden zu haben, dass das erste Kalb, das seit zwei Jahren in seinem Stall geboren worden war, zu früh und noch vor Ende des Winters zur Welt gekommen war. Sein Gesicht zeigte keine Gefühle – keinen Groll, keine Trauer. Und selbst wenn er solche Gefühle gehegt hatte, waren sie nun verschwunden. Jetzt ging es ihm nur noch darum, abzuwägen, welche Chancen das Leben gegenüber dem Tod hatte. Schließlich beschloss er, auf die Hoffnung zu setzen und um das Leben des Kalbes zu kämpfen, selbst wenn er damit eine Enttäuschung riskierte.

Dieser Entschluss setzte der untätigen Verwirrung ein Ende. Wenn das Kalb am Leben bleiben sollte, dann war klar, was zu tun sei. Schnelles Handeln war wichtig. Nara wurde zu Nachbarn, die eine trächtige Kuh hatten, geschickt, um eine Schüssel Milch zu holen; Kalchu schlug den *ḍāṅgri* oder den *Ḍum* im Haus an der unteren Ecke vor. Zu dieser Jahreszeit hatte niemand im Dorf so viel Milch, dass er sie mehr als ein paar Tage hintereinander entbehren konnte. Wenn die Kuh dann noch immer trockenstand, gab es keine andere Wahl, als das Kalb sterben zu lassen.

»Vielleicht könnte ich es selbst stillen – die Zwillinge an der einen und das Kalb an der anderen Brust.« Chola lehnte sich zurück und lachte. Dabei machte sie mit den Händen eine Geste, als ob sie die alte und die neue Nachkommenschaft damit umfangen wollte. »Das gab es schon zweimal, als Kälber geboren wurden, deren Mütter trockenstanden. Da haben die Frauen im Haus mit der eigenen Milch gestillt, bis sie entwöhnt werden konnten.« Ich sah sie zweifelnd an, doch sie lachte und beteuerte, dass es wahr sei. Es war unmöglich, zwischen Mythos und Wirklichkeit zu unterscheiden.

Während wir noch miteinander diskutierten, versuchte Kalchu, wieder Leben in das Tier zu bringen. Er öffnete ihm die Augen, stellte sich mit gespreizten Beinen darüber, ergriff es mit seinen rauen Händen und hob es hoch. Als die Hufe den Boden berührten, hielt er das Gewicht des Körpers einen Augenblick lang in seinen

Händen, bis das Kalb seine Orientierung gefunden hatte. Dann ließ er es los. Ganz offensichtlich hatte es einen angeborenen Gleichgewichtssinn. Es senkte seinen Kopf und streckte den Hals nach vorn, dann wankte es leicht, fasste sich aber rasch wieder. Doch die Muskeln hatten noch nicht genügend Kraft, und das Tier taumelte nach vorne, wobei seine Nüstern auf dem Boden aufschlugen.

Als Kalchu das Kalb erneut aufhob, tropfte Blut aus den Nüstern. Diesmal hielt es sich aber schon länger auf den Beinen und lernte langsam, seine Muskeln zu bewegen und zu stärken. Schließlich stand es so gut, dass es die Zwillinge im Spiel stoßen und ziehen und seine Flanken klopfen konnten, wobei es manchmal hinfiel oder schwankte, bis es sich wieder gefangen hatte. Wir feuerten es an, lachten über seine zweifelhaften Fortschritte und hoben es immer wieder auf, da es noch nicht stark genug war, um allein aufzustehen.

Der Wille und die Fähigkeit, sich aufrecht zu halten, ist eine der grundlegendsten Lebensäußerungen, die fast noch elementarer ist als das Bedürfnis nach Nahrung und Wasser. Ich hatte das schon früher einmal im Dorf erlebt, als eine Kuh, die an einem Hang graste, ins Tal abstürzte. Ganz offensichtlich war einer ihrer Vorderläufe gebrochen, denn er stand vom Knie aus seitlich ab. Sie war ein wertvolles Tier, das schon viele Kälber zur Welt gebracht hatte, und so standen die Besitzer bei ihr und schlugen auf sie ein, um sie zum Aufstehen zu bewegen. Als sie sich schließlich hochgerappelt hatte, konnte man sehen, dass der Schmerz für sie unerträglich war. Sie sträubte sich mit aller Kraft und wollte sich wieder hinlegen, doch die Besitzer zwangen sie, auf den drei unversehrten und dem abstehenden vierten Bein zu gehen. Triumphierend führten sie das Tier mit sich, denn sie sahen genau wie wir darin die Bestätigung, dass das Tier überleben würde.

Als Nara mit der Milch kam, war das Kalb erschöpft zusammengebrochen. Es hatte seine Läufe auf der Decke seitlich von sich gespreizt, und seine Flanken hoben und senkten sich mit dem Atem des Tiefschlafs. Nara hatte beim *ḍāṅgri* Milch erhalten, und der alte Mann war mit ihm gekommen, um zu sehen, ob er helfen konnte.

Er gab keine Ratschläge, sondern stand nur da, nickte bedächtig mit dem Kopf und lächelte vor sich hin, während seine Hände fast mechanisch die Wolle auf der Spindel drehten, die er mitgebracht hatte. Dann setzte er sich bescheiden hin, denn er wollte mit seinen in vielen Jahren gesammelten Erfahrungen nicht unaufgefordert prahlen.

Und es war auch klar, dass der viel jüngere Kalchu es schon mit vielen Frühgeburten zu tun gehabt hatte. Er behandelte das Kalb mit Geschick und ruhiger Gelassenheit. Keiner von uns tat etwas. Wir saßen nur stumm da und beobachteten ihn, beeindruckt von seinem Können. Er zog den Kopf des Tieres nach hinten, sodass sich die braunen Augen in den Höhlen nach oben drehten und nur noch das Weiß der Pupillen zu sehen war. Dann öffnete er das Maul, indem er den Daumen seitlich hineinsteckte. Mit dem Daumen im Maul des Kalbes schob Kalchu den Rand einer Schale zwischen das Gebiss des Tieres und ließ den Inhalt, etwas Öl, in seinen Rachen laufen. Das Kalb schüttelte schwach den Kopf, doch Kalchu griff nur fester zu und strich ihm über die Kehle, sodass das Tier schlucken musste. Dann ließ er es los, und das Kalb schlief sofort wieder ein. »Damit es kacken muss«, sagte er. Ich hätte gerne gewusst, warum das so wichtig war, sagte aber nichts. Vielleicht sollte dies nur wieder eine Bestätigung seiner Lebensfähigkeit sein.

Als Nächstes musste es zum Fressen und Trinken angehalten werden. Kalchu hob erneut den Kopf des Tieres hoch und hielt ihm seinen Finger hin, den er in Milch getaucht hatte. Das Kalb war jetzt so erschöpft, dass es nur schlafen wollte. Aber es war zu schwach, um dafür zu kämpfen. Es schenkte dem Finger keinerlei Beachtung. Kalchu tauchte ihn erneut in Milch und steckte ihn gewaltsam in das Maul des Tieres. »Wenn sie bis zum zweiten Tag nicht saugen«, sagte der ḍāṅgri, »dann vergessen sie, wie es geht.« Kalchu gab nicht auf, bis das Kalb seine Zunge herausstreckte, den Finger ableckte und schließlich den Finger ins Maul nahm und daran saugte.

Bevor wir zu Bett gingen, brachten wir das Kalb zu seiner Mutter in den Stall. »Es ist wichtig, dass sie sich noch heute sehen«, erklärte Kalchu. »Wenn die Mutter meint, ihr Kalb ist tot, dann gibt sie gar keine Milch mehr. Und das Junge verliert den Mut und sein Leben verlischt, wenn es zu lange von seinem eigentlichen Umfeld getrennt ist.«

Im Stall war es stockdunkel, und selbst mit unseren *jharo*-Fackeln, die wir von oben mitgebracht hatten, konnten wir anfangs nichts sehen. Doch wie immer fühlten wir uns umgeben von Kaugeräuschen und dem Geruch nach Schweiß, Dung und Heu sicher und vertraut. Schließlich fand uns das Muttertier. Mit leisem Brummen kam es auf uns zu, schmiegte sich an sein Kalb und leckte ihm Wange und Nacken.

Nachdem die Tiere einander begrüßt hatten, legte Kalchu das Kalb an die Seite der Mutter. Diese hatte die Nachgeburt noch immer nicht ganz ausgestoßen, und das verschlungene Gemisch aus Blut und Schleim hing ihr zwischen den Beinen. Als er den Kopf des Kalbes zum Euter der Mutter führte, spuckte Kalchu aus, um sich vom unreinen Anblick der Geburt zu säubern.

Das Kalb erkannte die Zitze nicht, doch als es an der Seite der Mutter stand, kackte es auf den Boden. Kalchu war zufrieden, hob den zitternden Tierkörper auf und trug ihn zurück zum Feuer.

Am nächsten Morgen gingen wir nach dem Aufwachen alle nacheinander zum Kalb. Es schien etwas munterer zu sein als am Tag zuvor und starrte seine Umgebung aus feuchten braunen Augen an, die gerade gelernt hatten zu fokussieren. Gleichzeitig wirbelte es auch schon spielerisch den Schwanz durch die Luft. Wie es so im Sonnenlicht da stand und von einer Seite zur anderen schwankte, schien es jedoch sehr klein, viel kleiner und zarter als am Abend zuvor. Und ich bemerkte, dass die Haut in losen Falten über Schulter und Rücken herabhing, als sei sie gestern, vor den Anstrengungen der Geburt, über einen volleren Körper gespannt gewesen. »Die Mutter gibt noch immer keine Milch.« Kalchu hatte meine Frage vorausgeahnt. »Wir müssen es noch ein paar Tage selbst versorgen.«

Diese Aufgabe fiel nun vor allem mir zu, denn ich war zu Hause. Kalchu und Chola waren zu der Zeit den ganzen Tag außer Haus, denn sie mussten die Felder für den Frühling bestellen. Morgens ließen sie das Kalb draußen auf dem Dach zurück. Sie hatten ihm einen Korb übergestülpt, damit ihm die Krähen und Geier nicht die Augen auspicken konnten. Außerdem kamen im Winter oft auch am helllichten Tag hungrige Schakale bis zu den Häusern. Über den Korb hatten sie eine Decke gelegt, sodass das Kalb die Wärme der Sonne genießen konnte, ohne von ihren Strahlen geblendet zu werden. Ich hatte eine Pipette gefunden, mit der ich ihm die Milch einflößte. Und wenn ich wegging, brachte ich das Kalb mit seiner Decke und dem Korb ins Haus.

Wenn Kāli abends mit den Kühen heimkam, führten wir das Kalb zu seiner Mutter in den Stall, die dann ihr Junges beschnupperte und anblies, wobei ihr Atem in der kalten Abendluft wie Dampf aus ihren Nüstern stieg. Doch sie hatte noch immer keine Milch, und so gab es für das Kalb auch keinen Grund, an der Zitze zu saugen, was den Milchfluss angeregt hätte.

Nach zehn Tagen war das Kalb zu einer gespenstischen Erscheinung geworden. Sein Körper war heiß und trocken und sein Fell, das nun hellbraun und struppig in die Höhe stand, hatte seinen schwarzen Glanz verloren. Die meiste Zeit schien das Tier wie tot. Sein Atem war so schwach, dass er die Flanken gar nicht mehr bewegte. So ging ich des Öfteren zu ihm hin, legte meinen Handrücken gegen seine Nüstern, bis ich seine Wärme beim Ausatmen spürte. Seine Augen waren nicht mehr die Augen einer Kuh. Sie waren blau und leer wie die Augen eines Verrückten, die Bilder einer Welt an das Gehirn senden, die nichts mehr mit der Realität zu tun hat. Manchmal schlossen sich die Lider und öffneten sich dann wieder, so als ob das Bewusstsein langsam schwinden würde.

Einmal träumte ich sogar davon. Da lief der Hund, wie er es manchmal tat, zu ihm hinüber. Doch statt das Kalb zu beschnüffeln und wieder wegzugehen, riss er ihm diesmal den After auf und begann, die Eingeweide herauszuziehen.

Ich fütterte das Tier noch immer, doch mich schauderte davor. Ich hasste es, die Pipette zwischen das entblößte Gebiss und die heißen, trockenen Lippen zu schieben und zuzusehen, wie die Milch wieder aus dem Winkel des Mauls herausfloss, da das Tier nicht mehr schlucken konnte. Kalchu und Chola hatten das Interesse an ihm verloren, wie dies bei Tieren und ihren sterbenden Jungen auch der Fall ist. Manchmal stellten sie es noch auf die Beine und sahen zu, wie es wieder umfiel, als ob sie damit ihre Nachlässigkeit rechtfertigen wollten. Dann ließen sie es wieder in Ruhe.

Morgens kam Kalchu einmal aus dem Stall mit einer Schüssel warmer Milch, von der er die Hälfte in eine Schale für mich goss. Er war froh, ja stolz, dass er zu den wenigen Häusern im Dorf gehörte, die im Winter Milch hatten, scheinbar völlig unberührt von der Ironie, dass sie zu spät kam, da das Kalb inzwischen mehr tot als lebendig war.

Das Kalb lebte fünfzehn Tage. Ich war traurig, als es starb, denn ich konnte mich erinnern, wie es war, als es noch Hoffnung gab.

Ich sah das tote Tier nicht. Der Kadaver wurde gleich am frühen Morgen von einem *Ḍum* abgeholt, und einige Tage später brachte er das Tier zurück – ausgestopft. Das Fell war jetzt ganz matt und dünn, und die Augen waren gähnende schwarze Löcher in den Höhlen. Trotz der groben Arbeit wirkte das über Stroh gezogene Fell aber nicht viel anders als damals, als es die Rippen bedeckte. Kalchu brachte das ausgestopfte Tier zweimal am Tag in den Stall, wenn er das Muttertier molk. Er sagte, dass die Kuh dadurch ebenso viel Milch gebe, als würde sie das lebende Kalb sehen.

Knapp eine Woche später schien dann einer der Zugstiere zu kränkeln. Kalchu hatte mit den Tieren die Felder am Südhang von Jimale bestellt, wo abwechselnd Weizen und Buchweizen angepflanzt wurde. Das hoch gelegene Land ist besonders schwer zu bestellen. Nicht nur wegen der starken Neigung, sondern auch weil es erst vor kurzem urbar gemacht wurde und daher noch viele Wurzeln und Steine enthält. Kalchu hatte darauf geachtet, die Stiere nicht zu schwer arbeiten zu lassen. Wenn sie abends zurückkamen, streute er für die Tiere Salz zum Lecken auf einen flachen Stein. Zusätzlich zum Heu gab er ihnen einmal auch die Körner, die nach dem Bierbrauen auf dem Boden des Kruges zurückgeblieben waren. Er sagte, für gewöhnlich würde er die Stiere, wenn er mit ihnen vier oder fünf Tage gepflügt hatte, zwei Tage lang zu Hause lassen. Diesmal hatte aber nur einer gerastet, die beiden anderen hatten ganze zehn Tage lang durchgearbeitet. Der Grund dafür war, dass der Zugstier von Jakalis Mann gestorben war und dieser Kalchu inständig gebeten hatte, ihm einen von seinen zu leihen.

Und der war jetzt krank. Es gab keine sichtbaren Anzeichen. Kalchu hatte ihn genau untersucht, seine Beine, den Rücken und den Bauch befühlt, hatte aber nichts gefunden. Der Stier hatte keine offenen Wunden, keine Schwellungen, und es gab auch keine Stellen, die bei Berührung schmerzten. Also nahm er an, dass das Tier von der Arbeit erschöpft und nach dem langen Winter geschwächt war. Er hatte ihn wider besseren Wissens an Jakalis Mann ausgeliehen. Da ihm dieser damals geholfen hatte, als sein eigener Bulle gestorben war, hatte er befürchtet, sein Schicksal herauszufordern, wenn er bei dieser Gelegenheit nicht das Gleichgewicht wieder herstellte. Wenn das Tier nur erschöpft war, genügte es ja, das Pflügen ein paar Tage lang auszusetzen und das Tier so lange ausruhen zu lassen, bis es wieder Appetit hatte und gestärkt war.

Doch nach zehn Tagen war noch immer keine Besserung eingetreten. Der Stier stand nur teilnahmslos da oder legte sich mit halb geschlossenen Augen an eine bestimmte Stelle ganz hinten im Stall. Die Krankheit zeigte sich ohne jegliche Brutalität, es gab kein Krümmen des Körpers und kein Stöhnen. Das Tier war auch nie ungeduldig oder gereizt, wenn Kalchu versuchte, es zu füttern oder auf Wunden zu untersuchen. Es gab kein instinktives Aufbäumen, keinen Überlebenskampf. Es schien ganz so, als ob das Tier von einer großen Traurigkeit verzehrt würde und den Willen zum Leben verloren hatte.

Eines Tages kam eine *Ḍumini* aus Pere, um sich das Tier anzusehen. Sie war eine *mantri*, eine Person, die gewisse Zauberformeln kannte und den Ruf hatte, Tiere heilen zu können. Sie erzählte

Chola, dass sie in Pere von der Krankheit des Stiers erfahren hatte und dass sie ihn bestimmt heilen könnte, denn sie hatte schon hunderte von Stieren behandelt, und nur einer davon war gestorben.

Chola nahm sie mit nach unten und führte den Stier aus seinem dunklen Stall in den angrenzenden Pferch. Dieser war von einer Steinmauer umschlossen, aber nach oben hin offen, sodass man hineinsehen konnte. Wortlos begutachtete die *mantri* das Tier von der Tür aus. Dann schickte sie Nara um einige Dinge, die sie brauchte: ein Stück Seil, das zwischen ihre seitlich ausgestreckten Arme passen sollte, einen biegsamen Weidenzweig, der zwischen Naras ausgestreckte Hände passen sollte, den Zweig eines blühenden *dāntelo*-Strauchs und ein wenig Weizenmehl und Tabak als Lohn.

Noch immer wortlos hob sie dann etwas Dung vom Boden und rollte ihn zwischen den Fingerspitzen zu einem Ball. Als er die richtige Form hatte, blies sie darauf und schloss die Hand darum zur Faust. Dann massierte sie Nacken, Schultern, Rücken und Hinterteil des Stiers, wobei sie die Stellen mit ihrer knöchernen Faust hart und rhythmisch abklopfte. Dabei murmelte sie vor sich hin, ohne verständliche Worte zu artikulieren, sodass man gar nicht wusste, welche Sprache sie sprach. Ihre Lippen bewegten sich ganz rasch, und zwischen den Atemzügen hob und senkte sich ihre Stimme. Es schien, als ob ihre gesamte Konzentration und die Kraft eines jeden Muskels ihres Körpers auf genau die Stelle des Tierrückens ausgerichtet war, auf die ihre Faust gerade fiel.

Seltsamerweise reagierte der Stier darauf. Er verlagerte sein Gewicht auf die andere Seite, sodass er sich ihr leicht zuneigte. Bei jedem Aufschlag erzitterte sein Körper – es war dieselbe unwillkürliche Bewegung, die eine Kuh macht, wenn sie eine Fliege verscheuchen will, wobei die wellenartigen Bewegungen aber stärker waren.

Während die *mantri* das Tier bearbeitete, stand Chola vor dem Stier, hielt seinen Schädel nach unten gebeugt und glättete beruhigend den rauen Haarschopf zwischen den Hörnern.

Die *mantri* brauchte lange, bis sie den ganzen Körper des Stiers von der Schulter bis zum Hinterteil auf der einen und dann vom

Hinterteil bis zur Schulter auf der anderen Seite bearbeitet hatte. Als sie fertig war, wandte sie sich an Nara, der gerade mit den Dingen, die sie brauchte, zurückgekommen war und durch den Türspalt lugte, als ob er sich aus Angst vor ihrem Zauber nicht hereintraute. »Trag das zur Straßenkreuzung«, befahl sie ihm und ließ den Stierdung in seine hohlen Hände fallen. »Dann vergrab es, sodass nichts mehr davon zu sehen ist.«

Schließlich nahm sie den Weidenzweig, legte ihn zwischen den Widerrist des Stiers und band ihn unter den weichen Fleischfalten am Hals des Tieres fest. »Das steht für sein Joch beim Pflügen«, erklärte sie Chola. »Lass es nur dort. Er wird es von selber wieder abreiben.«

Beim Hinausgehen hielt sie kurz inne und steckte den *dāṅtelo*-Zweig zwischen die Steine über dem Türsturz. Der Stier senkte drohend den Schädel und machte ein paar Schritte, als ob er sich auf sie stürzen wollte. Dann wandte er sich aber zur offenen Stalltür und ging zurück an seinen Platz im Dunkeln.

Chola hatte die Lebhaftigkeit und Reaktion des Stiers beim Besuch der *mantri* als ein Zeichen für den Erfolg der Behandlung gehalten. Doch in den folgenden Tagen blieb alles unverändert. Wenn Kalchu mit frischem Heu und Wasser zu ihm kam und ihm manchmal sogar Maisbrot anbot, blieb er zurückhaltend und gleichgültig. Und wenn die Kühe morgens auf die Weide gebracht wurden und abends wieder heimkamen, stand er nur da, ohne den Kopf zu wenden. So vergingen die Tage und Nächte, und er schien nur auf den Tod zu warten.

Als der *dhāmi* wieder einmal von einem der Dorfgötter besessen war, ging Kalchu zum Schrein und fragte um Rat. Und der Gott antwortete mit hoher Fistelstimme durch das Medium des *dhāmis* ohne zu zögern, dass die Zeit für Kalchus Stier gekommen sei, und dass niemand etwas zu seiner Rettung tun könne. Er fügte noch hinzu, dass zwei von Kalchus Bullen während des Winters sterben und nur einer überleben würde. Danach wurde das Weidenjoch des Stiers durch ein rotes, vom Gott geweihtes Stoffband ersetzt, das fest an das Horn gebunden wurde, sodass es über Wange und Auge baumelte.

Der *dhāmi* behielt Recht. Nichts konnte den Lebensmut des Stiers wieder herstellen. Eines Abends kam Kalchu in mein Zimmer, und wir saßen lange da und starrten ins Feuer. Dann sagte er, dass der Stier gestorben sei. Als er vor einiger Zeit im Stall nachgesehen hatte, war er nicht da gewesen, und so hatte er sich auf die Suche gemacht. Sicher konnte das Tier nicht weit gegangen sein, wo es doch schon so lange nicht mehr aus dem Stall gekommen war.

Er suchte überall im ganzen Dorf und fragte auch die Leute, ob sie den Stier gesehen hätten. Aber niemand wusste etwas. Schließlich fand er ihn auf der Kālādika, einer offenen Grasfläche etwa einen halben Kilometer außerhalb des Dorfes. Es war der dem Dorf am nächsten gelegene Weideplatz. Als Kalchu dort ankam, erzählte ihm ein Junge, der seine Kühe auf der Wiese weiden ließ, dass er den Stier beobachtet hatte, wie er langsam rund um die Kālādika gegangen war, bevor er sich an jene Stelle legte, auf der ihn Kalchu schließlich gefunden hatte. Der Stier war noch nicht tot gewesen, aber er lag im Sterben.

»Ich nahm eine Schüssel mit Wasser und gab ihm *hirin*, wie ich es für meinen Vater oder meinen Bruder getan hätte«, sagte Kalchu. »Dann starb er und ich ging heim.«

Ich war bestürzt, denn ich hatte nicht gewusst, wie viel ihm der Stier bedeutete.

»Er hat mein Land acht Jahre lang gepflügt. Er wusste besser als ich, was zu tun ist. Er wusste sogar, welches mein Land ist, und ich hätte ihn gar nicht hinzuführen brauchen. Er war ein Teil meiner Familie. Er war ein Teil von mir.«

Ich dachte zurück an die Zeit des Pflügens, an die Zeit der Kartoffelernte im Herbst und an den Sommer, als wir durch die überfluteten Reisfelder wateten. Ich hatte nie den Eindruck gehabt, dass Kalchus Verhältnis zu seinen Stieren besonders harmonisch war. Die Tiere schienen recht eigenwillig. Manchmal waren sie nicht von der Stelle zu bewegen. Und dann wieder stoben sie ganz außer Kontrolle los und rissen die Erdwälle nieder, die das Wasser in den Reisfeldern begrenzten. Manchmal besänftigte Kalchu sie dann und redete ihnen gut zu oder er schlug auf sie ein und verwünschte sie. Es gab keinen Zweifel, dass die Stiere seine Sprache verstanden, doch niemand konnte behaupten, dass sie ihm unbedingt gehorchten.

»Aber du hast doch noch andere Stiere?«, sagte ich.

»Ja«, antwortete er traurig. »Zwei. Aber sie sind jung. Sie sind auch nicht stark genug und noch nicht abgerichtet.« Er saß noch eine Weile stumm da, dann stand er auf und ging hinaus.

Doch damit war es noch nicht genug. Kurze Zeit später starb eine der Kühe. Es geschah nachts im Stall. Am Morgen kamen die unberührbaren Frauen, schleppten den Kadaver ins Freie und zerlegten das Tier vor dem Haus. Kalchu und Chola, die beide zu Hause waren, sahen ihnen hin und wieder angewidert und doch fasziniert zu. Dorfbewohner, die vorbeikamen, machten um das Ganze einen weiten Bogen und spuckten verächtlich aus. Die Frauen waren so tief über ihre Arbeit gebeugt, dass die Umhängetücher ihren ganzen Körper bedeckten, und ich sah keine einzige, die von ihrer Arbeit aufblickte. Sie waren fast den ganzen Tag beschäftigt. Am Abend nahmen sie dann ihre Körbe mit dem roten Fleisch und trugen sie zurück in die Sicherheit und Akzeptanz ihrer Gemeinde der Unberührbaren am äußersten Ende des Dorfes.

Es waren aber nicht nur Kalchus und Cholas Kühe, die starben. Und es war auch nicht nur Pech. Denn am Ende des Winters sind die Kühe so abgemagert und schwach, dass sie von Krankheiten oft wie die Fliegen dahingerafft werden. Wenn dann der Frühling – wie in jenem Jahr – spät kommt, reichen die Heuvorräte nicht mehr aus, die die Frauen im Herbst von den steilsten Hängen sammeln, an denen nicht geweidet werden kann und das Gras daher besonders lang ist. Alle Kühe haben darunter zu leiden.

Auch im Jahr zuvor kam der Frühling erst spät, und Jakali und ihr Mann verloren so viele Kühe, dass sie den Gott befragten. Dieser sagte ihnen, dass der Ort, an dem sich ihr Haus und ihr Stall befanden, bösen Einflüssen ausgesetzt sei. Da trugen die beiden ihr Haus, Stein um Stein, ab und bauten es etwa zwanzig Meter weiter südlich auf einem vom Gott empfohlenen Stück Land wieder auf. Sie bauten es um einen provisorischen Schrein mit Opfern für die guten und bösen Götter. Das dauerte bis zum Winter, in dem dann der Zugstier von Jakalis Mann trotz des neuen Stalls starb und in dem sich Kalchu genötigt sah, ihm den seinen zu leihen, der dann vor Überarbeitung zu Grunde ging.

Das Vollmondfest
und die Geschichte der Maṣṭā-Götter

Wenn der dhāmi *besessen ist, erzählt der Gott, den er verkörpert, manchmal die Geschichte seines Lebens. Diese Geschichten werden* pareli *genannt.*

Im Wesentlichen sind sich alle pareli *ähnlich. Sie erzählen davon, wie die* Maṣṭā-*Götter (die Bāra Bhāi oder Zwölf Brüder) so lange auf der Erde wandern, bis sie einen Platz finden, der ihnen besonders gefällt. Dort machen sie das Land urbar, vertreiben die bösen Geister (oder verwandeln sie in geringere Gottheiten, die Bāhān) und kümmern sich um die Menschen.*

Das folgende pareli *setzt sich aus Auszügen verschiedener* pareis *zusammen. Die meisten davon wurden von Gabriel Campbell und Tunga Nath Upadaya in verschiedenen Dörfern des Gebiets um Jumla aufgezeichnet. Dokumentation und ursprüngliche Übersetzung ins Englische sind von Gabriel Campbell, Prithivi Raj Chettri und Tunga Nath Upadaya.*

> Mit der Erlaubnis und im Auftrag des
> Himmelskönigs Indra habe ich
> Berge und Flüsse und Hügel und
> andere seltsame und einsame Stätten
> durchquert und bin in diese Welt der
> Sterblichen gekomken.

Es ist die Zeit des *karāti,* der Nächte vor dem Vollmondfest, jener Zeit, in der die Götter von den Körpern der *dhāmis* Besitz ergreifen, um darin bei den Menschen zu tanzen. Von irgendwo her hört man das Schlagen der Trommeln. Es könnte vom Ende des Dorfes kommen, denn manchmal ist der Rhythmus klar und deutlich, doch wenn ihn der Wind verweht, wird er dumpf und vermischt sich mit dem Tosen des monsungeschwellten Flusses.

Später, es ist schon Nacht, legen sich Mina und Kāli ihre Decken um die Schultern und gehen ins Dorf. Das Bellen der Hunde auf den Dächern begleitet sie von Haus zu Haus. Die Tiere, die vom Vollmond und von den Trommeln verschreckt sind, hören sich heute ängstlich und wild an. Als die beiden Mädchen dort angelangt sind, wo der Klang der Trommeln herkommt, klettern sie zuerst eine und dann eine zweite Leiter bis zum obersten Dach des Hauses hinauf.

Viele Menschen sind schon versammelt – Männer, Frauen, Jungen und Mädchen, Kleinkinder und Säuglinge. Die Tür zum Schrein hinten auf dem Dach ist offen. Drinnen sitzt eine Gruppe von Männern um das Feuer. Auf ihren Gesichtern spielen Schatten im Widerschein der Flammen. Draußen halten sich junge Mädchen paarweise an den Händen, lehnen sich dabei zurück und drehen sich so schnell im Kreis, dass ihre Tücher wie Flügel von ihren Köpfen abstehen. Ein Junge flitzt durchs Dunkel zwischen den Gruppen hindurch, wie ein kleiner Fisch. In der Hand hält er ein Büschel Brennnesseln, mit dem er den Leuten auf die Knöchel schlägt, doch bevor sie ihn schimpfen können, hat ihn die Dunkelheit längst wieder verschluckt.

> Ich habe Blumen von zweiundzwanzig
> Weiden und zweiundzwanzig Bergen,
> von Hochebenen und grünen Wiesen tief
> im Tal gepflückt. Das sind Blumen mit
> neun verschiedenen Farben, die habe ich
> gesammelt und mir aus reiner Freude
> ins Haar gesteckt, wo sie zu einem Teil
> meiner selbst geworden sind.

Das Trommeln wird lauter. Die Musiker sitzen in einer Reihe am Rand des Daches, ihre Gesichter dem Schrein zugewandt. Die Trommeln, Halbkugeln aus handgetriebenem Kupfer, stehen vor ihnen auf dem Boden. Mit der ganzen Kraft ihrer Hände und Handgelenke schlagen sie mit den gekrümmten Schlegeln so fest und schnell auf ihre Trommeln, dass das ganze Dach vibriert. Im Schrein beginnen die Glocken zu läuten. Mit jedem Zug der Kordel schwingen sie in hohem Bogen rauf und runter und läuten dabei im Rhythmus mit. Nahe am Eingang spielen zwei Knaben die Zimbeln, sorgfältig darauf bedacht, dass die beiden Becken immer genau gegeneinander schlagen.

> Zwölf Jahre lang bin ich von Ort zu
> Ort gezogen. Ich wandelte in Wahrheit
> und habe mit Macht gesprochen. Ich habe zweiundzwanzig Regionen mit meiner Stärke erschüttert.
> Und ich habe auch viel Gutes getan. Ich
> habe Pilgerstätten geschaffen und ihre Pilger
> betreut. Ich habe Tempel gebaut. An den Ufern
> eines Sees, an einem Ort namens Garagāli, gab es
> einen Tempel, der mit Gold und Silber verziert
> war, und wenn dein Blick auf diesen Tempel fiel, kamen
> dir Tränen in die Augen und du musstest weinen,
> selbst wenn du in deinem Leben noch nie geweint hattest.

Ein Mann aus einer Gruppe, der mit dem Rücken zur Wand gelehnt dasitzt, beginnt plötzlich am ganzen Körper zu zittern. Er steht auf, reißt sich die wollene Decke, die er als Umhang trägt, vom Leib und zieht die Schuhe aus. Noch immer am ganzen Körper bebend, versucht er mit fahrigen Bewegungen seinen Turban abzunehmen, um seinen verschlungenen Haarknoten, der ein Zeichen des *dhāmi* ist, zu lösen. Nur wenn der *dhāmi* besessen ist – wenn er zum Gott wird –, ist dieser Haarschopf sichtbar. Die Menschen um ihn herum ziehen sich zurück. Er steht nun allein mitten auf dem Dach.

In das Licht des Vollmonds getaucht steht er da und starrt über die Häuser, Felder und das Flusstal hinweg auf die kahlen, mondbeschienenen Berge. Nun steckt er Daumen und Zeigefinger in die Mundwinkel und pfeift lange und laut in die Nacht.

Einen Augenblick lang verschwindet der Mond. Der Himmel ist noch immer hell. Auch das Dach ist erleuchtet. Doch dort, wo der Mond war, ziehen nun schwarze Sturmwolken auf, deren Umrisse in gleißendes Licht getaucht sind. Dann kommt die bleiche Scheibe des Mondes wieder hinter den Wolken hervor.

Bewegungslos steht der *dhāmi* im Licht. Einen Augenblick lang scheint es, als sei die Welt nur von diesem Gott und diesem Mond bewohnt, die einander in der Unendlichkeit der Nacht gegenüberstehen. Aus seinem überirdisch erscheinenden Gesicht starren die Augen glasig vor Anspannung, Wangenknochen und Kiefer treten im Licht des Mondes vor Anspannung aus den tiefen dunklen Schatten hervor.

Er geht kurz in den Schrein und kommt mit zwei Paar Glocken und einer gelben *ṭikā* zwischen den Augen zurück. Er beginnt zu tanzen und hält dabei mit jeder Hand ein Glockenpaar fest an die Leisten gepresst. Er tanzt zum Rhythmus der Glocken, Trommeln und Zimbeln mit raschen Bewegungen und schwankt dabei von einem Ende des Daches zum anderen. Seine Arme regen sich kaum, nur die Beine und seine nackten Füße, die auf dem Boden auf und ab springen, sind in Bewegung, genauso wie sein langer Haarschopf, der über den Schultern hin und her schwingt. Als Symbol seiner Reinheit ist er auf dem Dach als Einziger in Weiß gekleidet. Aus demselben Grund trinkt er auch keinen *raksi* und hat seit dem frühen Morgen nichts gegessen. Es ist ein Zeichen der Ehrerbietung, dass das Medium, in dem der Gott heute zu seinen Menschen kommt, leer und rein ist und ihn nicht verunreinigen wird.

> Ein Ort war besonders schön.
> Der Nebel wehte von den Gipfeln,
> ein paar schöne Wolken waren immer da,

> dazu ein leichter Regen. Das erfüllte mich tief mit Freude. Am Rande dieser Hochebene stand ein Wald aus Lärchen und immergrünen Eichen. Und darunter lagen ausgedehnte Wiesen. Dort nahm ich zweiundzwanzig Pfähle und in zweiundzwanzig Stunden schlug ich sie in die Erde und markierte zweiundzwanzig Grenzen.

Nun hat sich ein zweiter *dhāmi* zu ihm gesellt. Die beiden verschränken die Arme, rücken enger aneinander und legen sich schließlich die Arme um die Schultern. So tanzen sie Schulter an Schulter, als wären sei ein Leib. Dabei schwanken die Körper bei ihrem federndenTanz über das Dach vor und zurück. Sie sind Brüder, zwei der Bāra Bhāi, der zwölf *Maṣṭā*-Götter. Lächelnd und mit glänzenden Augen verlieren sie sich völlig im Tanz.

Sie umarmen einander, trennen sich wieder, und einer der beiden geht auf eine Frau in der Menge zu, die ihr Kind in den Armen hält. Sie spricht zu ihm und hebt ängstlich ihr Gesicht zu ihm auf, wobei sie ihn offen und flehentlich mit einem Blick ansieht, der sein Mitleid erregen soll. Er antwortet ihr, ohne sie dabei anzuschauen. Seine Augen sind in die Ferne gerichtet, auf das Mondlicht. Seine Stimme ertönt hoch und atemlos aus der hinteren Mundhöhle und kommt nicht aus Brust oder Rachen. Es ist eine Stimme, die keinem der Dorfbewohner gehört, und die Frau scheint sie nicht zu verstehen. Vielleicht kann sie sie im Getöse der Trommeln aber auch nicht hören.

Noch immer zuckend und schaudernd, als würde sein Körper einem falschen Pulsschlag gehorchen, betrachtet der *dhāmi* das Kind. Er zwingt seinen Blick zur Ruhe, konzentriert seine Augen auf das kleine Geschöpf. Dicht über ihm stehend drückt er den Rand einer Glocke fest gegen den Schädel des Kindes. Dann beugt er sich nieder und bläst ihm Luft in beide Ohren. Nun tritt er zurück und bestreut aus einiger Entfernung das Gesicht des Kindes mit einer Hand voll Reis. Dann tanzt er wieder fort.

Jetzt tanzen drei weiße Gestalten auf dem Dach, manchmal gemeinsam, dann wieder einzeln. Plötzlich löst sich einer aus dieser Gruppe und mischt sich wieder unter die Menge. Keuchend und atemlos, aber ohne zu zittern, ergreift er seinen Haarschopf, windet ihn auf seinem Kopf zum Knoten und bedeckt ihn mit seinem Turban. Sein Gott hat ihn verlassen.

Die anderen *dhāmis* tanzen noch eine Zeit lang weiter, dann verschwinden auch ihre Götter. Die Glocken im Schrein läuten nicht mehr, auch das Trommeln wird langsam leiser, und der Boden hat aufgehört zu vibrieren.

Die Menschen strömen nun wieder zurück auf die mondbeschienene Fläche des Daches, und die Gesichter der Tänzer verschwinden bald in der Menge. Jemand schließt die Doppeltür zum Schrein, legt die Kette vor, und der Feuerschein aus dem Inneren dringt nur noch schwach durch die Ritzen.

> Es gab Felsen und Gestein, die den Zugang
> zu diesem Ort erschwerten. Die Felsen und
> das Gestein waren wie Berge. So nahm ich
> meinen Stock und wirbelte ihn herum, und meine
> Kraft war so groß und so furchtbar, dass die Hügel und
> Berge erzitterten. Da riss ich diese Stätte
> auseinander und schuf einen Pfad für die
> Menschen, und auch für ihre Schafe und Ziegen,
> auf dem sie kommen und gehen konnten.
> Es gab nur wenig Wasser an jenem Ort.
> Als ich das sah, stieß ich mein Knie in den
> Boden, und Wasser quoll darunter hervor
> und ergoss sich über das Land. Und ich grub
> Quellen von Milch und Quellen von Öl. Dann
> säte ich Samen und setzte Pflanzen und
> Bäume, um den Ort noch schöner zu machen.

Ekādaśi, duadaśi, tetradaśi, chaturdaśi: die Tage des *karāti*, jener Zeit, in der die Götter des Nachts tanzen. Dann folgt der Tag des Vollmonds, *purnimā,* und das Vollmondfest, das den Namen *paiṭh* trägt. Es wird ein sonniger und klarer Tag werden, und der kräftige Wind bläst die Spreu von der Gerste, die auf den Dächern gedroschen wird, hoch in die Luft, bis sie wie ein gelber Regen vom pfauenblauen Himmel niederrieselt.

Heute wird auf den Feldern nicht gearbeitet. Kalchu sitzt in der Sonne und macht eine Kette aus Ringelblumen. Dabei sticht er mit der Nadel durch die gelben Herzen der Blüten und reiht sie auf einem groben schwarzen Faden eng aneinander. In Erwartung des göttlichen Besuchs glättet Chola den Boden mit frischem Lehm und frischem Dung. Seit dem frühen Morgen hört man aus verschiedenen Teilen des Dorfes immer wieder den Klang der Trommeln, den das Echo wie das unterdrückte Knurren eines gefangenen Löwen durch das ganze Tal trägt.

> Es gab einen Dämonen namens Bānba,
> er war der König aller Dämonen. Es gab
> einmal eine große Schlacht zwischen Bānba
> und mir. Wir kämpften sieben Tage und
> sieben Nächte. Dann kettete ich ihn an die
> vier Ecken der Erde und tanzte auf seiner
> Brust und saß auf seinem Rücken. Blut
> strömte ihm aus Mund und Nase, und er hatte
> Angst. Er versprach, er würde den Ort verlassen
> und in die Unterwelt gehen. Ich ließ ihn schwören,
> dass er nie jemanden ängstigen oder ihm Schaden
> zufügen werde – erst dann ließ ich ihn gehen.
> Er leckte mir sogar die Füße – zuerst wollte er
> kämpfen, dann leckte er mir die Füße. Da
> musste ich lachen.

Mina und Kāli bringen ihre Gaben für das Fest zum Haus, in dem die *dhāmis* in der Nacht getanzt haben. Mina trägt das Weizenmehl auf einem bronzenen Teller und das Öl in einer kleinen Bronzeschüssel, die in das Mehl eingebettet ist. An den beiden zieht scheppernd eine Gruppe Jungen vorbei, die die Tempelglocken für die alljährliche Reinigung und Weihe im Fluss waschen wollen. Die Mädchen warten, bis der weiß gekleidete *ḍāṅgri* die Gaben der anderen Dorfbewohner abgemessen hat.

Pro Haushalt sind zwei *mānās* Mehl und eine Schöpfkelle Öl vorgesehen. Letzteres wird in einen weiten Behälter gegossen, in dem sich dann das gelbe Senföl mit dem grünlichen Walnuss- und Hanfsamenöl und dem zerlassenen Butterschmalz vermischt.

Später am Nachmittag, wenn die meisten Leute noch damit beschäftigt sind, sich zu waschen und anzukleiden, beginnen im Schrein schon die Vorbereitungen. Der Schrein steht hoch über dem Dorf auf einem Plateau im Schatten zweier Wacholderbäume. Hier oben ist der Wind noch stärker. Er trägt den Duft der Tannen mit sich und rüttelt an den Zweigen der Wacholderbäume, die sich im Licht der Sonne biegen und ihre Schatten auf den Boden und das Dach des Schreins werfen.

Der *ḍāṅgri* ist schon hier. Er bestreicht den Boden mit rotem Lehm und Dung, füllt die Öllampen, entzündet sie und verbrennt einige Wacholderzweige als Räucherwerk. Dies alles geschieht im dunklen Innenraum, in dem sich auch der erhöhte Sitz des *dhāmi* befindet, den er einnimmt, wenn er besessen ist. Und wo auch zwischen den Balken die Glocken aufgereiht sind und die rot-weißen Stoffstreifen hängen.

Draußen auf der Veranda, deren Gesims von Säulen mit geschnitzten Widderköpfen und von den Schädeln und Hörnern geopferter Widder und Ziegenböcke getragen wird, kneten zwei Männer aus dem Mehl der Dorfbewohner den Teig für die *puris*. Sie unterhalten sich lachend bei ihrer Arbeit. An den Eckpfeiler neben ihnen sind sechs Lämmer gebunden. Eines davon blökt unruhig, doch die anderen liegen als flaumige weiße Haufen im Sonnenschein.

Es ist fast schon Abend, als Kalchu den Hügel heraufkommt. Er trägt Hārkini auf dem Rücken, gefolgt von Kāli, Nara und Lāla Bahādur. Der Schrein ist schon voller Menschen. Kinder zwängen sich durch den Eingang und drängen ans Fenster wie Motten ans Licht, nur um einen Blick auf den besessenen *dhāmi* zu erhaschen. Im Innern des Schreins deklamiert der Gott sein *pareli*, die Geschichte seiner Wanderschaft durch die Welt, bevor er sich im Dorf niederließ. Die Menschen bitten ihn um Rat und Segen und erzählen von ihren Problemen, die er für sie lösen soll.

Vor dem Schrein wartet die Menge. Fast alle sind da – das ganze Dorf ist festlich herausgeputzt. Die sechs oder sieben Musiker kauern in einer Reihe hinter ihren Trommeln und spielen geistesabwesend, bis der Tanz beginnt. Der Wacholderbaum ist voller zappelnder Kinder. Sie zanken sich um die höchsten Zweige, von denen aus sie sich einen möglichst guten Blick auf die Tänzer unter ihnen erhoffen.

Endlich erklingen die Glocken im Schrein, und die Trommler antworten ihnen. Bald hat ihr Rhythmus die Stärke und Intensität der vergangenen Nacht erreicht, sodass der Boden erzittert. Da springt der *dhāmi* mit seinen Glocken, in der Hand eine Bronzeschüssel mit kurkumagelben Reiskörnern, durch das Gedränge vor der Tür. Er tanzt durch die Menge und begrüßt hier und dort ein paar Leute, indem er ihnen mit dem Daumen der anderen Hand gelbe Reiszeichen auf die Stirn drückt.

Die Abendsonne steht schon niedrig am Himmel, und ihre fast waagrechten Strahlen bohren sich dem *dhāmi* in die Augen, als dieser sich ihr zuwendet. Sie lässt sein weißes Gewand orangefarben aufleuchten und wirft seinen tanzenden Schatten weit über den Boden, bis er an den Stämmen der Wacholderbäume hochkriecht.

Er tanzt nicht lange allein. Bald kommen zwei weitere *dhāmis* mit ihren Glocken aus dem Schrein. Ihre Köpfe sind unbedeckt und kahl bis auf die taillenlangen Haarschöpfe, die in Abständen mit silbernen Bändern – Geschenke der Gemeinde an die Götter – umwunden sind. Weitere *dhāmis* in der Menge stehen auf, schütteln sich, drängen sich vor und versuchen, sich ihrer Jacken, *ṭopis* oder Turbane und ihrer Schuhe zu entledigen, sofern sie welche tragen. Zwei Jungen und eine Frau, allesamt keine *dhāmis*, springen wie besessen auf. Ihre Körper gleichen Kreiseln, die vom Willen der Götter angetrieben werden.

Ein Mann aus der Menge mischt sich unter die Tänzer. Er trägt eine Kette aus Ringelblumen und eine Schüssel mit gelben Reiskörnern. Er stellt sich einem der tanzenden *dhāmis* in den Weg und legt ihm den Blütenkranz um den Hals. Dann zeichnet er ihm als Begrüßung des Gottes eine gelbe *ṭikā* zwischen die Augen. Der *dhāmi* beugt den Kopf, um den Kranz zu empfangen.

Auch andere folgen nun dem Beispiel des Mannes und drängen auf die freie, von Menschen gesäumte Fläche. Während die *dhāmis* im Licht der Sonne tanzen, hüpfen die Blütengirlanden auf ihren weißen Gewändern auf und ab und stoßen an die Haarschöpfe. Sie haben nun Blüten im Haar, und auch der Boden unter ihren bloßen Füßen ist mit den gelben Blumen bedeckt.

> Um mich zu prüfen, ließ mich der Bārakote-König
> Sand zu einer Kugel kneten, und er ließ mich
> mit einem Seil aus Steinen eine Last tragen.
> Er sagte, wenn es in meiner Macht läge, dann könne
> ich Wasser in einem Korb zu ihm tragen. Das tat ich auch.
> Und dann sprach der König: »Jetzt, wo du mir alles gezeigt
> hast, was gut ist, will ich auch alles sehen, was böse ist.«
> Ich sagte ihm, dass ich alles tun könne, dass er dafür aber
> leiden müsse. Trotzdem bestand er darauf, alles sehen
> zu wollen, was böse sei, und er zwang mich, meine
> Macht unter Beweis zu stellen. Also ließ ich die Erde an
> die zweiundzwanzigmal erbeben und jenes Königreich
> erzittern. Und als es zweiundzwanzig Stunden lang
> gezittert hatte, sagte ich, dass diese kleine Kostprobe
> genug sein sollte. Ich versuchte ihn auf vielerlei Weise
> zu überzeugen, doch er wollte nicht hören. Da schüttelte

ich die Häuer und Paläste und zerstörte sie, und ich ließ
den schwarz-weißen Schlangendämon vom Himmel fallen
und ich ließ Gestein und Felsen vom Himmel fallen. Es gab
keine Hoffnung auf Überleben. Und dann, als die Häuser und
Paläste zerstört waren, kamen die Fluten und wuschen
alles fort, sodass man nicht mehr sagen konnte, wo
welcher Ort gewesen war. Nichts war mehr zu erkennen.

Zehn oder zwölf verschiedene Götter sind jetzt verkörpert, und sie belustigen sich alle auf verschiedene Weise. Manche tanzen alleine, andere zu zweit oder zu dritt, wie sie es beim Schein des Mondes getan hatten. Einer von ihnen tanzt außen um den Schrein herum, während ein zweiter *dhāmi* aufrecht auf seinen Schultern sitzt. Es ist der Bāhan, einer der Dämonen, den die Götter in der Vergangenheit besiegten und der sich daraufhin besserte und zu einer niederen Gottheit wurde. Jetzt erklärt er erneut seine Unterwerfung unter die Bāra Bhāi und die Mächte des Guten.

Es gibt auch einige wenige, die gar nicht tanzen. Einer von ihnen ist soeben auf die Veranda gegangen und hat seine Hand in den Bottich mit siedendem Öl getaucht, um einem weinenden Kind ein heißes *puri* zu geben. Ein anderer steht inmitten der Tänzer, von denen er hin und her gestoßen wird. Dabei isst er gierig einen Teller voll roher Reiskörner. Als er fertig ist, bringt ihm jemand Wasser, das er trinkt, gleichzeitig aber auch über sein Gesicht, seine Brust und seine bloßen Beine und Füße rinnen lässt.

Die Zuschauer freuen sich über die gute Laune der Götter und deren Vergnügen am Tanz. Sie lachen und zeigen mit dem Finger, wenn sie einen Gott an seinem typischen Verhalten erkannt haben: an der Art und Weise, wie er den Körper des *dhāmi* beim Tanzen verrenkt, wie er lächelt oder wie er hoch in die Luft springt. Alle sind sie heute gekommen: Bijulī Maṣṭā, Thārpā Bāhan, Ukhāṛi Maṣṭā und die Göttin Bhawāni, die jüngere Schwester der zwölf Maṣṭābrüder. Selbst Yāṅge ist da. Mit dem Rücken zu den Tänzern steht er allein und kaut die Köpfe der Ringelblumen. Dann ergießt sich ein Strahl des gelben Breis in das Gesicht eines Kindes, das über diese Beleidigung entsetzt aufschreit.

> Da war eine Witwe, die zu mir kam und
> sagte: »Es gibt kein Wasser auf meinem Land,
> und so habe ich keinen Reis zu essen. Mein
> Urin ist wie Blut. Ich bin gekommen, um das
> Geschenk des Wassers zu erbitten.«
> Und als sie dies sagte, hieb ich mit meiner Faust
> auf den Boden und es schoss Wasser hervor.
> Ich sagte der Frau, dass sie mir am Tag des
> Umpflanzens Reis opfern solle, dann gäbe es
> immer Wasser zum Überfluten ihrer Reisfelder.
> Aber da die Frau eine Witwe und daher für die
> anderen verachtenswert war, lenkten diese ihr Wasser
> um, und sie kam weinend zu mir.
> Da zerstörte ich den Ort, an den das Wasser gebracht
> worden war, und ich verfluchte jene Menschen.
> Ich verfluche jene Menschen und sagte, dass jeglicher
> Reichtum, den sie sich zusammenscharren mochten,
> wie Eis im Wasser zerrinnen werde. Ich verfluche
> jene Menschen und sagte ihnen, dass es keinen Tag
> geben würde, an dem nicht einer in ihrem Haus krank
> sein würde.

Die Sonne geht unter. Die scharfen Umrisse von Licht und Schatten lösen sich auf und werden in ihren Formen und Farben verschwommen und gedämpft. Die *dhāmis* sehen fast wieder menschlich aus – verwundbar wie Schauspieler, sobald sie nicht mehr im Rampenlicht stehen.

Sie tanzen noch immer, doch nur wenige Zuschauer schenken ihnen Aufmerksamkeit. Die meisten haben sich dem *ḍāṅgri* zugewandt, der im Eingang zum Schrein erschienen ist. Sein Körper, nun in einen neuen weißen *dhoti* gekleidet, sieht alt aus, und unter der dünnen Haut zeichnen sich Adern und Sehnen ab. In seiner rechten Hand hält er ein geschwungenes Messer mit einem kurzen hölzernen Griff.

Ohne auf die Menge zu blicken, kommt er aus dem Schrein heraus, ergreift eines der Lämmer, das ängstlich blökt, und trägt den federleichten Körper des Tieres zum Schrein hinüber. Dort legt er das Lamm unter das neue *liṅga*, für das die Männer einen entrindeten Fichtenstamm aus dem Wald geholt und am Morgen aufgestellt haben. Er gießt etwas Wasser über Kopf und Rücken des Tieres bis zum Schwanzansatz. Als sich das Lamm schüttelt, wird dies als Einverständnis des Gottes und als Einwilligung des Tieres gewertet. Nun beugt sich der *ḍāṅgri* nieder und schneidet dem Lamm den Hals durch. Ganz ohne Widerstand, denn es scheint so, als ob der Nacken nicht aus Muskeln, Knochen und lederner Haut bestünde, sondern nur ein mit weißem Fell bedeckter, blutgefüllter Schlauch sei.

Der *ḍāṅgri* hält den Körper und lässt das frische, hellrote Blut heraussprudeln. Dann macht er in den unteren Teil des *liṅga* kreuzartige Zeichen. Als kein Blut mehr ausläuft, lässt er den Tierkörper fallen und holt sich ein anderes Lamm und dann noch eines. Dabei geht er mit seinem blutigen Messer auf seinen bis zu den Knöcheln mit Blut verschmierten Füßen die Lehmstufen hinunter.

Er opfert vier Lämmer unter dem *liṅga*, dann nimmt er zwei mit in den Schrein und tötet sie, indem er sie vom Hals bis zur Brust aufschlitzt und dann einen der Vorderläufe an der Schulter abschneidet, sodass das noch zuckende Herz herausgenommen werden kann. Auf dem erhöhten Sitz des *dhāmi* wird es dem Gott auf einem Teller dargeboten.

Der Tanz hat nun aufgehört, und alle Augen sind auf den Opfervorgang gerichtet. Auch nachdem der *ḍāṅgri* im Innern verschwunden ist, verweilen die Blicke der Umstehenden noch immer auf dem *liṅga* und den vier weißen Tierkörpern darunter, auf den danebenliegenden Schädeln mit den weit aufgerissenen Augen und den Blutflecken auf dem Boden, die sich im zertretenen Gras schon braun färben.

> In jenen Tagen schuf ich Beständigkeit
> und machte Gesetze. Wenn einer litt, dann
> tat ich, was notwendig war und wischte seine
> Tränen ab. Und wenn einer die anderen leiden
> machte, dann baute ich eine Falle aus vergiftetem
> Bambus, in der ich ihn fing und tötete. Ich
> sagte allen, dass ich tun könne, wie mir beliebt –
> wenn ich Gutes tun wolle, würde es gut sein,
> und wenn ich Böses tun wolle, würde es böse
> sein.

Plötzlich gerät Bewegung in die Menge, und wie in einem Kaleidoskop entstehen neue Muster. Eine Drehung genügt, und schon setzt sich der ganze Rand einer Freifläche in Bewegung, es bilden sich erregte, kleine Grüppchen überall in der Menge. Man hört das Sprechen und Lachen der Menschen und das explosive Geschrei der spielenden Kinder, sodass die intensive Atmosphäre des Nachmittags bald verflogen ist. Ein Mann reicht kleine Stückchen von rohem Herz und roher Leber herum. Es ist *prasād,* eine zunächst den Göttern dargebotene und von diesen im Geiste gegessene Mahlzeit. Geweiht wird sie dann zurückgenommen und den Menschen zum Mahl gereicht.

Lange noch bleiben die Menschen zusammen, und es ist fast schon dunkel. Nach all der Spannung herrscht nun ein Gefühl der Befreiung, der Erfüllung. Die Götter waren da gewesen, hatten gegessen und getanzt und waren zufrieden wieder von dannen gezogen. Jetzt waren sie ehrvoll verpflichtet, über Vieh und Ernte zu wachen und Dämonen und böse Geister zu vertreiben.

Eine Gruppe von Männern steht auf der Veranda. Nacheinander werden die Namen aller Haushalte im Dorf aufgerufen. Daraufhin lösen sich Schatten im schwindenden Licht, gehen nach vorne, um sich die *puris* aus ihren Gaben von Mehl und Öl und einige Stückchen Fleisch, ihren Anteil am *prasād,* abzuholen.

Jener Ort, mit seinen ausladenden Zedern
und Wacholderbäumen. Jener Ort, an dem
mich *Kaskā Sundari Devī* morgens und abends
segnen konnte. Dort errichtete ich einen
Schrein und opferte einen Ziegenbock
im Namen der Wahrheit.
Wenn eine Glocke um den Hals einer Krähe
gebunden wird, hört jeder ihr Läuten – so gab
es niemanden, der die Stärken dieses Gottes nicht
kannte. Doch zumeist war sein Einfluss kaum
wahrnehmbar, wie das Wehen einer sanften Brise,
wie der Laut eines Schmetterlings, der durch
die Lüfte schwebt.

Mit den Schafen durch das Jahr

Als man die Götter nach einem günstigen Datum befragte, an dem die Schafe für die Wintermonate nach Aula im Süden getrieben werden sollten, gaben sie den zweiundzwanzigsten Tag des Kārtik, also den sechsten November, an. Am Abend zuvor gingen Kalchu und Sigarup zum Schrein, entzündeten die Öllampe und banden zwei Stoffstreifen – einen roten und einen weißen – an die Balken, wo bereits viele von Alter und Ruß geschwärzte Bänder hingen. Es schien, als ob diese flatternden, an den Schrein gebundenen Fähnchen den Schutz der Götter zusichern würden. Bahwāni, der mit nach Süden zog, würde die Schäfer wieder sicher nach Hause bringen, und Maiyu würde allen, die zurückblieben, seinen Schutz gewähren, ganz so, als ob die Fähnchen den Herbst sicher an den Frühling knüpften.

Vor Tagesanbruch hatte Chola ein Feuer gemacht und war dabei, *puris* und ein kleines Pfännchen mit Reis als Wegzehrung für Sigarup zuzubereiten. Im Licht der Dämmerung war der Raum bereits voller Menschen. Murti Lāl und Māilo*, Sigarups Cousin und Onkel, die ihre Herde mit Kalchus Schafen nach Süden schickten, waren gekommen, um die letzten Vorbereitungen zu prüfen. Auch andere Männer aus der Verwandtschaft waren da, um noch in letzter Minute Ratschläge zu erteilen oder eine gute Reise zu wünschen. Einige kamen auch mit Bestellungen für Einkäufe auf den Basaren. Geld wurde ausgehändigt. Hin und wieder unterbrach Lachen oder ein lautes Argument das Stimmengewirr.

* siehe Glossar

Kalchu und Sigarup waren nur noch halb bei der Sache. Sie waren vielmehr damit beschäftigt, einen Korb mit dem Notwendigsten für Sigarup zu packen, und gingen zwischen den beiden Räumen hin und her. Sie sprachen dabei leise miteinander und trugen Decken, Töpfe, einen Sack Weizenmehl, Salz, Chilis und eine Baumwollplane zusammen, die mittels Stöcken zu einem Zelt gespannt wurde.

Als sie sich schließlich zum Essen setzten, hatte sich – vom Geruch der *puris* angelockt – eine Gruppe Kinder am Eingang versammelt, wohl wissend, dass es ein besonderer Tag war. Jakali verscheuchte sie, als sie hereinkam. Sie hatte *desu*, ein Fladenbrot aus Buchweizen, mitgebracht, das oft auf Reisen mitgenommen wird, da es mehrere Tage lang frisch bleibt; dazu in Birkenrinde gewickelte, geröstete Amarantkerne in Honig. Sie steckte alles in den Korb, und Chola reichte ihr über das Feuer hinweg ein *puri*.

Dann wurden alle Schafe und Ziegen – fünfunddreißig oder vierzig Stück – auf dem Dach zusammengetrieben, um ihnen dort die *lukals* aufzubinden. Diese Satteltaschen aus gewebtem Stoff waren zum Bersten voll mit Kartoffeln und Salz aus Tibet für den Tauschhandel im Süden. Śaṅkar und Kāṅchho* trieben die Schafe unten aus den Schafpferchen über die breite Steintreppe hinauf aufs Dach. Dort scheuchten Kālī und ihre Cousine Jit die Tiere an einem Ende zusammen, um sie daran zu hindern, die Treppe auf der anderen Seite wieder hinunter zu laufen.

Das laute Klappern der Hufe auf der steinernen Treppe, als die Schafe Seite an Seite die Stufen hinauf drängten, war auf dem Lehmdach nur noch gedämpft zu hören. Die vorderen Tiere rannten direkt auf die gegenüberliegende Ecke des Daches zu. Als sie ins Leere blickten, drängten sie aber gleich zurück und stießen mit den Schafen zusammen, die noch immer die Treppe herauf kamen. Verschreckt rannten sie auf dem beengten Dach von einer Seite zur anderen, ein paar Schritte nach rechts, ein paar Schritte nach links, mit erhobenem Kopf über den drängenden Körpern und vor Angst glühenden Augen.

Kalchu packte einen Schafbock, der keuchend am Rand der Herde stand. Mit beiden Händen klammerte er sich am dichten Fell fest, als das Tier nach vorne stieß. Geschickt schwang er ein Bein über den Rücken des Schafbocks und klemmte dessen Schultern zwischen seine Schenkel, bis das Tier schließlich mit mürrisch hängendem Kopf still stand. Nun reichte Sigarup dem Vater ein *lukal*. Kalchu legte es über den Rücken des Schafbocks und befestigte es mit den Bändern über der Brust, an den Hinterbeinen und unter dem Schwanz.

Daraufhin trabte der Schafbock davon und stieß dabei mit seinem *lukal*, das zu beiden Seiten des Brustkorbs weit überstand, gegen die anderen Tiere. Am Rand des Daches blieb er jäh stehen und balancierte auf den dünnen Beinen mit den zierlichen Hufen das schwere Gewicht auf seinem Rücken.

Chola und Mina beobachteten das Geschehen von der Tür aus; dahinter spähten die Zwillinge neugierig hervor, verschreckt vom Drängen der trampelnden Hufe. Nara hatte sich auf halber Höhe der Balkenleiter zum oberen Dach in Sicherheit gebracht. Er schien von den Vorgängen völlig gefesselt, und sein ganzer Körper spiegelte seine innere Erregung wider.

Als sich die Schafe etwas beruhigt hatten, drängten sich Kalchu und Sigarup zwischen die Tiere, schlugen da und dort gegen ein Hinterteil, stießen fest gegen widerstrebende Flanken und zwängten die Tierkörper noch enger zusammen, um etwas mehr Platz zum Aufbinden der *lukals* zu schaffen.

Als alle *lukals* befestigt waren, warteten Murti Lāl und Māilo schon unten mit ihren friedlich grasenden Herden. Kāli und Jit gaben den Weg zur Hintertreppe frei, und die Schafe strömten an ihnen vorbei die Stufen hinunter, gefolgt von Kalchu, der die Nachzügler mit erhobenen Armen und Pfiffen antrieb. Er wollte den Zug wenigstens bis zur Brücke begleiten.

Sigarup hob den schweren Korb auf und rückte schwankend das Gewicht zurecht. Chola kam aus der Tür, in der Hand eine Schüssel mit Reiskörnern, die mit Kurkuma gelb gefärbt waren. Sie tauchte ihren Daumen in die Schüssel und berührte damit Sigarups Stirn. Als sie ihm eine gelbe *ṭikā* zwischen die Augen malte, neigte Sigarup den Kopf und wölbte die Handflächen vor seinem Gesicht leicht gegeneinander, um zu verhindern, dass vom gelben Reis etwas auf den Boden fiel. Dann tauchte er den eigenen Daumen in die Schüssel und malte dasselbe gelbe Zeichen auf Cholas Stirn. Daraufhin wandte er sich zum Gehen und verschwand.

Chola hob die Hand und drückte mit dem Daumen dasselbe Zeichen in die sieben halb trockenen Kuhfladen am Türbogen. Mit dem Rücken zur Tür warf sie dann den Rest des Schüsselinhalts in hohem Bogen über den Dachrand in die Luft.

Ende November kletterten zehn oder elf Jungen auf den Nussbaum in der Mitte des Dorfs und schwangen zwischen den Ästen hin und her. Die Frauen und Kinder darunter sammelten lachend die fallenden Nüsse ein. Wenig später ließ der Wind die letzten bunten Blätter flatternd zu Boden fallen.

An einem stürmischen Abend im November trieb eine Gruppe tibetischer Händler von Westen kommend ihre Yaks den steilen Pfad hinunter ins Dorf. Einen Augenblick lang hoben sich die Männer auf dem Bergkamm im letzten Licht des Tages wie Schattenbilder gegen die düsteren Sturmwolken ab. Sie marschierten hintereinander. Zwischen ihnen waren die kräftigen Körper der Yaks auszumachen, die sich mit wehenden Schwänzen gegen den Wind stemmten. Nach der Wegbiegung am Bāhan-Schrein waren sie in der Dunkelheit des Tales nicht mehr zu sehen. Auf dem Kālādika schlugen sie ihre Zelte auf, nahmen den Yaks die Lasten ab und entzündeten ein Feuer, gerade als sich der Mond hinter den Bäumen erhob.

Sie blieben zwei Wochen und ließen ihre Yaks weiden. Einer der Ochsen war auf dem Weg von Dolpo eines Nachts auf einem Bergpass von einer Wildkatze gebissen worden, und die Wunde hatte sich durch das dauernde Reiben der schweren Lasten entzündet. Das Fleisch musste nun mit einem Messer herausgeschnitten werden, bevor die Wunde mit Wasser ausgewaschen und mit zerriebenen Kräutern behandelt werden konnte. Drei Männer hielten mit Seilen den Kopf des Yaks fest und stemmten sich mit voller Kraft gegen die starken Nacken- und Schultermuskeln des Tieres, als es – halb verrückt vor Schmerzen durch das Messer in seinem Fleisch – den Kopf hin und her zerrte.

Eines Morgens luden sie dann ganz früh ihre gestreiften Satteltaschen mit tibetischem Salz auf die Yaks und zogen weiter nach Süden. Von ihren Feuerstellen stieg noch immer bläulicher Rauch in die frostige Morgenluft, als sie das Dorf hinter sich ließen und die vereisten Planken der kleinen Brücke überquerten.

Im Januar fielen die ersten dichten Schneeflocken. Kāli stand im Freien und rief: »Hiuṅ āyo!« Den Kopf nach hinten geneigt und mit weit geöffnetem Mund beobachtete sie die fallenden Flocken, die wie Daunen aus Eis durch die Wärme ihrer ausgestreckten Zunge schmolzen.

Zwei Tage lang war durch den flimmernden Schleier des bräunlich-gelben Lichts nur der gespenstische Schatten des Nussbaums auszumachen.

Am Morgen des dritten Tags fegte ein Windstoß das letzte Schneegestöber hinweg und säuberte den Himmel. Kalchu, Nara und Kāli holten die hölzernen Schaufeln hervor und machten sich, bis zu den Knien im Tiefschnee stehend, daran, das Dach freizuschaufeln. Im ganzen Dorf waren wie schwarze Silhouetten vor der weißen Landschaft die gebückten Gestalten von Männern und Frauen zu erkennen, die Schneemassen in weißen Kaskaden von den Dächern zu Boden rieseln ließen.

Kalchu

Ein typisches Haus im Dorf: Die Ställe sind im Erdgeschoß und die Wohnräume darüber. Eine Balkenleiter führt aufs Dach, wo gearbeitet wird. Dort befindet sich auch ein kleiner Speicher. Auf dem Hügel ist ein Maṣṭā-Schrein zu sehen.

Kinder schaukeln an einem großen Walnußbaum.

Sigarup, Hārkini und ein Stapel von *lukals*, gefüllt mit Getreide, die an der tibetischen Grenze gegen Salz eingetauscht werden.

Chola beim Geschirrspülen.

Kalchu beim Worfeln, mit Patrāsi Himāl im Hintergrund.

Jakali schaufelt Schnee vom Dach ihres Hauses.

Gaiḍii Tochter des *ḍāṅgri,* raucht eine *chillim.*

Es fiel wieder Schnee, oder besser gesagt Schneeregen, als Kalchus Onkel im Februar starb. Sie hüllten den kleinen, verhutzelten Körper in ein weißes Tuch und trugen ihn auf zwei Fichtenstangen aus dem Haus. Seine beiden erwachsenen Söhne fühlten das Gewicht des Leichnams kaum auf ihren kräftigen Schultern. Sie brachten ihn zum *ghāt*, jener Stelle, an der die Leichen verbrannt werden. Zwei Bäche fließen hier in einen brodelnden Kessel zusammen, der von weißer und grüner Gischt gekrönt ist. Nachts kann man über dem Tosen des Wassers das Klagen der ruhelosen Seelen vernehmen.

Chola und Mina standen auf dem Dach und beobachteten den Abgang der Männer. Der Leichnam bildete das Ende des Leichenzugs. Aus jedem Haus des Dorfes war ein Mann gekommen, der nun barfuß mitging und einen Holzklotz für den Scheiterhaufen dabei hatte. Ein langer weißer Stoffstreifen verband die Hände der Männer auf ihrem Weg durch den Graupelregen über die weiten, schneebedeckten Felder.

Später sahen die Frauen, wie Rauchschwaden von der Flussniederung aufstiegen.

Als Kalchu zurückkam, war sein Kopf bis auf einen kurzen schwarzen Schopf, der vom Kopfwirbel herunter baumelte, kahl geschoren. Da er über die Kälte klagte, trug er nun statt seines üblichen *ṭopi* einen dicken Baumwollturban.

Im März waren die Wassermühlen zehn Tage lang eingefroren. Eisbedeckte Felsen und grüne Wasserpflanzen spiegelten sich im fließenden Wasser des Mühlbachs, doch die Rinnen waren vereist, und das Wasser schoss daran vorbei. Bald waren die Mehlvorräte im Dorf aufgebraucht.

Eines Nachts gingen Mina und Kāli zur Mühle in Chaura. In dicke Wolldecken gehüllt zogen sie mit einem Sack Körner und einem Bündel Feuerholz in die Nacht. Im Mühlenhäuschen entzündeten sie ein Feuer, an dem sie die ganze Nacht kauerten. Dabei füllten sie die hellen Maiskörner löffelweise in die Öffnung in der Mitte des Mahlsteins. Das rauschende Wasser des Mühlbachs unter ihnen setzte den Mechanismus in Bewegung, und bald erfüllte das Krachen von Holz gegen Stein und das Knirschen des laufenden Mahlsteins die Nacht.

Im Licht der Morgendämmerung aßen sie die Kartoffeln, die sie am Rand des Feuers gebraten hatten. Kāli fegte die Mehlreste auf dem Boden zusammen und füllte sie mit ihren klammen Händen in den Sack. Später kamen dann die Frauen aus Chaura zum Mahlen in ihre Mühle.

Der März ging zu Ende, und ein zarter Hauch von Grün lag über den dornigen Sträuchern. Früh am Morgen war es nicht länger bitterkalt und klar, sondern die Luft fühlte sich plötzlich voll und warm an. Ein tiefes Wolkenband lag über dem Tal, und es fiel leichter Regen. Die bewaldeten Hügel in der Ferne waren in grünlich-rotes Licht getaucht. Gruppen tibetischer Händler zogen auf ihrem Weg von Indien Richtung Norden durch den Ort. Männer kamen von ihrer Winterarbeit in Jumla Bazaar ins Dorf zurück.

Kalchu, der über die Wintermonate ein helles Wolltuch für eine Jacke gewebt hatte, räumte seinen Webstuhl weg. Am nächsten Morgen holte er die beiden schwarzen Stiere aus dem Stall und ging hinaus zum Pflügen. Als er am Abend zurückkam, saß er lange da und starrte ins Tal gen Süden. »Wenn sie bis zum *Chait Dasaiṅ* nicht zurück sind, wenn Bhawāni für ihr Fest nicht hier ist, ist das ein schlechtes Zeichen. Dann wird es für uns alle ein schlechtes Jahr geben.«

Eines Tages traf er auf dem Weg zum Feld einen Mann, der gerade aus dem Süden zurückgekommen war und jenseits von Chhakuri Lekh mehrere Schafherden überholt hatte. Angeblich war der Regen im Tal auf der Passhöhe als Schnee gefallen, und ein stürmischer Wind hatte auf der Hochebene haushohe Schneewehen zusammengetrieben. Der Mann erzählte, dass eine Gruppe so töricht gewesen war, die Überquerung zu wagen, und dabei sechzehn Schafe verloren hatte. Einige hatte der Wind vom Pfad gefegt, als sie nach oben kletterten, und die anderen waren in eine schneebedeckte Schlucht gestürzt und mussten verletzt oder tot zurückgelassen werden. Die anderen Gruppen hatten jenseits der Passhöhe kampiert und warteten nun auf ein paar klare Tage und auf die Schneeschmelze. Es sei so bitterkalt gewesen, so sagte er, dass man fürchten musste, die Augen könnten einem beim Blinzeln zufrieren.

Die Tage vergingen. Wenn sie gerade nichts anderes zu tun hatten, standen Kalchu und Chola oft auf dem Dach und durchkämmten mit ihren Blicken das Tal in seiner Länge und Breite.

Bis Kalchu eines Abends einige Schafe entdeckte, einen weißen Flecken, der sich in der Ferne zwischen Māthichaur und Gorigāuṅ fortbewegte und langsam das Tal heraufkam. Drei menschliche Gestalten waren dabei, verschwommene schwarze Schatten, die manchmal schärfer und dann wieder wenig scharf auszumachen waren und hin und wieder völlig aus dem Blickfeld verschwanden. Auf Kalchus Ruf hin kamen alle aus den Häusern, hielten den Blick starr in die Ferne gerichtet und verzogen ihre Gesichter, um besser sehen zu können, ob es wirklich Sigarup war. Doch sie konnten nur raten … und hoffen. Kalchu zog seine Jacke an und lief den Weg hinunter zur Brücke.

Es war fast schon dunkel, als sich die Schafe durch den engen Pfad zwischen zwei Häusern zwängten und schließlich den ganzen Dorfplatz füllten. Sicher waren es an die hundert Tiere – drei ganze Herden –, die nun über die Steine kletterten, ihre Hälse reckten und blökten. Sigarup und Murti Lāl folgten den letzten durch die enge Öffnung. Ein anhaltendes tiefes Pfeifen befahl den Tieren stillzustehen.

Als Sigarup, schwankend unter dem Gewicht des Korbes, die Leiter heraufkam, schlich sich der Hund mit einem fast übernatürlich tiefen, freudigen Brummen an ihn heran. Hārkini stürzte auf ihn zu, klammerte sich mit beiden Armen an seinen Oberschenkel und grub sein Gesicht tief in die verfilzte Wollhose. Chola ersetzte mit der Hand die alten Zeichen über dem Eingang durch sieben neue. Dann wandte sie sich fast scheu an Sigarup und malte ihm mit fester Hand drei *ṭikās* zwischen die Augen. Sigarup beugte sich nieder und berührte ihre Füße.

Helle Sonnenstrahlen durchdrangen den Rauch, der zum Gesims emporstieg und sich wie feiner blauer Dunst unter die Zimmerdecke legte. Kālī stand in der Tür, in einer Hand einen Teller mit *puris*, in der anderen eine kleine Schüssel mit Öl. Das Licht der Sonne fing sich im Bronzeteller und spiegelte sich in ihrem Gesicht. Kālī raffte ihren langen Rock hoch und kletterte die Balkenleiter hinauf zum Schrein auf dem oberen Dach. Dort stellte sie die *puris* auf den Altar für Bhāwani und Maiyu und entzündete die Lampe. Durch die Türspalten drang staubiges Sonnenlicht, das die Flamme trübte. In der Nacht würde ihr Licht weitum scheinen und den Schrein mit flackernden Schatten an Wänden und Decke zum Leben erwecken.

Später wurden die *puris* in Stücke gerissen und als *prasād* verteilt. Es gab immer mehr *puris* – einen ganzen Korb voll –, dazu würzige Kartoffeln, die in Senföl aus Aula gebraten worden waren. Auch Reis war für alle da und eine smaragdgrüne Suppe aus frischen, jungen *kankani*-Blättern. Kalchu hatte für diesen besonderen Anlass schon Monate zuvor Hirsebier gebraut und gären lassen, das nun süß, hell und ziemlich stark war.

Hārkini und Lāla Bahādur lehnten sich entspannt gegen Sigarups Knie und plapperten unverständliches Zeug, während er seinen Korb auspackte. Da gab es meterweise Stoff – den billigen, grob gewebten *tetua* aus Baumwolle – und ein fein bedrucktes Umhängetuch in Gelb und Schwarz, wie es die Frauen des Dorfes an Festtagen tragen. Auch *chillims*, von denen man sieben Stück für eine Rupie kaufen konnte, und bunte *ṭopis*, ein Feuerzeug und etliche Batterien für das Radio. Dazu Gewürze – ein kleiner Beutel mit Kreuzkümmel und ein etwas größerer mit Kurkuma.

Kālī und Hārkini kauerten in einer Ecke. Durch die offene Tür drang Sonnenlicht herein und durchflutete den Raum. Kālī hatte zwei neue Haarspangen zu beiden Seiten von Hārkinis Gesicht befestigt. Sie hielt den Kopf des Mädchens in den Händen und streckte ihn von sich, um die Wirkung der Spangen besser betrachten zu können. Die Spangen waren weiß und rund, mit bunten Kuppeln aus Kunststoff. Kāli hielt Hārkinis Kopf so, dass sich das Sonnenlicht in den Spangen fing und rote, gelbe, grüne, blaue und orange gestreifte Kreise an die Wand warf, die dort mit den Bewegungen des Kopfes der Schwester hin und her tanzten.

Sie selbst hatte Plastikarmreife bekommen. Sie waren zwar auch bunt, aber nicht durchsichtig wie die Haarspangen, sondern eher trüb, matt und fein und glänzten milchig wie Perlen. Kāli schob die Armreife, einen nach dem anderen, mit Gewalt über ihre Hand. Als alle fünf am Handgelenk baumelten, hob sie den Arm und bewunderte lächelnd den neuen Schmuck.

Einen Augenblick lang herrschte nachdenkliche Stille im Raum. Dann richtete sich Sigarup auf und zog eine große Zitrone aus seiner Tasche. Die Schale wirkte wie großporige Haut mit einem fettigen Glanz. Als er die Zitrone der Länge nach aufschnitt, entströmte ihr ein durchdringender Duft. Nachdem er die Spalten mit Salz und Chili bestreut hatte, reichte er sie herum, und alle schmatzten und verzogen genussvoll ihre Gesichter. Er erzählte von den Orangen und Bananen, die in Aula wuchsen, von Milch und Quark, die es dort in Mengen gab, und von den Affen, die überall herumsprangen und die Feldfrüchte wegfraßen.

Kalchu stand auf, denn es gab zu tun. Er faltete die Stoffe: den *tetua* und den safranfarbenen Satin, in den sein und Cholas Leichnam einmal eingewickelt würden; die meterlangen Bahnen weißen Musselins für die Leichenzüge; und zuletzt die *phetā* und *pachyauro* – den Turban und das Umhängetuch –, die rituellen Geschenke, die Sigarup eines Tages den Eltern seiner zukünftigen Frau überreichen würde. Kalchu legte alles in die große Holztruhe und wies dann Kāli an, die Kühe auf die Weide zu führen, und Biḍā, auf die Schafe aufzupassen. Widerstrebend gingen beide fort.

Im Freien begannen Sigarup und Kalchu die *lukals* auszuleeren.

Dazu schnitten sie mit dem Messer die oberen Heftnähte auf. Sie streuten den Mais zum Trocknen auf den Boden, damit er in der Sonne trocknen konnte, bevor sie ihn zur Aufbewahrung in Holztruhen und zylindrische Tonbottiche umfüllten. Später würden sie einen Teil davon wieder auf die Schafe laden und im Norden gegen Salz eintauschen.

Als die Körner auf allen möglichen zerschlissenen Teppichen und Matten des Hauses ausgebreitet waren, war fast das ganze Dach damit bedeckt. Sie mussten den Mais in einer Ecke etwas anhäufeln, um Platz für die Chilis zu schaffen. Die fleischigen scharlachroten Schoten hatten fünf *lukals* gefüllt. Sie sollten nun trocknen, bis sie knusprig und ziegelrot sein würden. Dann konnten sie als Vorrat für das ganze Jahr reichen.

Endlich ließen sich die beiden in der Sonne nieder und scheuchten mit zwei langen Bambusstöcken die Hühner weg. Andere Männer und Kinder, vor allem Verwandte, kamen hinzu, und Kalchu holte das Bier. Den ganzen Nachmittag saßen sie nun beisammen, tranken und sprachen über die Reise. Sigarup erzählte, dass drei Schafe umgekommen waren, denn es ging irgendeine Krankheit um. Kalchu lachte und fragte ihn neckend, für wie viel Geld er sie denn verkauft hätte. Dann sprachen sie über den Wechselkurs: eine Einheit Salz gegen fünf Einheiten Getreide. Das war besser als im Jahr zuvor. Der Preis für *tetua* war hingegen stark angestiegen, da die Grundsteuer in den Dörfern, in denen der Stoff hergestellt wurde, erhöht worden war. Kalchu nahm eine Hand voll Maiskörner, prüfte sie eine Minute lang und ließ sie dann durch die Finger zurückrieseln. Er sagte, dass sie von guter Qualität seien.

Gegen Abend kam der Schneider. Er saß mit der Familie vor dem Haus und entrollte einen Ballen Baumwollstoff nach dem anderen. Dann spannte er den Stoff und maß ihn mit einer Schnur ab – eine Jacke für Chola, Hosen für Sigarup und Nara und ein Krabbelanzug für Lāla Bahādur. Er markierte den Stoff mit Kohle, schnitt ihn in einzelne Stücke und rollte ihn wieder auf. Chola holte ihm Tabak und ein Päckchen Kurkuma. Wenn er später die fertigen Kleidungsstücke ablieferte, würde er mit Getreide bezahlt.

Zwei Monate später war der Frühling in einen blütenreichen Sommer übergegangen. Die ersten Lämmer kamen zur Welt, und das verwuschelte Fell der Schafe war bis auf kurze graue Stoppeln geschoren worden.

Zu Beginn der Regenzeit führte Sigarup die Herde zum Weiden in die Berge zu den Monsunlagerplätzen. Früh am Morgen zogen sie aus, im Tal raschelte das nasse Gras unter ihren Hufen, und als sie den steilen Hang hinaufkletterten, verschwanden sie schließlich im dichten Nebel und in den Wolken.

Im August begann Kalchu, die *lakuls* mit Mais und Gerste zu füllen. Dabei stach er mit einem Messer zwischen die Körner und den Stoff der Taschen, damit sich der Inhalt setzen und noch mehr nachgefüllt werden konnte. Als die Beutel zum Bersten voll waren, nähte er sie mit einer gebogenen Nadel und einem Wollfaden zu und stapelte sie aufeinander.

Eines Abends brachte Sigarup die Widder und Ziegenböcke von den Bergweiden herunter, und Śaṅkar übernahm für ihn das Hüten der Mutterschafe und Lämmer.

Am nächsten Morgen entzündeten sie die Öllampe im Schrein und beluden die Schafe. Sigarup und Murti Lāl tauschten mit ihren Angehörigen *ṭikās* aus und lotsten dann pfeifend und rufend die Herde durch das Dorf und über die Brücke. Langsam bahnten sie sich ihren Weg entlang des Flusses durch das breite und sacht ansteigende Tal, bis sie nur noch wie schwarze Stöckchen erschienen, die gegen die großen Proviantkörbe gebeugt waren. Schließlich entschwanden sie ganz dem Blick und wurden eins mit dem Fluss, den Kiefernwäldern und den Vorläufern der Gebirgskette, die sich im Norden an der Grenze zu Tibet auftürmte.

Aber sie kamen nicht bis an die Grenze, wo der Wechselkurs besser gewesen wäre. Nach achtundzwanzig Tagen waren sie wieder zurück. Sie waren nur bis Mugu gezogen, wo sie bei ihrem *ista*, dem Handelspartner, gewohnt hatten. Die Handelsbeziehungen zwischen beiden Familien gab es schon, so lange Kalchus Großvater sich erinnern konnte. Sigarup und Murti Lāl tauschten ihr Getreide gegen das Salz ein, das der *ista* von der Grenze gebracht hatte. Dort hatte er es von Tibetern erstanden, die es aus den unwirtlichen Salzseen geschart und dann auf ihren Yaks über die windgepeitschten, staubig öden Hochebenen nach Süden transportiert hatten.

Bald nach der Rückkehr führte Sigarup die Widder und Ziegenböcke wieder auf die Bergweiden. Dort verbrachte er noch einen Monat in seiner behelfsmäßigen Hütte, hütete die Schafe und sammelte *hātijaro, baḷtu* und *katuka* – wilde Kräuter –, die er dann als Heilmittel in Aula verkaufen würde. Die Regenzeit war vorbei, und die Lämmer waren fast ausgewachsen. Mit dem ersten Frost zog er wieder hinab ins Dorf. In einer kalten, sternklaren Nacht wurden bei einer spiritistischen Sitzung die Götter nach einem günstigen Datum für die Reise nach Aula befragt.

Als Sigarup krank wurde

Sigarup war schon eine Woche lang krank. Niemand wusste, was ihm fehlte. Er hatte Fieber und klagte über Schmerzen in der rechten Hüfte.

Bis zum neunten Tag waren die Schmerzen unerträglich geworden. Die ganze Nacht lag er wach, krümmte und wand sich und stöhnte verzweifelt vor sich hin. Kalchu saß bei ihm, während die übrige Familie schlief, und versorgte das Feuer. Hin und wieder sagte er einige tröstende Worte, streckte seine Hand aus und legte sie beruhigend auf Sigarups in Decken gehülltem Körper, um ihm zu zeigen, dass er noch immer bei ihm wachte. Die meiste Zeit saß er jedoch still da und starrte geistesabwesend ins Feuer.

Am Morgen sagte Chola, dass auch sie sich nicht wohl fühle. Beim Wasserholen seien starke Schmerzen durch ihren ganzen Körper geschossen. Sie rang nach Atem, bekam keine Luft mehr und verlor das Bewusstsein. Kalchu ging zum *dhāmi* und bat ihn, den Gott noch diese Nacht in den Schrein zu rufen.

Nach Einbruch der Dunkelheit kletterten Biḍā und Śaṅkar die Leiter zum oberen Dach von Kalchus Haus hinauf und holten die beiden Kesselpauken aus dem weiter hinten gelegenen Schrein. Gegen die Kälte in dicke Decken gehüllt, saßen sie mit gekreuzten Beinen hinter den Pauken und trommelten im Gleichklang. Die Trommellaute hallten durch die frostige Nacht und verkündeten allen im Dorf, dass der Gott diese Nacht kommen würde.

Im Schrein saßen drei Männer um das Feuer. Einer von ihnen war Kalchu, der schon früh einen Platz in der vordersten Reihe ergattert hatte, bevor sich der kleine Schrein mit Menschen füllte. Ein zweiter war der *ḍāṅgri,* der neben einer blütenförmigen Öllampe saß, die er aus einer Schüssel auf dem Herd immer wieder füllte, sobald die Flamme kleiner wurde. Der dritte, ganz in Weiß gekleidet, war der *dhāmi.* Die Männer unterhielten sich leise, während sie auf die übrigen Leute warteten.

Selbst der Schrein schien zu warten. Die Luft war von einer eigentümlichen Stille erfüllt. Das Feuer brannte fast ohne Rauch. Nur eine dünne weiße Fahne stand senkrecht über den flackernden gelben Zungen der Flammen. Der Geruch von Wacholder, der zuvor als Räucherwerk verbrannt worden war, lag noch wie der warme Atem des Sommerwaldes im Raum. Vor der offenen Tür erstreckte sich die unendliche Schwärze der Nacht.

Bald kamen nun auch die Leute, zogen am Eingang die Schuhe aus, nahmen Schals und Decken von den vor Kälte geröteten Gesichtern. Kinder zappelten und schwatzten, Mütter pressten ihre Säuglinge an die Brust und zogen die größeren Sprösslinge auf den Schoß, um am Boden mehr Platz für die Sitzenden zu machen. Alle hatten eine Hand voll geschälten Reis mitgebracht, den sie nach vorne weitergaben, wo er auf einem Teller neben dem *dhāmi* gesammelt wurde.

Als der Schrein voll war, zog Kalchu am Strang der großen Messingglocke, die über ihm hing. Mit lautem Klang und Widerhall kam die Glocke ins Schwingen. Wie bei einem Gong konnte man auch hier nicht sagen, wann der Schlag des Klöppels auf der Glocke endete und wann das Echo einsetzte. Ohne Unterbrechung dröhnte der vieltönige Klang der Glocke durch den Schrein.

Draußen wurden die Trommler immer schneller. Sie hieben auf die hohlen Halbkugeln ein, so schnell es ihre Hände erlaubten. Der Schrein und das ganze Haus schwankten, und der Boden darunter schien sich wie bei einem Erdbeben zu verschieben. Es war ein dämonischer Klang, der die Herzen galoppieren ließ und Köpfe und Körper zum Taumeln brachte.

Der *dhāmi* saß mit gekreuzten Beinen und geschlossenen Augen. Plötzlich begann er zu zittern. Sein Atem ging in kurzen, unregelmäßigen Stößen. Als ob er ihn unter Kontrolle bringen wollte, atmete er hin und wieder dreimal hintereinander aus, wobei er einen rhythmischen Ächzlaut wie »aha aha aha« aus seinem Hals presste. Schließlich stand er taumelnd auf und bewegte sich auf den einzigen leeren Platz im Raum zu – ein Stück Boden, das mit einem Schaffell bedeckt war. Dort zog er sich den weißen Turban vom Kopf und ließ sein langes schwarzes Haar über die Schultern bis auf den Boden wallen. Die Musik hörte auf. Einen Augenblick lang klang das Echo noch nach, dann war Stille.

Der *dhāmi* steckte seine Hand in den Teller mit Reis, rührte darin herum, hob einige Körner hoch und ließ sie dann durch die Finger zurückrieseln. Lange starrte er in die Tiefe des Tellers, wobei er vor sich hin murmelte. Ein Wortschwall nach dem anderen, so schnell und bebend, dass man nichts verstehen konnte, ergoss sich in der Stimme des Gottes aus seinem Mund. Dazwischen die Ächzlaute »aha aha aha« und dann wieder Murmeln.

Die Hand noch immer im Reisteller, hob er schließlich den Blick und sah direkt auf Kalchu. »Kind, deine Augen sind voller Leid.«

»Herr, in meiner Familie ist Krankheit. Mein Sohn liegt im Sterben. Du musst mir jetzt helfen. Ich habe ein gutes Leben geführt. Ich habe die Götter verehrt und für meine Familie gesorgt. Sag mir, ob das deine Strafe oder die eines anderen Gottes ist für etwas Böses, das ich getan habe. Zeig mir, wie ich es wieder gutmachen kann. Ich tue alles, wenn nur mein Sohn nicht stirbt. Und wenn es die Laune einer übel wollenden Hexe ist, dann schlag sie zu Boden und strafe sie. Lass sie aufhören. Das schuldest du mir, Herr, als einem Mann, der dich immer verehrt hat.«

Eine Minute lang herrschte Stille. Dann kam wieder die Stimme des Gottes, und Kalchu lehnte sich vor, um sie besser hören zu können. »Kind, ich sehe keine Hexe und nichts Böses, das du getan hast. Aber höre, wenn du das Leben eines Nomaden führtest, der durch die hohen Berge streift, würdest du mich verstehen. Wenn du zu einer Nordwand vor dir emporschaust, siehst du nur Schnee und Eis, die dir Angst machen. Du wüsstest aber auch, dass du auf der anderen Seite wieder herunterkommen und im Sonnenschein durch grünes Gras und duftende Blumen wandern würdest. Weißt du nicht, dass es auch in deinem Leben Berge und Täler gibt? Zeiten des Kummers kommen und gehen – das ist unser Los.«

»Aber mein Sohn – du musst meinen Sohn retten. Wenn dieser Sohn stirbt, ist mein Leben zu Ende. Ich tue alles. Ich gebe dir alles, was du willst.« Kalchu war außer sich.

»Kind, höre auf mich. Vielleicht überlebt dein Sohn, vielleicht stirbt er auch. Eines darfst du nicht vergessen: Selbst wenn er stirbt, werden wieder bessere Zeiten für dich kommen. Ich werde dich nicht lange leiden lassen. Vertraue mir, und ich werde dich hier durchführen.«

Der *dhāmi* nahm eine Hand voll Reis und blies darauf. Dann reichte er ihn Kalchu. »Nimm diese Körner als meinen Segen. Streue noch heute Nacht die Hälfte in den Wind, gen Norden, Süden, Osten und Westen. Den Rest gib dem Jungen zu essen.«

Im Schrein entstand Stimmengewirr. Ein Mann neben Kalchu sprach ihm Mut zu. *Chillims* wurden angezündet und machten die Runde. Der *dhāmi* starrte auf den Boden. Sein Blick flatterte und er zitterte. Neben ihm steckte ein Dreizack im niedrigen Altar, und die Schatten vieler kleiner Statuen tanzten im Schein des Feuers. Es waren Figuren von Reitern, Wächtern mit Flinten, einer Kuh, die gemolken wurde, einer Frau mit runden Brüsten, das Haar mit Schlangen zum Knoten gewunden. Links ein Schneckenhaus aus dem Indischen Ozean, auf undurchschaubare Weise in sich selbst gerollt, wie der rosa und weiße Eingang zu einer anderen Welt.

Dann sprach der Gott zu einer Frau mit einem kranken Säugling und danach zu einem Paar, das nach dreijähriger Ehe noch immer kinderlos war. Er sagte der Frau, sie sei eine Hexe, die auf ihren Mann eine seltsame und böse Gewalt ausübe. Die Frau entgegnete, dies sei nicht wahr, worauf der Gott sie fragte, weshalb sie an diesem Abend gekommen sei, wenn seine Worte für sie nichts weiter als »Schall und Rauch« seien. Sie gab schließlich nach, und der Gott versprach ihr, das Böse aus ihr auszutreiben, wenn sie ein Huhn im

Bāhan-Schrein oben auf dem Hügel opferte. Sie begann zu weinen.

Während er noch zu der Frau sprach, entspannte sich der Körper des *dhāmi* allmählich. Er zitterte nicht mehr. Seine Augen hatten ihre glasige Starre verloren, und das rasende Flattern seiner Lider hatte aufgehört. Dann sagte er ruhig mit seiner eigenen Stimme, dass ihn der Gott verlassen habe.

Eine kalte Brise wehte durch die offene Tür und schürte das Feuer, sodass die Flammen hell aufflackerten. Einen Augenblick lang wurde das Gewirr kleiner Messingglocken und weißer und roter Stoffstreifen, die von der Decke hingen, beleuchtet, bevor sie wieder in der Dunkelheit verschwanden.

Der *dhāmi* hob den langen, mit silbernen Ringen gebundenen Haarschopf auf, der dem Gott, den er verkörperte, zum Geschenk gemacht worden war. Er wand ihn wieder sorgfältig um den Kopf und bedeckte ihn mit seinem Turban.

Nachdem der Gott entschwunden war, blieben die meisten Leute noch im Schrein und besprachen das Gesagte. Erst als sich Licht und Wärme des Feuers in Rauch verwandelt hatten, zogen sie ihre Schuhe an, traten in die frostige, sternenklare Nacht hinaus und wanderten durch das stille Dorf nach Hause.

Am nächsten Morgen schien es Chola etwas besser zu gehen, aber Sigarups Zustand hatte sich eher verschlechtert. Den ganzen Tag lag er halb bewusstlos in dem dunklen, fensterlosen Raum. Am Abend weckte ihn Chola, um ihm etwas Wasser zu geben. Doch er zuckte zusammen und ächzte, als der Schmerz von der Hüfte aus durch seinen ganzen Körper schoss. Einen Moment lang sah er sie flehend an, doch dann trübte sich sein Blick und schien wieder abwesend. Er sank unter seine Decke zurück.

Am Abend kamen die beiden Brüder Kalchus, um nach Sigarup zu sehen. Die drei Männer und Chola saßen um das Feuer und besprachen mit leiser, besorgter Simme, was zu tun sei. Schließlich beschlossen Kalchu und Chola, dass Sigarup ins Krankenhaus in Jumla

Bazaar müsse. Kānchho, Kalchus jüngerer Bruder, und Śaṅkar würden ihn am Morgen hinbringen, und Kānchho würde – wenn es sein müsste – bei ihm bleiben.

Die ganze Nacht über hielt Kalchu wieder Wache. Beim ersten Licht des Morgens begannen die Männer mit ihren Vorbereitungen, während Chola kochte. Gemeinsam schnitten sie ein Stück aus einem Korb, vom breiten oberen Rand bis hinunter zur schmaleren Basis. Die Öffnung war etwa einen halben Meter breit – breit genug, dass Sigarup im Korb sitzen und die Beine baumeln lassen konnte. Den fertigen Tragekorb polsterten sie mit Stroh und Decken. Dann packten sie einen zweiten Korb mit *roṭis* für die Reise und mit Mehl und Kartoffeln sowie Töpfen und Pfannen zum Kochen in Jumla Bazaar.

Nachdem sie gegessen hatten, hob Kalchu den in Decken gehüllten Sigarup auf und hielt den schlaffen Körper wie den eines kleinen Kindes auf seinen ausgestreckten Unterarmen. Sanft trug er seinen Sohn hinaus und setzte ihn in den Korb.

Kalchu, Chola, Nara, Kāli und die Zwillinge standen auf dem Dach und sahen den dreien nach. Die beiden Männer waren für den Bazaar in ihre besten Gewänder gekleidet; Sigarup starrte blass und leblos aus den Deckenhüllen im Korb auf Kānchhos Rücken. Als die Männer die Stufen hinunterstiegen, verzerrte sich Sigarups Gesicht vor Schmerz durch die plötzlichen rüttelnden Bewegungen. Kalchus Augen füllten sich mit Tränen, und Chola, die Hände vor den Augen, wurde von Schluchzen geschüttelt.

Am nächsten Tag kam Śaṅkar gegen Abend zurück. Er sagte, der Arzt sei der Meinung, dass Sigarup wieder gesund werde, seine Chancen jedoch besser gewesen wären, wenn man ihn früher gebracht hätte. Er litte an einer Muskelinfektion und würde mindestens drei Wochen, vielleicht auch einen Monat lang, zur Behandlung mit Penicillinspritzen im Krankenhaus bleiben müssen. Später am Abend, als Schafe und Kühe in den Ställen waren und die Familie um das Feuer saß, erzählte Śaṅkar, was sich zugetragen hatte.

»Es schien, als ob wir Bazaar nie erreichen würden. Obwohl Sigarup jetzt so dünn ist, war er doch schwer zu tragen, und wir mussten oft rasten. Dann tat ihm sein Bein weh, und wir mussten wieder stehen bleiben und das Stroh und die Decke neu richten. Im Wald zwischen Lāmri und Uṭhu, wo der Weg steil abfällt, ist der Fluss direkt über den Pfad gefroren, und wir gingen fast einen Kilometer weit über die Eisdecke.«

»Wir schafften es gestern Abend gar nicht bis Bazaar, sondern übernachteten im *dharamsālā* hinter Uṭhu. Wir haben zwar etwas Holz im Wald hinter der Hütte gefunden, aber es war bitterkalt. Keiner von uns konnte schlafen, wir lagen nur da, hörten auf den Wind und das Heulen der Schakale.«

»Kurz nach Sonnenaufgang kamen wir heute früh nach Bazaar. Vor dem Krankenhaus saßen schon eine Menge Leute im Gras. Der Arzt war noch nicht da, aber ein anderer Mann schrieb Sigarups Namen und sein Dorf auf und gebot uns zu warten.«

»Gegen Mittag wurde Sigarups Name aufgerufen. Wir gingen in ein Zimmer, der Arzt stellte einige Fragen, dann sah er sich Sigarups Bein an und befühlte es. Schließlich schickte er uns in das Krankenhaus, wo uns eine Krankenschwester zeigen sollte, was zu tun sei.«

»Das Krankenhaus war dunkel und kalt, mit zwei Reihen Betten, sechs an jeder Wand. Die Krankenschwester zeigte auf ein Bett in der Ecke für Sigarup und eines daneben für Kānchho Ba. Dann hat sie bei Sigarup Fieber gemessen und ihm eine Spritze und einige Tabletten gegeben. Zu uns sagte sie, dass wir hinter dem Krankenhaus in einer Hütte unser Essen über einem Feuer kochen könnten.«

»In der Hütte saß ein Junge am Feuer. Die Hütte war voller Rauch. Er erzählte uns, dass er schon drei Wochen da war und an Tuberkulose litt, die aber schon langsam besser würde. Es war jedoch nicht leicht. In seinem Tal begann man schon mit dem Pflügen, und seine Familie war nur klein. Daher konnte niemand kommen und ihm helfen, Holz und Wasser zu holen. Das Wasser war zwar ganz in der Nähe, aber das Brennholz war einen halben Tag weit weg.«

»Er war froh, dass nun Sigarup da war, denn bis jetzt war er der einzige Patient gewesen, und allein in der Nacht hatte er sich vor Gespenstern gefürchtet – vor den ruhelosen Seelen all der Leute, die hier fern von Heim und Familie gestorben sind.«

Bei diesen Worten zuckte Chola ganz offensichtlich zusammen, aber Śaṅkar fuhr fort. »Wir machten uns einige *roṭis*, und als wir sie gegessen hatten, ging ich nach Hause. Kāṅchho Ba sagte, dass ihr euch nicht sorgen sollt – er wird so lange bei Sigarup bleiben, bis er wieder gesund ist. Dann fügte er noch hinzu, dass wir, falls jemand aus dem Dorf nach Bazaar geht, ihm etwas Mehl, Kartoffeln und einige Decken mitgeben sollen.«

In den folgenden Tagen und Wochen fühlte sich Chola manchmal wohl und dann wieder recht krank. Sie klagte über Kopfschmerzen und Müdigkeit und sagte oft, dass ihr der ganze Körper wehtue. Manchmal glaubte sie auch, sie habe Fieber. Wenn sie sich zu krank fühlte, um auf dem Feld zu arbeiten, ging sie, nachdem sie am Morgen gekocht hatte und die Familie satt war, mit einer Decke hinauf aufs Dach und schlief dort in der Wärme der Wintersonne.

Kalchu war die ganze Zeit beschäftigt. Von morgens bis abends pflügte er seine eigenen Felder und die seines Bruders Kāṅchho. Als der Frühling kam, säte er Gerste, Hirse, Kartoffeln und Mais – für sich und Kāṅchho.

An einem Tag arbeitete er nicht. Stattdessen ging er in seinem besten Gewand – einem blauen Baumwollhemd mit Hose und chinesischen Turnschuhen – schon früh am Morgen nach Chaura, um dort einen der Dorfgötter zu befragen. An einem anderen Tag marschierte er nach Gorigāuṅ und dann weiter nach Padmārā und Rini. Nach seiner Rückkehr war er stets untröstlich, denn die Botschaft war immer dieselbe: »Kind, ich könnte grünes Gras anzünden, aber brennen würde es nicht.« Die Götter sahen keine Lösung, und sie verweigerten ihm unerbittlich den Trost einer Lüge.

Als Chola schon drei Tage lang krank war, bat Kalchu den *dhāmi* am späten Nachmittag erneut, den Gott in den Schrein auf dem Dach seines eigenen Hauses zu rufen.

Das Trommeln begann, und Kalchu ging mit einer Hand voll geschältem Reis, einem rot-weiß gestreiften Baumwolltuch und einer kleinen Glocke als Geschenk für den Gott zum Schrein.

Zum lauten Klang der Musik folgte der Gott auch diesmal wieder dem Ruf. Im flackernden Licht des Feuers sprach Kalchu flehentlich zu ihm: »Herr, wenn wir nichts haben, dann bist du es, der uns mit Wasser nährt und mit dem Wind kleidet. Hilf mir jetzt.«

Am Nachmittag war der Boden des Schreins mit Lehm und Kuhmist frisch bestrichen worden, sodass er nun glatt und sauber war, und man hatte die alte Asche aus dem Herd entfernt. Das Feuer brannte gleichmäßig, das Flämmchen der Öllampe zuckte und wand sich, und der süße Geruch von Weihrauch erfüllte den Raum. In diese Ruhe und Ordnung hinein kam die Antwort des Gottes: »Kind, es gibt da eine Frau. Es gibt da eine Frau, deine Frau. Vor vielen Jahren war sie einem Mann in Lāmri angetraut. Doch dann traf sie dich, verliebte sich in dich und wollte zu dir ziehen. In dieser schweren Zeit wandte sie sich an den Gott in ihrem Dorf, und dieser Gott half ihr. Dieser Gott half euch beiden. Du hast ihrem Gatten dreitausend Rupien gezahlt und ihm seine Frau genommen.«

»Jetzt hast du fünf Söhne. Du hast reiche Ernte von deinen Feldern. Du hast Rinder im Stall und eine Herde Schafe. Aber du hast diesen Gott missachtet. Jetzt ist deine Frau krank, und auch dein Sohn könnte sterben. Morgen musst du zum Schrein dieses Gottes in Lāmri gehen und ihm einen Ziegenbock opfern. Und dann wirst du dich alle drei Jahre zum Vollmond im Kārtik an diesen Gott erinnern und ihm ein Lamm zum Opfer bringen.«

Der *dhāmi* blies auf eine Hand voll Reis und reichte ihn Kalchu.

»Nimm diese Körner als meinen Segen, und mögen deine Tage so hell und beständig sein wie ein Kranz aus Blüten.«

Am nächsten Morgen zog Chola ihre besten Kleider an: ihren blau bedruckten Baumwollrock, eine frisch gewaschene weiße Rockbinde, ein sauberes Umhängetuch und ein Paar Turnschuhe. Kalchu ging hinunter in den Stall und suchte einen Ziegenbock aus. Dann zogen beide nach Lāmri und führten die Ziege an einer Schnur hinter sich her.

Als sie bald nach Mittag zurückkamen, war Chola guter Dinge. Sie hatten die Ziege im Schrein geopfert und das Fleisch unter den Dorfbewohnern verteilt. Dann hatten sie mit der Familie von Cholas früherem Mann zu Mittag gegessen und waren mit *raksi* und Reis und dem Fleisch der geopferten Ziege festlich bewirtet worden.

Am nächsten Tag ging es Chola wieder gut. Sie arbeitete mit Kalchu und Kānchhos Frau Sita den ganzen Tag auf dem Feld, wo sie Buchweizen säten. Am Abend zog Kalchu im Dorf von Haus zu Haus, bis er jemanden fand, der am nächsten Tag nach Bazaar ging. Er bat um Nachricht von Sigarup und gab den Leuten etwas Mehl und Kartoffeln und ein kleines Päckchen mit vom Gott gesegneten Reiskörnern mit.

Zwei Tage später brachte man ihm die Nachricht, dass es Sigarup besser ging.

Bald danach kam eine neue freudige Botschaft. Sigarup durfte nach Hause. Er konnte nun mit einer Krücke gehen, aber da er nur langsam vorwärts kam, würde man die Nacht in Lorpa verbringen.

Der Rückmarsch dauerte zwei volle Tage. Sie verließen am Morgen das Krankenhaus und kamen erst am Abend des nächsten Tages ins Dorf.

Sofort nach ihrem Eintreffen füllte sich der Raum mit Leuten: Kānchhos Frau und Kinder, Kalchus älterer Bruder, Māilo mit seinem Sohn und seiner Tochter und der *ḍāṅgri* aus dem Haus nebenan. Als alle ums Feuer saßen, Bier tranken und Sigarup über sein Bein, den Arzt, das Krankenhaus und den Rückmarsch ausfragten, verschwand Kalchu nach draußen.

Die Nacht war kalt und frostig. Das fahle Licht des neuen Mondes warf Schatten in die Stille. Kalchu ging zum Hühnerstall und öffnete die Luke. Als er seine Hand hineinsteckte, war von innen ein Kreischen, Scharren und Flügelschlagen zu vernehmen. Nachdem er einen Hahn gefunden hatte, zog er ihn heraus. Federn flogen zu Boden, als das Tier sich in seinen Händen wand.

Westlich vom Dorf über dem Bach steht an einer Wegkreuzung ein kleiner Schrein. Zwei aufrechte Steine markieren die Stelle. Darüber flattern an einen Dornenbusch gebunden vergilbte rote und weiße Wimpel wie die Kadaver knochiger Vögel.

Kalchu hielt den Hahn zwischen seinen Knien und schnitt ihm den Hals auf. Dann hob er den leblosen Körper, sodass sich das Blut über den Boden vor ihm ergoss und sich mit den Resten früherer Opfergaben – verwelkten Blumen, Reis- und Haferkörnern und einigen Münzen – vermengte.

Spät in der Nacht gab es dann ein Fest mit Reis und Fleisch.

Zwei Wochen später war Sigarup noch immer schwach. Er konnte nicht ohne Hilfe stehen oder gehen, und die Muskeln an seinem Bein waren geschwunden. Aber sein Gesicht war wieder rund und seine Wangen rot. Er redete und lachte viel und übte sich im Krückengehen. Jeden Tag rieb er das Bein mit Salbe ein. Sie war rot und roch nach Parfüm. Er hatte sie in Bazaar von einem indischen Händler gekauft, der ihm versprochen hatte, dass damit seine Muskeln wieder stark würden.

Im Monat Sāun pilgerten Kalchu und Sigarup über die Berge zum See Rānāmāche. In Vollmondnächten trafen sich hier Leute, die von weit her, selbst aus dem zwölf Tagesmärsche entfernten Bārakot, gekommen waren. Im Licht des Mondes badeten sie im See und brachten der Göttin, Rānāmāche Mai, Opfer dar. Unter den Pilgern waren auch solche, deren Eltern, Brüder, Schwestern, Ehemänner oder andere nahe stehende Menschen im Lauf des letzten Jahres gestorben waren. Vom Ufer aus warfen sie kleine Andenken in das plätschernde Wasser – als letzte Bitte um den Seelenfrieden der Toten. Und dann gab es auch andere wie Kalchu und Sigarup, die gekommen waren, um den Göttern dafür zu danken, dass sie sie verschont hatten.

Die Phasen des Monsuns

In den ersten Junitagen stand der Dorfälteste früh am Morgen zwischen Dämmerung und Sonnenaufgang auf seinem Dach und rief über das ganze Dorf hinweg, dass sie an diesem Tag die provisorische Brücke über den großen Fluss bauen wollten und dazu aus jedem Haushalt einen Mann brauchen würden.

An die dreißig Männer zogen nun gemeinsam los, und weitere folgten im Lauf des Vormittags in kleineren Gruppen. Sie überquerten den Fluss auf der ständigen Brücke, die fest auf ihren kräftigen Holzpfeilern über dem Wasser saß. Die Enden der Pfeiler waren zu Köpfen und Oberkörpern in Form mythischer Wachposten geschnitzt, von denen einige Gewehre trugen. Auf der anderen Seite folgten die Männer dem Fluss stromabwärts bis zu einer engen Stelle, an der alljährlich die provisorische Brücke errichtet wurde. Dort stiegen sie, das Tal im Rücken, hinauf in den Wald.

Sie brauchten den ganzen Tag für den Bau der Brücke und fällten dazu zwei der größten Kiefern, die sie dann entrindeten und mit Seilen vorsichtig den steilen Abhang zum Fluss hinuntermanövrierten. Einige der Männer hatten nur ein Tuch um die Lenden und wateten hinaus ins kalte Wasser, während die anderen die Bäume vom Ufer ins Wasser schoben.

Zwar hatte das Wasser in der Zeit vor dem Monsun seinen niedrigsten Stand erreicht, doch ging es den Männern stellenweise immer noch bis an die Brust. Die Strömung war reißend und das Wasser im breiten Mittelkanal tiefgrün. Wo es in Ufernähe Strudel um die Felsblöcke bildete, leuchtete es türkis und war mit kleinen weißen Schaumkronen übersät. Es war für die Männer nicht leicht, auf den kantigen und schlüpfrigen Steinen das Gleichgewicht zu halten. Noch schwerer hatten es die, die sich mit aller Kraft in die Seile stemmten, um dem ständigen Sog der Strömung Widerstand zu leisten und den Baum sicher ans gegenüberliegende Ufer zu lotsen.

Nachdem die Männer beide Bäume bis zum anderen Ufer gebracht hatten, banden sie die Stämme an mehreren Stellen mit Seilen zusammen und klemmten die Enden zwischen Felsblöcken fest. Die Brücke war nun fertig.

Den ganzen nächsten Tag zogen die Frauen unablässig mit Körben voll *mal* – der Nadelstreu des Vorjahres aus den Kuhställen der Monsunhalden auf dem Jimale – über die Brücke. Sie benutzen sie auf der anderen Flussseite zum Düngen der Reisfelder. Wenn die Körbe voll waren, konnten die Frauen den Blick nicht zum Boden senken. Das Seil, das sie sich um die Stirn gelegt hatten, war von dem Gewicht auf ihrem Rücken so straff gespannt, dass ihre Köpfe aufrecht gehalten wurden. Aber auch auf dem Rückweg mit leeren Körben sahen sie nicht nach unten, sondern nur nach vorne, denn sie wussten, dass der Anblick des rauschenden Wassers nur wenige Zentimeter unter ihren Füßen sie aus dem Gleichgewicht bringen würde.

Bis zum Abend des dritten Tages waren alle Kuhställe entleert, und die *mal*-Haufen auf den Reisfeldern sahen aus wie Maulwurfshügel.

Zwei Wochen später setzte der Monsun ein. Der Fluss schwoll gewaltig unter den Regen- und Schmelzwassermassen aus den Bergen. Bald war er wild und unberechenbar. Die Wellen krachten zusammen, brausten und überschlugen sich in schäumend weißen Strudeln und Wirbeln. Ihr Tosen erfüllte das ganze Tal wie das Dröhnen eines endlosen Zuges. Die provisorische Brücke wurde zuerst überschwemmt und schließlich vom Wasser wie ein Streichholz hochgehoben und weggetragen.

Es hatte die ganze Nacht geregnet, und in der Stille des Morgens hatten sich Wolken und Nebel noch nicht verzogen. Vom Rand des Dorfes gesehen, wirkte das ganze Tal – die Felder, das sprießende Getreide, das Wasser – wie ein dampfender weißer Flusslauf in der Unterwelt. Die Berge auf der anderen Talseite erhoben sich wie Inseln aus dem Nebel, und hier und da wehten kleine Wolkenfetzen wie feine blasse Gischt über die dunklen Waldhänge.

Mina ging als Erste auf die Felder. Sie schloss sich einer Gruppe junger Frauen an, die sich alle in ein Tuch gehüllt hatten und eine kurzstielige Hacke zum Unkrautjäten sowie einen dampfenden Kuhfladen bei sich trugen. Mit Letzterem sollten sie die Mücken verscheuchen, die während der Regenzeit besonders morgens und abends eine Plage waren. Langsam suchten sie sich, in eine blaue Dunstwolke gehüllt, einen Weg durch den Schlamm und die Pfützen im Dorf.

Nachdem sie gegessen hatten, folgten auch Kalchu und Chola, Nara und die Zwillinge. Chola trug einen Korb mit den Hacken und eine Matte, einige *roṭis* als Proviant für den Tag und einen Bronzetopf, mit dem Wasser aus der Quelle geholt werden sollte. Kalchu trug Lāla Bahādur in einem Tuch auf seinem Rücken und redete Hārkini an seiner Hand beim Gehen aufmunternd zu.

Nachdem sie das Dorf verlassen hatten, kamen sie an einer Gruppe wilder Aprikosenbäume vorbei, die in voller Blüte standen. Auf den Feldwegen marschierten sie hintereinander, zwischen Gras und Unkraut, das gegen ihre nackten Füße und Knöchel schlug und ihre Kleidung beim Vorbeistreifen an den Schenkeln durchnässte. Sie gingen durch Gerstenfelder, die ebenso leuchtend grün waren wie die glänzenden Wasserpflanzen im Fluss, durch Felder mit Kartoffeln, Bohnen, Hirse und Kürbissen, rot und rund wie die Sonne im Winter. Als sie endlich die Maisfelder erreicht hatten, blieben sie stehen.

Allmählich kamen auch andere Familien hinzu. Die Brüder Kalchus arbeiteten mit ihren Frauen und Kindern auf den angrenzenden Feldern, denn der Besitz des Vaters war unter seinen drei

Söhnen geteilt worden. In der Ecke eines Feldes hatte die Frau des jüngeren Bruders aus Blättern und Zweigen einen kleinen Unterschlupf errichtet und ein Tuch darüber gebreitet, um ihr Baby vor der heißen Sonne und den Regenschauern zu schützen.

Am späteren Nachmittag frischte der Wind auf und schwarze Sturmwolken wälzten sich drohend über das Tal. Als der Himmel schließlich seine Schleusen öffnete, ergoss sich der Regen in Strömen, prasselte auf die erschlafften Maispflänzchen nieder und schlug Löcher in die bloße Erde. Chola und Mina duckten sich unter ihre Schirme, die sie aus Birkenrinde und einem Geflecht aus Bambusrippen selbst gefertigt hatten und die ihren Rücken wie die ausgebreiteten Flügel eines Nachtfalters bedeckten. Kalchu, der nur einen Lendenschurz trug, ließ den Regen über seine nackte Haut strömen. Allmählich sanken ihre Füße bei der Arbeit immer tiefer in das weiche Erdreich und nasser Schlamm sickerte zwischen ihren Zehen hervor.

Als die Sonne wieder schien, stieg Wasserdampf auf und die Luft war fast zu schwer zum Atmen. Chola legte sich auf die Matte und schlief ein. Mina holte Trinkwasser und nahm die Zwillinge mit zur Quelle, damit sie in dem kleinen sumpfigen Teich daneben baden konnten. Auf dem Rückweg füllte sie eine Tasche im Saum ihres Umhangs mit einem essbaren Kraut, das sich wie Spinat zwischen den Feldfrüchten schlängelte.

Gegen Abend zogen über dem Berg am Taleingang wieder dunkle Wolken auf und Regen peitschte in einem Schleier aus stahlgrauem Licht gegen die Bergwand. Als sich ein regenschwerer, kalter Wind erhob, begannen alle, ihre Sachen zusammenzupacken. Kalchu schnitt zwei Maiskolben ab, entfernte die Hülsen und gab sie Hārkini und Lāla Bahādur, die den Mais dann beim Gehen wie Zuckerrohr kauten. Als sie den süßen Saft aus den Kolben gesaugt hatten, klagten sie, dass ihre Beine müde seien und weinten so lange, bis sie hochgehoben und getragen wurden.

Kaum im Dorf angekommen, klatschten ihnen die ersten großen Regentropfen auf den Rücken. Kāli, die Minuten später mit den Kühen zurückkam, wurde vom Regen in voller Wucht erwischt. Als sie auf dem oberen Pfad um die Biegung kam und zum Stall herunterstieg, schlug sie mit einem Stock auf die triefenden Hinterteile der Kühe ein und fluchte laut, weil die Tiere nicht schneller gehen wollten.

Als später die Schafe heimkamen, hatte der Regen wieder aufgehört. Die Luft stand still, matt vom vielen Regen, und Mücken schwirrten in Spiralen auf und nieder.

Obwohl es noch früh am Morgen war, schien die Luft schon abgestanden. Seit Tagen hatte kein kühler, frischer Wind durch das Tal geweht. Die sehnsüchtig wartenden Dorfbewohner hatten dieselbe Luft schon an die hundert Male ein- und ausgeatmet.

Chola war im Haus und machte *roṭis*. Die Hitze des Feuers trieb ihr Schweißtropfen auf die Stirn, die dann die Falten in ihrem Gesicht hinunterrannen und schwer zu Boden fielen. Fliegen surrten im Zickzackkurs durch den Raum und waren dabei so geschäftig wie ein ganzer Bienenschwarm. In summenden schwarzen Scharen schwebten sie über Chola, die den Teig knetete und hin und wieder bei der Arbeit innehielt, um einige Fliegen, die sie versehentlich zerdrückt hatte, wie Rosinen aus dem Teig zu lesen.

Obwohl das Essen im Freien stattfand, waren die Fliegen hartnäckig und aufsässig und verdarben die Speisen. Alle hatten zuvor den toten Hund gesehen, der aufgedunsen, grau und kahl im Schlamm lag, und die Kothaufen, die vermutlich von denselben Fliegen wimmelten, die nun ihre Mahlzeit teilten. Die Vorstellung schnürte ihnen den Hals zu.

Selbst der Regen brachte keine Erfrischung. Er klatschte in die schmutzigen, stinkenden Pfützen, hämmerte auf die Dächer und wühlte den Schlamm auf, bis dieser matschig und wässrig war. Am Morgen schlug Kalchu mit einer Holzschaufel den Schlamm, um ihn zu festigen. Doch das Dach war noch immer leck, und jeden Tag kam das schlammige Wasser an einer anderen Stelle durch und tropfte in stetem Takt in den darunterliegenden Raum.

Eines Abends kamen die Sterne heraus, und der ganze Himmel glänzte wie polierter Onyx. Es schien ganz so, als ob das Dorf untergetaucht gewesen wäre, und jetzt, wo es wieder aufgetaucht war, erstrahlte die Umgebung in strahlendem Glanz. Kalchu, Nara und Kāli schliefen unter einer Matte im Freien. Gegen Morgen zogen aber wieder schwere Wolken auf, und völlig durchnässt kamen sie ins Haus und versuchten weiterzuschlafen. Doch die Hitze und die allzeit quälenden Flöhe und Wanzen brachten sie immer wieder in den Wachzustand zurück.

Auf dem Südhang des Jimale, wo sich das bebaute Land alljährlich immer weiter in die umgebenden Wälder erstreckte, wurde der Weizen geerntet. Nachdem er geschnitten und zu Garben gebunden war, trug Kalchu ihn zurück ins Dorf. Im Haus wurden die Garben dann so lange auf Raufen getrocknet, bis der Weizen gedroschen werden konnte. Kalchu musste zwei Tage lang je dreimal den schlüpfrigen Waldpfad hinuntersteigen, dann eine Meile am Fluss entlanggehen und die feste Brücke überqueren, bis er über die Felder wieder ins Dorf gelangte.

Nach der Ernte brachte Kāli die Kühe hinauf und ließ sie das Stoppelfeld abweiden. Mit ihrem Dung wurde der Boden für den Buchweizenanbau im kommenden Jahr vorbereitet. Nachts schlief die ganze Familie in einem primitiven Unterstand am Waldrand, in einer Ecke ihres Feldes. Sie bauten diesen Unterstand jedes Jahr wieder neu mit Holz und Zweigen, die sie mit Birkenrinde abdeckten.

Wenn Chola morgens aufstand, schien die Hütte eine dunkle Kapsel zu sein, die im Nebel schwebte. Chola ging um die Hütte herum und hob einen der Sparren vom Dach des angebauten Hühnerstalls. Fünf Hennen und ein Hahn kamen halb hüpfend, halb flatternd heraus. Als Antwort auf das Krähen, das von anderen Gehegen auf dem Hang erklang, ließ der Hahn seinen eigenen schrillen Ruf erschallen. Chola beugte sich herunter und suchte den Hühnerstall mit der Hand nach Eiern ab. Sie gab einen gurrenden

Laut von sich und streute eine Hand voll Maiskörner vor sich auf den Boden, auf die die Hühner mit vorgereckten Hälsen zustakten.

Auf der anderen Seite der Hütte stand ein kleiner Kuhstall. Die drei Wände waren mit Findlingen von den bebauten Feldern aufgeschichtet. Der Pferch hatte kein Dach, und der Regen, der in der Nacht gefallen war, hinterließ auf den Hinterteilen der Kühe, wo er über das fettige Fell getröpfelt war, dunkle Streifen. Kalchu hatte die beiden Kälber aus ihrem eigenen Stall hereingebracht, und sie sogen nun gierig am Euter der Mutter, indem sie sich mit ihren Hufen gegen den Boden stemmten und ihre mageren Körper vorstreckten. Kalchu erlaubte ihnen nur gerade so viel Milch zu trinken, wie sie als Ergänzung ihres Grasfutters, das sie gerade zu fressen begonnen hatten, brauchten. Dann schob er sie zur Seite, steckte ihnen an Stelle der Zitzen seine Finger ins Maul und melkte die Milch in kurzen Stößen schäumend in eine Schüssel auf dem Boden unter der Kuh.

In der Hütte schienen später die ersten Sonnenstrahlen durch das Birkenrindendach, die sie wie durch rotes Zellophanpapier erleuchteten und die losen Kiefernnadeln auf dem Boden in ein aprikosenfarbenes Licht tauchten. Das Feuer zum Kochen war gelöscht worden, aber der Geruch hing noch in der Luft, gemischt mit dem intensiven Aroma frischer und saurer Milch und dem Duft von Kiefernholz.

Kalchu, Chola und die Kinder saßen im Kreis beim Essen um die leere Feuerstelle – einer von Steinen eingefassten Grube im Boden. Gegen die Wand hinter ihnen waren zwei gefaltete Decken, einige Kochtöpfe, ein Sack mit Mehl und einer mit Kartoffeln gestapelt. Dazu ein hölzerner Krug, in dem die restliche Milch des Tages zum Gerinnen aufbewahrt wurde. Die Hütte hatte keine Fenster, aber durch die offene Tür fiel der Blick auf den Berghang auf der anderen Talseite, auf die smaragdgrünen Reisfelder und – ganz im Osten – auf das Dorf.

Auf dem Jimale regnete es. Chola und Mina hatten ihre klauenförmigen Holzrechen mitgenommen und waren mit einer Gruppe von Frauen zum Nadelnsammeln in den Wald gegangen. Kalchus jüngerer Bruder war aus seiner benachbarten Hütte herübergekommen, und die beiden Männer saßen beim Spinnen, unterhielten sich und passten bis zur Rückkehr ihrer Frauen auf die Kinder auf. Kāli und drei junge Freundinnen zappelten aufgeregt herum. Sie sollten den Tag über im Wald Pilze und wilde Erdbeeren sammeln.

Sie betraten auf Höhe ihrer Felder das Dickicht der Bäume. Hier bestand der Wald vor allem aus Walnussbäumen, Kastanien und Birken. Im Wald waren die Mädchen vor Regen geschützt, aber sie konnten hoch über sich das dauernde Rascheln des Regens auf den Blättern vernehmen. Hin und wieder fiel ein schwerer Tropfen durch das Laubwerk und landete mit einem Platsch, der sich anhörte wie das hohle Tropfen des Kondenswassers von der Decke einer geräumigen Höhle.

Sie wanderten weiter den Hang hinauf. Auf den flacheren Strecken sprachen und lachten sie, doch dort, wo der Pfad steiler anstieg, verfielen sie in Schweigen und hingen ihren eigenen Gedanken nach. Irgendwo erfüllten unsichtbare Zikaden mit ihrem schrillen Zirpen die Luft. In einiger Entfernung war das Klopfen eines Spechts zu hören und man sah das Aufblitzen seines gelben, grünen und roten Gefieders, als er von Baum zu Baum flog.

Die erste Erdbeerstelle lag auf einer Lichtung, umgeben von dicht belaubtem Unterholz. Als die Mädchen mit dem Pflücken begonnen hatten, kam die Sonne heraus. Die süßesten und dunkelsten Beeren steckten sie sich in den Mund, die übrigen warfen sie in ihre Körbe. Einen Augenblick lang ließ das grelle Sonnenlicht die grünen Blätter in tausend verschiedenen Farbschattierungen aufleuchten. Dann zogen wieder Wolken, auf und die Farben verblassten.

Der schmale, steile Pfad, der aus der Lichtung führte, war mit Efeu und Büscheln violetter und weißer Veilchen übersät. Die Mädchen hatten die Laubwaldgrenze erreicht, und der Pfad war nun von Nadelhölzern – Lärchen, Fichten und Kiefern – gesäumt.

Hin und wieder verließ eines der Mädchen den Weg, um einen Pilz zu pflücken, der hinter einer Wurzel oder einem Stein hervorlugte oder gerade unter den Kiefernnadeln hindurchkam. Dann fanden sie eine Stelle, an der es alle Pilze gab, die sie kannten – weiße, die wie kleine Korallenriffe zusammengeballt standen, dicke orangefarbene, aus denen eine blaue Flüssigkeit sickerte, wenn man ihren Stiel abbrach, und zarte tellerförmige Pilze, *baṭuka* genannt, was so viel wie Schüssel bedeutet.

Als sie den Platz verließen, waren ihre Körbe halb voll. Die dicht an dicht liegenden Pilze rochen nach Wald, modrigem Holz und altem Laub. Dazu mischte sich der Duft frischer Kräuter.

Je weiter die Mädchen hinaufkamen, desto höher wurden die Kiefern. Und auch die Abstände zwischen den Bäumen vergrößerten sich. Sie hörten das Rascheln des Windes in den obersten Zweigen und konnten mehr und mehr den Himmel dahinter erkennen. Schließlich gelangten sie auf eine Hochebene, die von grasbewachsenen Senken und Mulden durchzogen war. Einige Pferde aus dem Dorf, die hier während der Monsunzeit ohne Aufsicht weideten, hoben die Köpfe, als sie vorbeikamen. Die Mädchen gingen weiter. Das Gras unter ihren bloßen Füßen war glatt und nass und die Wiese mit rosa-weißen Bergblumen übersät. Ein Schwalbenschwanz flatterte vorbei.

Nach einer Weile kamen sie zu einer Büffelherde. Dahinter lag die Hütte der Bārakoten, die wie ihre eigene auf dem Jimale aus Holz und Birkenrinde gebaut war. Alljährlich brachten die Bārakoten in einem zehntägigen Fußmarsch ihre Büffel nach Norden, wenn ihre eigenen Weiden abgegrast und verdorrt waren. Im Winter, wenn das Gras auf der Hochebene von Schnee bedeckt war, führten die Leute aus dem Dorf ihre Schafe auf das Weideland der Bārakoten im Süden.

Die Mädchen gingen in die Hütte, und die Bārakoten reichten jeder von ihnen eine Schüssel mit Büffelmilch. Sie saßen lange da, tranken ihre Milch, blickten hinaus auf den grauen Nieselregen, während ihnen die Bārakoten Geschichten über ihre Heimat im Süden erzählten, über die leuchtend bunten Saris, die die Frauen dort tragen, über die Basare und die Läden und Marktstände mit Glasperlen und Armreifen, Orangen, Zitronen, Gewürzen und Chilis.

Als sie aufbrachen, regnete es nicht mehr und die Wolken waren verschwunden. Ganz weit im Osten – fast nicht mehr wahrnehmbar – ragte eine zerklüftete Bergkette gegen den Himmel. Plötzlich erhob sich aus dem Nichts ein kalter Wind. Die Mädchen hasteten über die Hochebene, denn sie fürchteten, im Dunkeln durch den Wald zurückgehen zu müssen. Sie waren froh, dass sie den Wind im Rücken hatten, der ihre Röcke bauschte, sie vorwärts trieb und zum Laufen zwang.

Das Dorf wirkte nahezu wie ausgestorben, denn es waren nur die Alten zurückgeblieben, die den Weg hinauf auf den Jimale nicht mehr schaffen konnten, weil sie zu krank, zu schwach oder verkrüppelt waren. Selbst die Tiere waren fort – die Kühe und Hühner weilten auch auf dem Jimale; die Pferde grasten da, wo der Wind blies und das Gras üppig wuchs, die Schafe auf den Berghalden im Norden des Dorfes gegenüber dem Jimale.

Die schweren Türen waren geschlossen und fest verriegelt. Unkraut und Disteln sprossen ungehindert auf den Dächern. Sie schossen in die Höhe, wurden stark, trieben Blüten und verstreuten ihre Samen triumphierend in alle Winde. Der obere Pfad war verschlammt, der untere hatte sich in einen Bach verwandelt. Überall ein Gemisch aus Schlamm und Wasser, Kot und Dreck. Selbst das Trinkwasser, das aus einem bronzenen Kuhkopf floss, war trübe und mit feinem grauen Sand durchsetzt.

Zu jeder anderen Jahreszeit konnte man von einem Grat aus, direkt unter den Weiden, auf denen die Schafe grasten, das Dorf weit unter sich liegen sehen – winzige Bauernhöfe, umgeben von einem

Muster aus Feldern und Wiesen, die das ganze Tal füllten. Und wenn der Blick dem Fluss in westlicher Richtung folgte, wurde er vom Tal aus direkt auf eine kahle Stelle gelenkt: das bebaute Land auf halber Höhe des bewaldeten Jimalehangs. Aber während des Monsuns bewohnten Sigarup, Murti Lāl und die Schafe ihr eigenes kleines Himmelreich, ein in dichte Nebelschwaden und Wolken gehülltes Stück Weideland.

Wenn sich die Wolken hin und wieder lichteten, weiteten sich auch die Grenzen ihres Reichs, und das kleine Fleckchen Grasland wurde zu einem schmalen Plateau. Gegen Norden und Osten zogen sich steile Geröllhalden jene felsigen Klippen hinauf, die den von ewigem Schnee bedeckten Berggipfel umgaben, der die restliche Zeit des Jahres wie ein Wächter über dem Dorf aufragte.

In der Mitte des Plateaus war ihre Schäferhütte. Daneben schlängelte sich ein Bach, der schließlich als Wasserfall über die bewaldeten Klippen in die Tiefe stürzte. Das Schmelzwasser des Schnees floss von den Höhen direkt über die Felsen und schien so kalt und klar wie Gletschereis.

Am Morgen zog Sigarup mit seinem Hund und den Schafen auf die Weide, während Murti Lāl in der Hütte zurückblieb und die Lämmer hütete. Er ging hinaus in den Nebel, pfiff nach den Schafen und lotste sie über einen felsigen Abhang auf eine höher gelegene Ebene, wo das Gras auf dem sumpfigen Boden zäh und drahtig und mit Schilf durchsetzt war. In ein paar Monaten würde er mit Murti Lāl wieder hier heraufkommen, um seltene Heilkräuter zu sammeln, die er dann im Herbst in Aula verkaufen würde.

Den ganzen Tag lang wanderte er durch die Stille der Wolken. Selbst der Regen fiel leise, und auch der Wind, der hin und wieder in Böen über die baumlose Hochebene fegte, blies lautlos. Das Einzige, was man hörte, waren die Schafe, die mit ihren Zähnen das Gras abrissen und dabei tief und holprig blökten.

Einmal schien es Sigarup, als hätte er ein *tār* gesehen, das wie ein grau-blauer Blitz im Nebel verschwunden war. Im Herbst und Winter kamen die Männer hier herauf, um auf die *tār*-Herden

Jagd zu machen. Doch zu dieser Jahreszeit hielten sich die Tiere zumeist fern der Menschen in den höchsten Gipfelregionen auf, wo die Monsunregen als Schnee fallen. Vor vielen Jahren war einer der Jäger in einem seichten See auf der Hochebene ertrunken. Lange Zeit erzählten sich die Hirten, dass sie nachts noch immer das leise Schluchzen seines Geistes hörten.

Abends, wenn Sigarup die Herde zurück zur Hütte brachte, blökten und tollten die zurückgebliebenen Lämmer voller Übermut herum. Murti Lāl hielt sie zurück, bis Sigarup die Mutterschafe gemolken hatte. Erst dann durften die Lämmer saugen.

Wenn es dunkel geworden war, saßen sie in der Hütte an einem Feuer, das sie mit dünnen Bambusstöckchen schüren mussten, dem einzigen Feuerholz, das es hier oberhalb der Baumgrenze gab. Nach einer Mahlzeit aus *roṭis* und Milch ließen sie das Feuer noch lange brennen. Auf drei Steinen stand in den Flammen ein großer Kupfertopf mit kochender Milch, die Sigarup hin und wieder umrührte. Als die Milch genügend eingekocht war, ließ er sie zu einer süßen, klebrigen Paste abkühlen, die *haut* genannt wurde.

Nachdem das Feuer erloschen war, wurde es in der Hütte kalt, und die beiden richteten sich für die Nacht unter ihren Decken ein. Hin und wieder hörten sie das Heulen eines Schakalrudels. Der Hund, der die Schafe bewachte, antwortete zur Warnung mit Knurren und Bellen. Manchmal bellte er auch ohne Grund, und dann nahmen sie an, dass er in der Dunkelheit vielleicht gespürt hatte, wie sich eine Wildkatze oder ein Leopard ganz leise anschlich.

Ende September schien es dann, als ob der Monsun bald vorbei sei. In der Dämmerung war der Himmel oft völlig klar und die Luft von einer Frische, die für gewöhnlich die ersten Nachtfröste ankündigt. Am Nachmittag zogen auch weiterhin Wolken durch das Tal, doch die Regenschauer waren weniger stark und nicht mehr so lang. Die Menschen hatten ihre provisorischen Hütten auf dem Jimale verlassen, und im Dorf herrschte wieder geschäftiges Treiben.

Aber dann hing eines Morgens ganz unerwartet wieder die vertraute geladene Stille des frühen Monsuns über dem Tal, die alles mit ihrem langsamen Pulsschlag und ihrem schweren, lautlosen Atem wie ein Kokon umgab. Später am Nachmittag rollte dann das erste Donnergrollen über den Himmel. Der Laut kam immer näher, bis die dröhnenden Donner direkt über dem Dorf erschollen und ihr Echo über das Tal von Berg zu Berg geschleudert wurde.

Mit den ersten Windstößen zogen schwarze Wolken über den Himmel, die immer dichter wurden, bis beinahe nächtliches Dunkel herrschte. In großer Höhe schwebte ein Bussard. Mit ausgebreiteten Schwingen stieg er mühelos hoch und ließ sich von der Luftströmung tragen.

Schließlich kam der Regen. Zuerst langsam in einzelnen Tropfen und dann in einem plötzlichen Guss, der wie Geschosse auf die Häuser niederging. Das dauerte die ganze Nacht. Und die ganze Nacht dröhnte auch der Donner und Blitze zuckten in weißen Feuergarben über den Himmel.

Es regnete vier Tage lang. Kāli führte die Rinder am Morgen auf die Weide, kam nach ein paar Stunden aber, bis auf die Haut durchnässt, wieder zurück. Alle anderen saßen im Haus, warteten und beobachteten, wie das schlammige Wasser zuerst in Tropfen und dann in richtigen Rinnsalen durch das Dach sickerte und sich schließlich über den ganzen Boden ausbreitete.

Abends saß Kalchu manchmal draußen unter dem Dachsims und suchte forschend den Horizont ab, so als ob er eine Veränderung des Himmels erzwingen wollte. Er sagte, dass er sich Sorgen um die Ernte mache. Auch war er in Sorge um Sigarup, der noch immer mit den Schafen hoch in den Bergen weilte. Er erzählte von Erdrutschen während früherer Monsune, die klaffende Schluchten in die Klippe hinter dem Dorf gerissen hatten. Er fragte sich manchmal, ob die Klippe nicht eines Tages ganz einstürzen und die Häuser unter einem riesenhaften Geröllhaufen begraben würde.

Am Vormittag des fünften Tages zeigte sich am Horizont eine

lichte Stelle, so blass und klar wie Mondstein. Plötzlich kam ein Wind auf, und der Lichtstreif am Himmel verlängerte sich in Sekundenschnelle zu einem breiten Band. Als die Sonne hervorkam, bildete sich ein Regenbogen. Die Luft war so klar, dass in der Ferne auf den Bergen, wo der Wald für gewöhnlich wie ein nebelartiger Schatten wirkte, jede einzelne Kiefer klar und deutlich hervortrat.

Als der Regen ganz aufgehört hatte, schloss sich Kāli den Frauen an, die in einer Schlange zum Fluss hinunterzogen, um dort ihre Wasserbehälter zu füllen. Chola und Mina gingen hinaus aufs Feld, denn die Hirse war noch nicht abgeerntet. Und Kalchu holte seine flache Holzschaufel hervor und begann, auf den Lehm einzuschlagen, um das Dach wieder dicht zu machen. Bald war das ganze Tal erfüllt von diesem Klatschen und Schlagen, das von allen Dächern im Dorf erscholl.

Sāun Saṅkranti

In den frühen Morgenstunden am Tag vor dem *Sāun Saṅkranti*-Fest zogen Mina und Kāli mit ihren Körben los, um Lehm aus der Grube vor dem Dorf zu holen. Heute sollte das ganze Haus frisch gestrichen werden, nicht nur der Boden. Denn den bestrichen sie regelmäßig, wenn die alte Lehmschicht Sprünge zeigte oder staubig geworden war. Auch aus besonderen Anlässen, wenn etwa das Haus durch Geburt oder Tod verunreinigt worden war, wurde eine frische Lehmschicht aufgebracht. Heute aber sollte das ganze Haus neu gestrichen werden: Fußböden, Decken, Wände – innen und außen.

Als sie mit gefüllten Körben zurückkamen, hatten Kalchu und Chola das Haus schon ausgeräumt. Auf dem hinteren Teil des Dachs war ihr gesamter Besitz aufgestapelt. Da gab es zwei handgeschnitzte Holztruhen, eine mit Getreide, die andere mit Stoffen gefüllt; Kochtöpfe, in den verschiedensten Größen, deren Unterseite vom Feuer geschwärzt war; glänzende Messingteller und -schüsseln; eiserne Dreifußständer zum Kochen, landwirtschaftliche Geräte, Siebe zum Worfeln des Getreides, Mörser, Wollknäuel und Spindeln, Teppiche, Decken, Kleidung; und Kalchus Kassette, in der er Geld und zerbrochenen Schmuck verschlossen hielt. Auch die gebündelten Heilkräuter, die an den Balken zum Trocknen aufgehängt wurden, waren ins Freie gebracht und sorgfältig verstaut worden.

Mina und Kāli stellten ihre Last ab, und Kāli ging in den Stall, um Kuhmist zu holen. Es heißt, der Kuhmist mache die Mischung elastischer. Ohne ihn würde der Lehm nach dem Trocknen sofort Sprünge bekommen. Der Kuhmist soll aber auch eine reinigende

Wirkung haben. Wenn man ihn über Boden und Wände streicht, werden dadurch Verunreinigungen aus dem Haus gewischt.

Mina und Kāli hatten sich zu beiden Seiten des Haufens aufgestellt und schlugen mit Holzspaten auf den Lehm ein, um die Masse aufzuweichen und den Kuhmist unterzumischen. Als sie damit fertig waren, holten sie zwei riesige Messingschüsseln, in denen sonst Reis für Hochzeiten oder Gerste für den *raksi* gekocht wurden. Dann gaben sie einige Hand voll der Mischung aus Lehm und Kuhmist in die Schüsseln, gossen Wasser dazu und rührten die Masse, bis sie flüssig und so hell und schäumend wie frische Sahne wurde.

Während die Mädchen draußen auf dem Dach arbeiteten, fegte Chola im Haus Decke und Wände, Balken und Sparren. Dabei löste sich jede Menge Schmutz und Staub. An manchen Stellen hatte die Putzschicht ihr eigenes Gewicht nicht mehr tragen können und war rissig geworden und zerbröckelt. Wie zerbrochenes Porzellan fiel der Putz nun vor den Besen. Über der Feuerstelle hing von der Unterseite der Balken eine Schicht pelziger Ruß, und darüber hatte sich Getreidespreu, die sich beim Dreschen auf dem Dach im Herbst hier angesammelt hatte, in flockigen Nestern festgesetzt. Beim Fegen fielen nun die schwarzen und gelben Partikel in Kaskaden zu Boden und schwebten dann in einer Staubwolke wieder nach oben.

Endlich war alles bereit. Mina und Kāli bedeckten ihr Haar mit ihren ältesten Tüchern und schleppten mühsam die beiden schweren Schüsseln mit dem überschwappenden Inhalt ins Haus.

Am Morgen des Vortags war Kalchu in den Wald gegangen und hatte einen Arm voll Bambuspflanzen gepflückt. Am Nachmittag hatte er sie dann zu Hause zu Büscheln gebunden und daraus drei neue Besen gemacht. Zum Tünchen mussten die Pflanzen frisch und geschmeidig und die Blätter noch unversehrt sein. Danach wurde die Tünche von den Besen gewaschen, und die spröden Zweige dienten viele Monate lang zum Fegen des Bodens.

Kāli und Mina wirbelten ihre Besen in der Schüssel, bis sie durchtränkt waren. Dann hoben sie den Arm, beugten ihn aus der Schulter nach hinten und schwangen die Besen in hohem Bogen durch die Luft, bis sie gegen die Wand klatschten. Ein feiner Regen aus flüssigem Lehm und Kuhmist sprühte durch den Raum, und als die Besen gegen die Wand schlugen, bespritzte ein Sprühregen Kleidung und Gesichter der Mädchen.

Allmählich breiteten sich die hellen Stellen mit frischer Tünche auf den geschwärzten Wänden aus. Mina strich die Decke, denn Kāli war noch zu klein und konnte nicht hinaufreichen. Mina musste sich strecken, um die Tünche auf alle drei Seiten der Balken und auf die freien Wandstücke dazwischen zu bringen. Wenn sie nach oben sah, landeten hin und wieder sandige Partikel der Tünche in ihren Augen. Dann legte sie den Besen einen Moment lang zur Seite und betupfte die Augenwinkel mit ihrem Tuch.

Kāli füllte ihre Schüssel erneut mit der Tünche und knetete die Masse, bis sie die richtige Konsistenz hatte. Dann half ihr Chola dabei, die Schüssel in den hinteren Raum zu tragen, wo die Familie im Winter schlief, weil es dort wärmer war. Sie arbeitete fast völlig im Finstern. Die dicken Steinwände hatten keine Fenster, und das Sonnenlicht, das durch die offene Tür in den vorderen Raum fiel und ihn erhellte, drang kaum in den zweiten Raum vor.

Bis zum frühen Nachmittag war das Innere des Hauses fertig getüncht. Mina und Kāli waren völlig durchnässt. Ihre Kleider, die nackten Füße, ihre Hände und Gesichter und die Haarsträhnchen, die unter ihren Tüchern hervorlugten, starrten vor Lehm. Sogar ihre Zähne und Lippen hatten braune Flecken.

Chola ging zum dritten Mal zum Fluss, um Wasser zu holen, während Mina und Kāli die Außenseite des Hauses in Angriff nahmen. Ein *daṅtelo*-Zweig war über der Schwelle befestigt worden, um das Haus vor bösen Geistern zu schützen. Kāli ließ ihn dort hängen und tünchte vorsichtig darum herum. Nachdem sie die dicken Bretter der Tür gestrichen hatte, gesellte sie sich wieder zu Mina, um mit ihr Wände und Gesims zu bearbeiten.

Allmählich hatten auch andere Frauen das Innere ihrer Häuser fertig getüncht und arbeiteten nun im Freien, im Licht der Sonne. Auf allen Dächern des Dorfes waren lehmbeschmutzte Gestalten zu sehen, die mit dem Besen in rhythmischen Schwüngen auf ihre Wände einschlugen, sodass ein wahrer Sprühregen über ihnen und um sie herum niederrieselte.

Als sie endlich mit der Arbeit fertig waren, packten Mina und Kāli saubere Kleider in einen Korb und gingen zum Fluss, um sich dort zu waschen.

In der Wärme der Nachmittagssonne zogen sie ihre Jacken aus, rafften die Röcke bis zu den Knien und wateten ins Wasser. In Strömen floss der Lehm von ihrem Körper, bildete einen Augenblick lang eine braune Wolke um sie herum, die sich dann durch die Strömung allmählich auflöste.

Im Lauf des Nachmittags kamen immer mehr Frauen hinzu. Das Ufer hallte von ihren Rufen und ihrem Gelächter und von ihrem Plantschen im Wasser. Einige spülten ihre Besen aus und andere rieben im Wasser die Schüsseln, die sie zum Tünchen verwendet hatten, mit feinem Sand und Gras sauber. Mina kauerte auf der Brücke und schlug ihren lehmigen Rock mit einem Stück Holz. Dann ließ sie die lange Stoffbahn ins Wasser hängen, um den gelockerten Lehm auszuspülen. Kāli wusch ihr Haar. Dazu stand sie mit gebeugtem Oberkörper unter dem bronzenen Wasserspeier, der die Form eines Kuhkopfs hatte und aus dem das Wasser, das etwas weiter oben vom Fluss abgezweigt wurde, schäumend weiß herausschoss.

Als sie mit dem Waschen fertig waren, hingen sie ihre nassen, sauberen Kleider zwischen die der anderen, die bereits zwischen die struppigen Dornensträucher gespannt waren. Das Flussufer glich dem Brutplatz eines Schwarms riesenhafter Fledermäuse, die mit ausgebreiteten Flügeln dahingen und sie vom Wind leicht aufplustern ließen.

Die Mädchen schlossen sich einer Gruppe von Frauen an, die am Ufer plauderten. Jemand zündete eine *chillim* an und reichte sie herum. Eine der Frauen säuberte ihre Kette aus silbernen Rupien mit einer alten Zahnbürste. Dabei rieb sie jede Münze einzeln ab. Dann wusch sie die Münzen im Fluss, bis sie glänzten. Mina kämmte Kālis Haar, entwirrte vorsichtig die verfilzten Stellen und zerdrückte Läuse zwischen den Daumennägeln.

Als die Sonne unterging und der Abend kälter wurde, streiften sie ihre Kleider von den Dornensträuchern, nahmen ihre Schüsseln und Bambusbesen und machten sich über die Brücke auf den Heimweg.

Am folgenden Tag war *Sāun Saṅkranti*, der Vorabend des Monats *sāun* und ein großer Festtag.

Als die ersten Strahlen der Morgensonne durch die offene Türe drangen, schien es, als ob der frisch getünchte Raum über Nacht mit einer dünnen Lage roséfarbenen Schnees überzogen worden wäre. Alles hatte dieselbe Farbe – Boden, Wände, Decke, Türe und die drei walzenförmigen Getreidebehälter in der Ecke. Jeder Winkel, jede Linie und jeder Umriß war sanft abgerundet, ganz so, als ob der Schnee im Wind leicht verweht worden wäre.

Am Mittag kamen Chola, Mina und Kāli von den Feldern zurück, um das Essen für den Abend vorzubereiten. Mina und Kāli gingen zum steinernen Mörser auf dem Dorfplatz, denn sie wollten den Reis schälen. Dazu stellten sie sich zu beiden Seiten des Mörsers auf und stampften abwechselnd den Reis. Mina gab dazu rhythmische Rufe von sich, während sie die Arme hob und dann den Stößel wieder schwer fallen ließ, sodass er mit einem dumpfen Schlag in der Mitte des Körnerhaufens landete.

Als sie fertig waren, gab Mina den Reis, eine Hand voll nach der anderen, in das Worfelsieb, das sie dann in der Luft schüttelte. Die losen Hülsen wurden vom Wind fortgetragen, während die schweren weißlichen Körner wieder zurück ins Sieb fielen.

Während sie arbeiteten, wehte der Duft gebratener *puris* von den Häusern um den Dorfplatz zu ihnen herüber.

Bei Einbruch der Dunkelheit kam Śaṅkar mit den Kühen zurück. Er trug einen Bund Kreuzkraut, das er gepflückt hatte, während die Kühe auf der Kālādika weideten. Er gab Kāli den Strauß und trieb dann die Kühe durch die Tür in den Stall.

Kāli nahm die Blumen mit aufs Dach. Ganz oben auf der Leiter wandte sie sich um und legte eine einzelne Blume auf die oberste Kerbe. Dann ging sie etwa einen Meter nach rechts und legte eine weitere Blume auf den Dachrand mit der Blüte nach außen. Nun machte sie die Runde um das Dach und verteilte sorgfältig alle Blumen.

Während sie damit beschäftigt war, kam Kalchu mit einem Korb voll *jharo* die Leiter herauf. Dieses harzige Holz wird aus dem Stamminneren der ältesten, höchsten Kiefern gestochen, in kleine Stücke geschnitten und dann zur Beleuchtung verbrannt. Kalchu häufelte den *jharo* in zwei Pyramiden am Rand des Dachs zwischen den Blumen an.

Allmählich ging die Dämmerung in Dunkelheit über. Von der Höhe des Daches aus konnten sie direkt zum Kālādika hinübersehen, wo der Sonnenuntergang noch einen Lichtstreifen hinterlassen hatte, der sich wie ein Eimer Farbe über den Himmel ergoss. Die beiden wirkten auf dem Dach wie Schatten, die sich bewegten und niederbeugten. Nur die Blumen traten noch hell hervor und schienen im Licht der Dämmerung fast ein wenig zu leuchten.

Zu nächtlicher Stunde – einer Tageszeit, die von jeher eigentlich Eulen und Schakalen vorbehalten ist –, zu der Menschen nur Fremde sind, ging Kalchu hinaus und erklomm den Hügel hinter dem Haus. Als er oben die Ebene überquerte, konnte er den flackernden Schein des Feuers im Hauptschrein erkennen, der durch die offene Tür auf die Veranda fiel. Es waren schon Leute dort, Silhouetten, die sich im Licht des Feuers hin und her bewegten.

Kalchu zog seine Schuhe aus und ging in den Schrein hinein. Dort entzündete er am Feuer ein Stück *jharo*. Auf dem Weg zurück ins Dorf schützte er die Flamme vorsichtig in seiner hohlen Hand.

Überall auf dem Weg vom Schrein den Hügel hinunter und durch die Kiefern glühten Hunderte dieser Flämmchen wie die wachsamen Augen nächtlicher Raubtiere. Erst wenn sie sich näherten, waren der dunkle Schatten einer Hand und eines Armes zu erkennen, die diese Lichter trugen. Dahinter konnte man die schemenhaften Umrisse eines schwarzen Körpers erahnen, darüber ein diabolisch erleuchtetes Gesicht, dessen Mund und Augen wie dunkle Krater klafften.

Kalchu stieg zum Hausdach hinauf und entzündete mit der Flamme, die er aus dem Schrein mitgebracht hatte, die beiden *jharo*-Haufen.

Bald loderten Feuer auf jedem Dach im Dorf und in jedem Schrein der Umgebung im Norden, Süden, Osten und Westen, in den Feldern, an den Wegkreuzungen, am Fluss und im Wald.

Die ganze Familie war jetzt im Freien. Die Zwillinge und Nara liefen im Kreis hintereinander her, versteckten sich im Schatten und platzten, völlig außer sich vor Aufregung, plötzlich schreiend wieder hervor.

Sigarup hob ein Stück *jharo* auf, das noch nicht entzündet worden war, hielt es ins Feuer, bis es glühte und das Harz in feurigen Tropfen zischend zu Boden fiel. Dann schleuderte er den *jharo* weit von sich und rief den bösen Geistern dazu aus vollem Hals die drohende Warnung zu, das Dorf noch in dieser Nacht für immer zu verlassen. Drehend und sich überschlagend flackerte der *jharo* durchs Dunkel, bis er schließlich in einer Spirale auf dem Dorfplatz landete, wo er noch einmal auflöderte und dann erlosch.

Kāli entzündete noch ein Stück *jharo*. Als sie sich über das Feuer beugte, erstrahlten ihr Nasenring und die silbernen Münzen ihrer Kette in grellem Licht. Dann erhob sie sich, lehnte sich zurück in den Schatten und schleuderte den *jharo* mit aller Kraft über den Blumenrand in die dunkle Leere jenseits des vom Feuer erhellten Dachs. »Schert euch aus unserem Dorf und kommt ja nicht wieder.«

Auf den anderen Dächern bewegten sich schwarze Gestalten zwischen Feuerschein und Schatten hin und her. Die Bahnen der glühenden Wurfgeschosse waren überall im Dunkeln zu sehen und überschnitten sich im Zickzackflug. Einige davon hoben in sanftem Bogen ab und glitten dann nach unten, andere schossen quer und wieder andere stiegen wie Raketen hoch in den Himmel, bevor sie sich wendeten und plötzlich abstürzten.

Die Stimmen von Frauen, Männern und Kindern kreischten Bannflüche und Drohungen. Für sich allein wäre jede einzelne Stimme untergegangen und sofort von der Unendlichkeit der Nacht verschluckt worden. Gemeinsam brausten sie aber wie eine Sturmflut über das Tal und trieben die Hexen, Geister und Dämonen aus ihren Verstecken hinter den Felsen, auf den höchsten Zweigen der Kiefern und in den Wasserstrudeln beim *ghaṭ*, wo die Leichen verbrannt werden und die beiden mächtigen Flüsse aufeinander treffen.

An einem Ende des Dorfes wurden Gewehrschüsse abgefeuert. Noch bevor das Echo verklungen war, war ein zweiter Schuss zu hören, dann ein dritter, dem in rascher Folge zwei weitere Schüsse von der gegenüberliegenden Seite des Dorfes folgten. Hunde begannen zu bellen, was ein Ansporn für alle anderen Hunde war, es ihnen gleichzutun. Ihr lärmender Chor wurde nur hin und wieder von einem einzelnen winselnden Heulen unterbrochen. Plötzlich war von irgendwoher das Dröhnen von Kesselpauken zu vernehmen. Dem folgten Trommellaute aus dem Norden des Dorfes und schließlich auch aus dem Süden. Ihre rollenden Vibrationen ließen das ganze Tal erbeben.

In weiter Ferne schimmerten die Feuer von Pere wie die elektrischen Lichter einer Stadt. Und auf der anderen Seite des Flusses schwebte über Gorigāuṅ, das hinter der Krümmung eines bewaldeten Hügels versteckt lag, eine rötlich-blasse, diesige Lichtscheibe.

Kalchu kam mit einem Hahn unter dem Arm die Leiter herauf. Der Kamm des Tieres und die losen Falten an seinem Hals glänzten im Licht des Feuers wie Spiegelscherben, die die glühenden Kohlen des Feuers reflektierten. Seine Schwanzfedern hingen wie leuchtend blaue, grüne, rostrote und schwarze Streifen changierender Seide über die dunklen Falten von Kalchus Ärmel herab.

Die Augen starrten gleich winzigen Nadelköpfen ungerührt ins Dunkel.

Kalchu setzte ihn auf den Boden des Daches und klemmte sich den Körper zwischen die Knie. Dann zog er mit seiner linken Hand den Hals des Tieres in die Länge und schnitt den Kopf ab. Dunkles Blut quoll hervor und breitete sich wie ein Ölfleck auf den Federn aus.

In einer Schüssel mit Reiskörnern fing Kalchu einige Tropfen des Blutes auf. Dann gab er den kopflosen Hahn frei. Der Körper verfiel in Zuckungen und flatterte unkoordiniert – halb hüpfend, halb plumpsend – herum, wobei er statt Fußabdrücken eine Blutspur hinterließ.

Die Schüssel mit dem Reis in Händen, richtete Kalchu sich auf und warf ein paar Körner in alle vier Richtungen in die Luft. »Bevor ihr geht, opfern wir euch das Leben dieses Vogels. Wir grollen euch nicht und hoffen, dass ihr eine gute Reise habt, wenn ihr unser Tal verlasst. Aber wir bitten euch, Geister der Nacht, kommt nie mehr zurück.« Er murmelte diese Beschwörung so leise, dass sie kaum hörbar war. Dann ging er auf jedes Familienmitglied zu und malte allen, von Chola bis zu den Zwillingen, eine blutrote *ṭikā* zwischen die Augen.

Langsam erlosch das Feuer. Die Zwillinge wühlten mit ihren Füßen in den glimmenden Kohlen. Einen Augenblick lang tanzten erneut helle Flammen daraus hervor, doch dann herrschte Dunkelheit.

Unten im Haus bereitete Kalchu den Hahn zu. Er tauchte ihn in einen Topf mit siedendem Wasser und rupfte mit der Hand die Federn in großen Büscheln aus. Als der Körper so kahl wie der eines frisch geschlüpften Vogels war, teilte er ihn in Stücke, hackte das Fleisch mit einem kleinen Beil und warf die Fleischstücke in eine Pfanne mit heißem Öl.

Während das Fleisch briet, aßen sie *puris* und gewürzte Kartoffeln. Kalchus Brüder kamen herein und erhielten ebenfalls *puris* und Schalen mit *raksi*. *Chillims* wurden entzündet und herumgereicht. Als Reis und Fleisch fertig waren, füllte Mina einige Töpfe mit Flusswasser aus dem großen Kupferbehälter in der Ecke, und alle wuschen sich die Hände, während sie in der Runde um das Feuer saßen. Chola streute für die Götter einige Reiskörner, die in der Pfanne obenauf lagen, ins Feuer und begann, das Essen auszuteilen.

Als alle mit dem Essen fertig waren, füllte Chola ihren eigenen Teller mit dem restlichen Fleisch und Reis. Mina stapelte das Geschirr aufeinander und trug es hinaus zum Waschen. Auf dem Boden suchte derweil der Hund nach Knochen.

Nachdem die vierte und letzte Flasche *raksi* geleert war, holte Śaṅkar die Trommel hervor, die sein Großvater vor vielen Jahren aus Indien mitgebracht hatte. Nach ein paar falschen Takten fand er den Rhythmus, und alle begannen mitzuklatschen. Dann fing Kalchu, der als Einziger den Text des indischen Liedes kannte, an zu singen, und Augenblicke später wand sich Kālī unter großem Gelächter die Silbermünzenkette ihrer Mutter dreimal um ihren schmalen Fußknöchel, zog ihren kleinen Cousin vom Boden hoch und begann mit ihm zu tanzen.

Es war ein indischer Tanz, subtil und erotisch, und ganz anders als die schwerfälligen Tänze aus der Gegend. Nur Kinder tanzten so, und wenn Kālī erst einmal älter und verheiratet war, würde sie sich wahrscheinlich schämen, zugeben zu müssen, dass sie diese Tanzbewegungen kannte.

Ganz langsam begann sie, ihre Hüften zu schwingen. Es waren die Hüften eines jungen Mädchens ohne jegliche Rundung. Mit ausgestreckten Armen ließ sie die Hände kreisen, während ihre Finger elegante Gesten vollführten. Ihre nackten Füße stampften, begleitet vom Klappern der Kette, auf dem Boden. Nur einmal verlor sie einen Augenblick lang die Konzentration, und ihr Gesicht verzog sich zu einem Lächeln. Dann war die Maske der indischen Tänzerin wieder da: der trotzig erhobene Kopf, die schmollenden Lippen, der Blick verführerisch und doch abweisend.

Sobald das Lied beendet war, ergriff sie ihren Cousin, und die beiden ließen sich übereinander auf den Boden fallen. Kichernd versteckten sie ihre Gesichter, und alle lachten mit. Eine Gruppe von Leuten, die die Musik und das Gelächter von draußen gehört hatten, standen in der Tür und lächelten verwundert. Schließlich kamen sie herein und setzten sich zu den anderen ans Feuer.

Wenig später, als die Besucher gegangen waren, holte Chola die Matten aus dem hinteren Raum, und die Familie legte sich zum Schlafen ums Feuer.

In einem dünnen Lichtstreif, so klar und farblos wie Wasser, brach die Dämmerung an. Kāli stand als Erste auf. Noch halb im Schlaf begann sie, die Blumen einzusammeln, die sie in der Nacht zuvor ausgelegt hatte. Das Dach war mit Holzkohlenstücken, die vom Feuer übrig geblieben waren, übersät, und die Blumen, die unter den vielen Füßen zermalmt und zertreten worden waren, waren blass und verwelkt. Nachdem sie die Runde über das Dach gemacht und alle Blumen zu einem Strauß gebündelt hatte, kletterte sie die Leiter hinunter und ging auf dem hinteren Pfad aus dem Dorf.

Die Luft war völlig still und Tautropfen hingen rund und glasklar an Grashalmen und Blättern. Seit dem Vortag waren wieder neue Schwertlilien aufgegangen und durchwirkten das lange Gras am Flussufer mit ihren blauen und purpurroten Blüten.

Kāli überquerte die kleine Brücke und folgte dem Pfad, bis er sich gabelte. Der eine Weg führte in westlicher Richtung nach Bazaar, der andere nach Norden über den Kālādika nach Chaura und Chhuma. An der Gabelung lag ein Haufen verwelkter Blumen. Kāli warf ihr Bund Kreuzkraut darauf, und es breitete sich schlaff aus.

Auf dem Rückweg machte sie Halt und wusch sich Hände und Gesicht im kalten Wasser. Als sie schon fast zu Hause war, pflückte sie einen *dāṅtelo*-Zweig. Dabei stach sie sich an einem Dorn und leckte das heraustropfende Blut vom Daumen ab. Am Hauseingang steckte sie den neuen *dāṅtelo*-Zweig zwischen die Steine über der Schwelle. Dann zog sie den alten heraus und warf ihn über den Rand des Daches.

TEIL II

Der Karaso

Eines Nachmittags brachte Kāli die Kühe früh nach Hause. Sie lief zu mir herüber und fragte, ob ich mit ihr in den Wald gehen und Kiefernnadeln sammeln wolle. Ihre Mutter hatte ihr aufgetragen, vor Einbruch der Dunkelheit mindestens eine Ladung nach Hause zu bringen, und zu zweit wäre das viel lustiger. Ich hatte Chola und Mina schon beobachtet, wie sie frühmorgens in den Wald gingen und dann im Lauf des Tages noch dreimal, gebeugt und schwankend unter dem Gewicht der riesigen Last, zurückkamen. Die Bündel bedeckten ihren ganzen Rücken, waren dreimal so breit wie ihre Schultern und ragten weit über ihre Köpfe hinaus. Jedes Mal fragte ich mich, wie sie denn eine so schwere Last tragen konnten und was die Nadeln überhaupt zusammenhielt, denn sie waren nur mit einem einzigen Seil umwickelt. »Ja«, sagte ich. »Aber ich weiß wirklich nicht, ob ich zu etwas nütze sein werde.«

Kāli war begeistert. Mit einem breiten Lächeln zog sie die schwere Holztür hinter uns zu und befestigte die kleine Kette mit dem Riegel an einem Nagel in der angrenzenden Tür. Dann stellte sie sich auf die Zehenspitzen, schob die Hand unter das Gesims, wo die Geräte verwahrt wurden, und zog zwei Holzrechen, *karaso* genannt, und zwei Hanfseile hervor. Sie nahm eines der Seile und wickelte es mehrmals zwischen Hand und Ellbogen zu einer Rolle auf, die sie in der Mitte verschnürte, sodass wie bei einer Schleife zwei Schlaufen entstanden. In eine davon schob sie den *karaso*. Die andere Schlaufe legte sie sich um den Kopf. Nun baumelte der *karaso* über ihrem Rücken. Sie beobachtete lächelnd, wie ich es ihr nachmachte und dann mein Werkzeug auch auf traditionelle Weise trug.

Wir kletterten die Balkenleiter hinunter und bahnten uns einen Weg durch den schlammigen Boden zum hinteren Pfad, vorbei am sauber aufgerichteten Holzstoß und dem immer höher werdenden Haufen frisch gesammelter Kiefernnadeln.

»Jedes Mal, wenn du hinsiehst, ist er wieder höher geworden«, sagte Kāli voll Stolz. »Gestern reichte er mir nur an die Knie, und bis morgen oder übermorgen ist er dann mindestens so hoch.« Mit einem verschwörerischen Lächeln hob sie den Arm so hoch sie nur konnte und verrenkte dabei, fast vom Boden abspringend, ihren Körper.

Die Zeit zum Sammeln der Kiefernnadeln hatte fünf Tage zuvor mit der *ban pasāi*-Zeremonie – dem Betreten des Waldes – begonnen. In ihren besten Kleidern, die Haare frisch geölt und geflochten und mit geputzten Ohrringen, Nasenringen und Ketten aus indischen Silberrupien, die in der Sonne glänzten, gingen die Frauen des Dorfs zu einem Platz auf der anderen Seite des Flusses, wo der Wald bis ans Ufer reichte. Hier hatten einige der jüngeren Frauen ihre Werkzeuge niedergelegt und singend und tanzend einen Kreis gebildet, während ihnen die älteren Frauen und Kinder zusahen und ermunternd zuriefen. Doch so plötzlich wie das Zucken von Blitzen am Himmel löste sich die Gruppe wieder auf, alle suchten ihre Seile und *karasos* zusammen und verschwanden kreischend im Wald.

Als ich Chola nach dem Grund der Zeremonie fragte, antwortete sie, dass sie es nicht wisse, dass es immer so gewesen sei. Vor langer Zeit hatte es aber ein *ban pasāi*-Fest gegeben, zu dem die Frauen Reis und große Kupferpfannen in den Wald trugen, dort ein Feuer entzündeten und den Reis kochten. Bevor sie den Reis aßen, brachten sie dem Gott des Waldes, Ban Bhāi, ein Opfer und baten ihn um Erlaubnis, sein Land plündern zu dürfen. In jener Zeit gab es etwa zwei Monate später ein weiteres Fest, *ban chhoṛāi*, das dem Verlassen des Waldes gewidmet war. Danach war es niemandem erlaubt, auch nur eine Ladung Nadeln aus dem Wald zu holen, selbst wenn der Haufen zu Hause nur fußknöcheltief war.

»Im letzten Jahr«, sagte Kāli, als wir hinter den Häusern entlanggingen, »begannen Mutter und ein oder zwei andere Frauen mit dem Nadelnsammeln, bevor der Wald offiziell eröffnet worden war – also vor dem *ban pasāi* –, und die Leute waren so verärgert, dass die Männer der Frauen zum Dorfvorstand beordert wurden und jeder fünf Rupien Strafe zahlen musste.«

»Warum denn das?«, fragte ich und wunderte mich, ob sie vielleicht deshalb so verärgert waren, weil Chola und die anderen Frauen nicht auf Ban Bhāis Erlaubnis gewartet hatten. Oder weil sie geschwindelt hatten und vor allen anderen davongeschlichen waren und alle Kiefernnadeln am Waldrand geschnappt hatten, ohne den Hang hinaufklettern zu müssen.

»Ich weiß es nicht«, antwortete Kāli. Es war möglich, dass das *ban pasāi*-Fest seine Verbindung zum Waldgott schon verloren hatte, bevor sie geboren wurde. »Vater und die anderen Männer hatten mit dem Dorfvorstand aber viel Spaß – und sie waren sternhagelvoll vom *raksi*, den sie mit dem Strafgeld gekauft hatten.«

Kāli wählte den kürzeren, aber steileren Weg durch den Wald. Wir stiegen gemächlich an und blieben hin und wieder stehen, um Atem zu holen. Wenn der Weg steiler wurde und wir aus Trägheit unseren Schwung verloren hatten, torkelten wir wie betrunken und stießen gegeneinander.

In der Nacht hatte es Frost gegeben, aber jetzt am Nachmittag schien uns die Sonne kräftig und warm auf den Rücken. Die Dornensträucher hatten schon Blätter angesetzt, und als wir den Weg zurückblickten, den wir heraufgekommen waren, sahen wir leuchtend grüne Flecken, die den ganzen Abhang übersäten und das Dorf wie Schwimmpflanzen umgaben.

Früher war einmal der ganze Hang von Wald bedeckt gewesen. Da er den Häusern aber am nächsten war, war ein Baum nach dem anderen für Bau- und Feuerholz gefällt worden. Jetzt war der nackte Boden ganz zerfurcht, und während des Monsunregens trieb das Wasser den Mutterboden in Strömen den Hang hinunter. Hin und wieder brachen die dabei entstandenen Wasserrinnen und Klüfte ein, und es kam zu Erdrutschen.

Als wir uns das letzte und steilste Stück des Hangs hinaufkämpften, hatte ich das Gefühl, als ob wir im weißen Licht der Sonne schwimmen würden. Nur langsam kamen wir in der Hitze und dem grellen Licht vorwärts, bis wir endlich den kühlenden Schatten der Bäume erreicht hatten. Kāli setzte sich auf einen flachen Stein und seufzte erleichtert. Als sie ein paar Augenblicke später wieder zu Atem gekommen war, holte sie ihre *chillim* und den kleinen Tabaksbeutel hervor, den sie in ihrem Rockbund bei sich trug. Während sie damit beschäftigt war, legte ich mich flach auf den Rücken, starrte in die Bäume und lauschte dem Wind, der in den Zweigen spielte.

»Hast du Feuer?« Kālis Stimme brachte mich auf den Boden der Tatsachen zurück. Sie hatte sich ganz offensichtlich auf mich verlassen, denn sie hatte ihre *chillim* schon zwischen den Lippen, um sofort tief einatmen zu können, sobald die oberen Blätter Feuer gefangen hatten. »Nein«, erwiderte ich, und überrrascht und enttäuscht nahm sie die *chillim* wieder aus dem Mund. Wir wollten uns gerade auf den Weg machen, als zwei Frauen mit ihren Nadellasten den Pfad herunter auf uns zu kamen. Bei uns angelangt, bemerkten sie, dass wir unsere *chillim* noch nicht angezündet hatten. Eine von ihnen reichte uns ihren Zunder und sagte lächelnd, dass sie gerade zur rechten Zeit für uns alle gekommen wären: Sie wollten gerne ein paar Züge rauchen, und wir wollten Feuer. Während Kāli herumfummelte und den Feuerstein gegen den Stahl rieb, bis endlich ein Funken kam, der stark genug war, das kleine Stückchen Baumwolle zu entzünden, sagten die Frauen zu mir, wie froh sie seien, dass ich genau wie sie arbeitete. Gemeinsam rauchten wir die *chillim* und gingen dann getrennter Wege. Nach einer Weile wandte ich mich um und sah ihnen nach, wie sie den Hügel hinunter entschwanden – zwei schwerfällige Lasttiere, deren Körper in gar keinem Verhältnis zu ihren schlanken, fast dürr wirkenden Fesseln standen.

Obwohl der Waldrand mit Kiefernnadeln übersät war, führte Kāli mich noch weiter hinauf und tiefer in den Wald hinein. Während wir gingen, drang hin und wieder Sonnenlicht durch die Zweige und schuf im Wald helle Lichtflecken, sodass die Frauen, die in einiger Entfernung arbeiteten, plötzlich wie von Scheinwerfern angestrahlt wurden und die gelb-braunen Kiefernnadeln bernsteinfarben aufleuchteten.

»Die Stelle ist gut«, sagte Kāli endlich, und wir blieben auf einer Lichtung stehen, die von drei großen Lärchen überschattet war. Ich ließ mein Seil am Fuß eines Baumes fallen und begann zu rechen. Dabei hatte ich Mühe, auf dem steilen Hang mit seinem losen Belag aus Kiefernnadeln nicht ins Rutschen zu kommen. Kāli stand eine Weile bei mir und beobachtete mich kritisch. »Gut so«, sagte sie zustimmend und fing dann etliche Meter von mir entfernt einen eigenen Haufen an.

Der frische Geruch von warmen Kiefernnadeln stieg auf und weckte in mir allerlei Assoziationen. An einigen Stellen lagen die Nadeln mehrere Zentimeter dick und waren leichter zu rechen als Herbstblätter auf einem gepflegten Rasen, aber anderswo waren sie durchtränkt und zusammengepresst oder lagen unter verschlungenen Kriechpflanzen und giftig glänzendem Efeu versteckt.

Als ich einmal aufblickte, war Kāli nirgends zu sehen. Ich fragte mich, ob sie einfach ein Stück weitergehen würde, ohne mir ein Wort zu sagen. Als ich ganz still stand, konnte ich aber das rhythmische Scharren ihres *karaso* hinter einigen Bäumen hören und ein gelegentliches Reißen, das andeutete, dass sich der Rechen im Gestrüpp verfangen hatte. Manchmal hörte ich auch das ferne Husten, Rufen und Lachen der anderen Frauen. Ihre Stimmen hörten sich schrill und fremd an, denn sie störten die Stille, die dem Wald normalerweise eigen war.

Mein Haufen wurde immer höher, und ich fragte mich, wie hoch wohl der Haufen zu Hause sein musste, wenn er für ein ganzes Jahr reichen sollte. Jeden Abend breitete Kāli im Stall eine neue Lage Kiefernnadeln als Streu für die Rinder aus. Ich hatte ihr oft zugesehen, wie sie die Nadeln vom Haufen hereinbrachte, verteilte und dann auflockerte. Abends war der Stall immer warm und trocken, es roch nach Kiefern und dem grasigen Atem der Tiere, während einem am Morgen der Geruch von Feuchtigkeit und Ammoniak entgegenschlug.

Der Stall wurde nur einmal im Jahr, im Winter, gründlich ausgemistet. Manchmal holte man zwischendurch frischen Kuhdünger zum Tünchen der Häuser, für Rituale oder zum Versiegeln der tönernen Gärkrüge heraus. Ansonsten aber blieb von Urin getränkter Mist liegen, und die verschmutzte Streu wurde jeden Tag niedergetrampelt und zusammengepresst. Nach einem Jahr war die Schicht dann so hart, dass sie von Chola und Mina mit dem Beil herausgehackt werden musste. Im Jahr zuvor hatten sie drei volle Tage gebraucht, um den Stall zu säubern und den schwarzen, torfähnlichen *mal* im Freien anzuhäufen. Während dieser Zeit war der Gestank um das Haus herum entsetzlich.

Jeden Morgen vor Sonnenaufgang trugen Chola und Mina dann den *mal* in Körben auf die Reisfelder und streuten ihn als Dünger aus. Der warme Dampf stieg in Schwaden auf, als sie den *mal* aus dem gärenden Haufen schaufelten und die gefüllten Körbe durch die frostige Morgenluft trugen.

Nachdem im Frühling die Bewässerungskanäle geöffnet und die Reisfelder überflutet worden waren, pflügte Kalchu den *mal* als Vorbereitung für das Umpflanzen des Reises ins weiche, nasse Erdreich. Im Lauf vieler Jahre war die Erde in den Reisfeldern durch das viele *mal* so dunkel und satt geworden, dass sie, neben den aus wilden Pflanzen gewonnenen roten und grünen Farben, als schwarzer Farbstoff zum Bedrucken der Röcke verwendet wurde.

»Bist du schon fertig?« Kāli war herübergekommen und beäugte den Haufen, den ich zusammengerecht hatte. Damit er nicht ins Rutschen geriet, hatte ich ihn auf der Hangoberseite gegen einen Baumstamm geschichtet.

»Was glaubst du – ist das genug?«, fragte ich unsicher. Schließlich hatte ich keine Erfahrung.

»Gar nicht schlecht«, antwortete sie. »Ich zeig dir, wie du ihn bündeln und zusammenbinden musst.«

Sie holte mein Seil und legte es auf ein freies Stück Boden. Dann fiel sie energisch über den Haufen her, umklammerte die Nadeln mit der großen Schaufel ihres *karaso* und ihrer eigenen kleinen Hand und baute damit über dem Seil einen neuen Haufen auf. Als sie den ganzen Haufen herübergeschafft hatte, drückte sie die Nadeln mit ihren Händen zusammen. Dann strich sie mit dem *karaso* abwechselnd über den Haufen und hieb auf ihn ein, bis sie eine Art Ballen zusammengefügt hatte.

Nachdem sie die Seilenden hochgehoben und zusammengebunden hatte, setzte sie sich mit dem Rücken zur Last auf den Boden und rückte das Tragseil über ihrer Stirn zurecht. Ich stellte mich hinter sie und half ihr auf ihren Zuruf hin, die Last vom Boden zu heben. Leicht schwankend kam sie schließlich mit einem Ruck zum Stehen. Obwohl sie das Seil an den Schultern umklammert hielt und damit die Spannung um ihren Kopf lockerte, war ihr Nacken steif und unbeweglich. Wenn sie mich ansehen wollte, musste sie ihren ganzen Körper drehen und ihre Augen nach oben rollen.

»Wie fühlt es sich an?«, fragte ich.

»Es geht«, sagte sie. Sobald sie aber ein paar vorsichtige Schritte gemacht hatte, begann der Ballen an den Rändern zu beiden Seiten des Bindeseils abzusacken und sich aufzulösen. Es dauerte nicht lange, und die Nadeln rieselten hinter ihr in einem steten Strom wie das Wasser aus einem undichten *gāgro*.

Verwirrt gab sie zu, dass sie diese Arbeit erst einmal gemacht hatte und dass ich es, offen gesagt, wahrscheinlich genauso gut alleine machen könnte.

Sie löste das Seil von dem zerfallenden Ballen, und wir begannen einen neuen zu schnüren. Kāli bearbeitete diesmal ihren eigenen Haufen und ich meinen. Aber so sehr ich mich auch bemühte, ich begriff das Prinzip einfach nicht, wie ich die einzelnen Kiefernnadeln zusammenhalten könnte; für mich war es dasselbe, als wenn ich Getreide in einem Netz oder Wasser in einem Sack tragen sollte. Schließlich unterdrückte ich das Gefühl von Unzulänglichkeit, Frustration und Wut und band den Ballen so gut es ging zusammen, denn ich hatte mich damit abgefunden, dass ich wahrscheinlich den Großteil der Nadeln auf dem Weg den Abhang hinunter verlieren und dann dem Gelächter und Gespött des ganzen Dorfes ausgesetzt sein würde.

Schließlich waren wir zum Aufbruch bereit, und Kālis Last war, trotz ihres schmächtigen Kinderkörpers, wesentlich größer als die meine. Als wir hangabwärts durch den Wald gingen, wurde mir bewusst, dass ich, selbst wenn ich einen festeren Ballen zusammengefügt hätte, nie in der Lage gewesen wäre, eine so große Last zu tragen, denn meine Stirn schmerzte, mein Nacken war steif und verspannt und die Kiefernnadeln auf dem Pfad waren, von unzähligen Füßen zusammengepresst und abgeschliffen, so rutschig wie Glas.

Selbst Kāli war still und schien ein bisschen bedrückt. Ich hörte ihren schweren Atem und ihr gelegentliches kräftiges Schniefen, was andeutete, mit welcher Konzentration sie hinter mir herging, so sicher und entschlossen, wie eine blinde Fledermaus das Licht erahnt.

Plötzlich hielt sie an, denn ihr war etwas aufgefallen. »Wo ist dein *karaso*?«

»Ich habe ihn in die Kiefernnadeln gesteckt, genau wie du es gemacht hast. Er muss irgendwo in meinem Ballen sein.« Sie holte mich ein, drehte mich um und befühlte meine Last von oben bis unten und an den Seiten. Aber er war nicht da.

Ich konnte es nicht fassen, denn ich war doch so vorsichtig gewesen. Erneut überwältigte mich ein Gefühl von Unzulänglichkeit. Nicht genug damit, dass ich unfähig war, bei der Arbeit zu helfen. Ich konnte noch dazu nicht einmal auf die Geräte der Leute aufpassen. »Ich gehe zurück und finde ihn«, sagte ich. Hilfreich und besorgt bestand Kāli darauf, mit mir zu kommen, doch ich überredete sie schließlich, nach Hause zu gehen.

»Verlauf dich nicht«, rief sie mir noch zu, als wir unser trennten.

Ohne Kāli schien mir der Pfad enger und weniger genau definiert. Überall gab es kleine Gabelungen und Abzweigungen, an die ich mich kaum erinnerte. Aber ich folgte gewissen Orientierungspunkten – der Lichtung mit den Birkenschösslingen, der Schneewehe, die noch nicht geschmolzen war und an der Kāli ihren Durst gelöscht hatte, die große Kiefer, die bis auf ein Zehntel ihrer Breite für *jharo* ausgehöhlt worden war. Kāli hatte mir erzählt, dass der Baum nicht mehr benutzt wurde und dass er umstürzen würde, wenn man auch nur ein Stückchen davon entfernte. Das Innere war offen wie eine Wunde, klares Harz war an die Oberfläche gequollen, war abgetropft und hatte sich zu klebrigen rosa Rinnsalen verhärtet.

Im vergangenen Herbst war beim Vollmondfest in Gorigāuṅ ein *jharo*-Baum wie dieser umgestürzt. Die von ihren Göttern besessenen *dhāmis* hatten auf der Waldlichtung über dem Dorf getanzt. Dabei war das Trommeln so laut gewesen, dass man das anfängliche Reißen nicht hörte und niemand sich bewegte, als der Baum plötzlich unvermutet zu Boden krachte. Alle standen mit offenem Mund da. Der Baum war so groß, dass er alle unter sich hätte erschlagen können, wenn er in die Lichtung gefallen wäre. Zum Glück war er aber in die andere Richtung die Böschung hinuntergestürzt.

Über längere Strecken hin hatte ich beim Gehen den Blick auf den Boden gerichtet, gebannt von der Stille des Waldes und der Geräuschlosigkeit meiner Schritte.

Der *karaso* hatte genau dieselbe Farbe wie die Kiefernnadeln. Als ich darüber nachdachte, wurde mir erstmals bewusst, dass ich keine Ahnung hatte, wie so ein Rechen überhaupt gemacht wurde. Ein *karaso* bestand aus einem armlangen Stiel, der glatt und glänzend war wie eine frische Kastanie. Am Ende hatte er fünf Zinken, die genau wie die Finger einer Hand beim Greifen gebogen waren. Im Dorf gab es keine Werkzeuge zum Bearbeiten von Holz – keine

Sägen, Meißel oder Hobel. Alle Türen, die hölzernen Getreidetruhen und die Dachbalken wurden mit Beilen zurechtgehackt. Und mir fiel auch ein, dass ich gar nicht wusste, wie viele solcher Rechen die Familie überhaupt besaß und wie schwierig es war, einen Ersatz für meinen zu finden.

Das Sonnenlicht fiel in langen, horizontalen Streifen in den Wald. Niemand war mehr zu sehen. Ich blieb einen Augenblick lang stehen, denn ich war mir nicht mehr sicher, welchen Weg ich nehmen sollte. An einer bestimmten Stelle waren Kāli und ich nicht mehr aufwärts gegangen, sondern nach links abgezweigt, aber der Pfad vor mir war zu eng, wahrscheinlich war es eine Wildspur. Es war auch schwer zu sagen, wie weit ich allein schon gekommen war, denn vorher hatten wir uns miteinander unterhalten und die Zeit war möglicherweise schneller vergangen. Nichts kam mir mehr bekannt vor. Manchmal schien ich mich an eine bestimmte Baumgruppe zu erinnern, oder daran, wie ein einzelner Zweig über den Pfad hing. Doch dann hatten sich die Bilder aller Bäume, die ich gesehen hatte – die Struktur ihrer Rinden, die verschiedenen Grüntöne, die Winkel, in denen die Zweige vorstanden –, in meinem Gedächtnis zu einem einzigen Bild vereint.

Ich merkte, dass ich mich verlaufen hatte, als der Himmel plötzlich heller wurde und ich auf eine breite Lichtung hinaustrat. Es waren die Monsunhalden eines anderen Dorfes – fünf oder sechs Hütten und ein kleines Stück Land, das einmal gepflügt worden und nun nur noch von einer eingestürzten Steinmauer umgeben war. Entweder hatte man die kleine Siedlung komplett aufgegeben, oder man ließ die Hütten während des Winters verfallen. Lose Birkenrinde flatterte von den Dächern, und Teile der Holzwände lagen vom Sturm umgerissen auf dem Boden.

Ich sackte zu Boden, niedergedrückt von meiner Verzweiflung und der Last auf meinem Rücken. Zuerst hatte ich geglaubt, dass Kāli ihren Spaß mit mir getrieben, sich heimlich angeschlichen, den *karaso* aus meinem Ballen geholt und unter ihrem Rock oder hinter einem Baum versteckt hatte. Sie spielte gern solche Streiche, aber sie hätte es mir letzten Endes gesagt und wäre dann über mein erzürntes Gesicht in Lachen ausgebrochen. Dann fragte ich mich, ob ihn vielleicht die Frauen, die mich unterwegs angehalten hatten, mitgenommen hatten. Aber warum hätten sie das denn tun sollen – weil sie einen *karaso* brauchten? Oder als Streich, den sie der Fremden spielen wollten?

Ein kalter Wind strich über die Lichtung, und ein paar rosa Wolken entschwanden meinem Blick. Der Himmel war rein und grau wie ein tiefer Bergsee. Ich fühlte mich plötzlich völlig verlassen. Ich wollte nie mehr ins Dorf zurück, sondern hier oben in einer der Hütten bleiben und keinen dieser Menschen je wieder sehen. Nach einer Weile verflog aber dieser kindische Gedanke. Ich hob meine Last vom Boden und stand mit einem Ruck auf.

Unter den Bäumen war das Licht nun schon viel schwächer, und da ich fürchtete, vor Einbruch der Dunkelheit nicht mehr ins Dorf zu kommen, nahm ich eine Abzweigung, die mir wie eine Abkürzung erschien. Doch der Pfad wurde immer enger, bis er sich in einem Gestrüpp aus Farnkraut, Kletterpflanzen und einem Gewirr aus wilden Himbeeren schließlich ganz verlor.

Als ich umkehrte, wurde mir mit Schrecken bewusst, dass ich weder in der Lage war, den Weg zurück ins Dorf noch die Stelle zu finden, an der wir die Nadeln zusammengerecht hatten. Ich hatte immer geglaubt, dass ich, wenn es zum Schlimmsten käme, ganz einfach bis zum Fuß des Abhangs hinuntergehen könnte. Doch der Wald hatte mich eines Besseren belehrt – ich hatte unterschätzt, wie verwirrend er sein konnte.

Ich wollte gerade meine Last abnehmen und den Haufen Kiefernnadeln liegen lassen, bis er am nächsten Morgen von jemand anderem gefunden würde, als ich in einiger Entfernung eine Gestalt sah, die sich mir näherte. Ich konnte lange nicht glauben, dass es wirklich Kālī war, die gekommen war, um mich zu suchen.

»Wir haben uns Sorgen gemacht«, sagte sie. »Denn wir dachten uns, dass du dich verlaufen hast.«

»Ja, ich habe mich in der Tat verlaufen.«

Sie bot mir an, meine Last zu tragen, aber ich ließ es nicht zu. Ich wollte nur, dass wir zusammen zurückgehen und uns dabei wie immer unterhalten könnten.

»Hast du den *karaso* gefunden?«

»Ich konnte nicht einmal die Stelle finden, wo wir die Nadeln zusammengerecht haben.«

»Mach dir nichts draus«, sagte sie freundlich, »vielleicht wird ihn jemand anderer aufheben und zurückbringen.«

Sie sprach fast den ganzen Weg durch den Wald, und als wir wieder im Freien waren, begann sie erneut zu plappern. »Siehst du die Bäume dort drüben?« Sie wies auf vier oder fünf Kiefernstämme, die in einem Wirrwarr über den Hang verstreut lagen. »Das ist die einfachste Art, zu Feuerholz zu kommen – man schlägt die Bäume am Waldrand und lässt sie dann den Hang hinunterrollen. Du musst das Holz aber ein Jahr lang zum Trocknen liegen lassen, bevor du es nach Hause tragen kannst. Wenn der Forstbeamte in deinem Holzstoß grünes Holz findet, kriegst du Ärger. So weiß er zwar, dass Bäume gefällt werden, er weiß aber nicht, wer es tut.«

Der Forstbeamte war vor kurzem durchs Dorf gekommen. Er war ein Mann aus der Stadt, in Hawaiihemd und Baseballmütze mit der Aufschrift »Top Dog Disco« in roten Lettern. Der Dorfvorstand hatte für ihn ein Huhn geschlachtet und jemand hatte ein oder zwei Flaschen *raksi* spendiert.

»Das Problem mit den Forstbeamten ist«, sagte Kāli, »dass sie immer hungrig sind. Wenn du ihnen zu essen gibst, lassen sie dich in Ruhe, wenn nicht, dann durchsuchen sie das ganze Dorf nach grünem Holz, Moschus, *tār* und anderen geschützten Tieren, die wir nicht töten dürfen. Sie sind wie Hunde – genauso gierig.«

»Und du kennst ja die zwei Forstbeamten, die hier im Dorf wohnen. Solange sie zu Hause sind, kann man gut mit ihnen auskommen, aber wenn sie nach Dolpo gehen, das Dorf, für das sie verantwortlich sind, bin ich sicher, dass sie sich wie alle anderen aufführen und die Leute dort terrorisieren.«

»Im letzten Jahr«, fuhr sie mit einem schelmischen Lächeln

fort, »ist einem von ihnen etwas Schreckliches passiert. Die beiden haben fast zwei Jahre lang gearbeitet und haben die ganze Zeit kein Geld dafür bekommen. Dann kam eines Tages das Geld von der Regierung an – alles auf einmal, mehrere tausend Rupien. Am selben Abend feierten sie, tranken, bis sie sternhagelvoll waren, und spielten mit Karten um Geld. Einer setzte sein ganzes Geld ein und verlor. Kannst du dir das vorstellen?«, kicherte sie. »Einen Moment lang hat er so viel Geld in der Tasche und eine Minute später überhaupt nichts mehr.«

Auf dem Pfad durchs Dorf, der zwischen der Rückseite der Häuser und einer Böschung hindurchführte, war es dunkel wie in einer Höhle. Andauernd stolperten wir über Steine, und unsere Füße versanken in Pfützen und Schlamm.

Endlich waren wir auf dem offenen Platz hinter dem Haus angekommen, wo es etwas heller war. Ich sank mit meinem Nadelballen zu Boden, froh, dass niemand da war, der meine Erschöpfung und den jämmerlichen Umfang meiner Last hätte sehen können. Nachdem ich meinen Kopf aus dem Tragseil genommen hatte, löste Kālī das Seil, hob die Nadeln mit beiden Armen hoch und warf sie auf den Haufen. Als sie damit fertig war, baute sie sich vor ihm auf. »Ich hab es dir doch gesagt! Schau, wie viel höher der Haufen allein heute schon geworden ist.«

Im Haus brannte das Feuer, und einige *jharo*-Stöckchen, die auf den Steinen der Feuerstelle übereinander lagen, erstrahlten in einem kräftigen, leicht verschwommenen Licht. Alle saßen beim Essen. Als wir durch die Tür kamen, sah Kalchu von seinem Teller auf und fragte mit besorgter Stimme: »Wo ist dein *karaso*, Schwester?« Ich wollte gerade mit meiner Erklärung beginnen, als ich merkte, dass ihm Kālī schon alles erzählt hatte. Er begann zu lächeln, auf neckende Weise, und ich war erneut überzeugt, dass jemand den Rechen von irgendwo hervorzaubern würde und dass alles nur ein Scherz gewesen war.

»*Wie macht man denn einen karaso?*«, sagte Kalchu und wiederholte damit die Frage, die ich ihm soeben gestellt hatte. »*Also, zuerst musst du einmal den richtigen Zweig finden – einen Kiefernzweig, der sich am Ende in drei, vier oder fünf Ausläufer spaltet. Dann entrindest du ihn, und wenn das Holz noch grün und geschmeidig ist, biegst du die dünnen Arme zurück und bindest sie mit einer Schnur fest. Wenn du das gemacht hast, lässt du ihn auf dem Trockenrahmen über dem Feuer ... sagen wir mal, an die drei Monate lang trocknen. Wenn du dann die Schnur abnimmst, haben sich die weichen Finger am Ende des Arms zu Krallen erhärtet.*«

»*Und wie wird er denn so glatt und glänzend?*«

»*Das kommt vom jahrelangen Rechen: Gras und Kiefernadeln, Gras und Kiefernnadeln.*«

Die rote Hündin

Wenn die rote Hündin läufig wurde, war sie nie allein. Überallhin folgten ihr Hunde, die sie beobachteten, beschnüffelten, sie abpassten und hin und wieder besprangen. Manchmal jaulte sie dann und versuchte davonzulaufen, den Rücken gekrümmt und ihren buschigen Schwanz, der über den Boden fegte, zwischen die Hinterbeine geklemmt. Manchmal wandte sie sich auch zähnefletschend um und stürzte sich auf den Hund, der sich langsam angeschlichen und erwartungsvoll hinter ihr aufgestellt hatte. Die meiste Zeit aber ignorierte sie die Hunde um sich herum, während sie in der Sonne schlief oder im Dorf umherstrich und diese oder jene Fährte verfolgte. Oft war sie nahe daran, die Geduld zu verlieren, doch im Allgemeinen hatte sie sich gnädig mit ihrer Rolle als Rudelführerin abgefunden.

Eines Abends herrschte auf dem Dorfplatz ungewöhnlich lautes Treiben. Es war nicht nur das anhaltende Knurren, das sich zu wilder Raserei steigerte, wenn zwei Rüden sich drohend aufeinanderstürzten und dann in erbitterter Umklammerung verkrallten, um ihren Platz in der Hierarchie und ihr Vorrecht auf die rote Hündin zu verteidigen. Nein, dieser Lärm war anders, es waren qualvolle Laute, ein wie abgehackt klingendes Jaulen, gefolgt von einem langen, schmerzlichen Heulen.

Ich ging hinaus aufs Dach und konnte auf den ersten Blick nichts sehen, was anders war als sonst. Die Hunde lungerten wie gewöhnlich im Rudel herum. Doch dann bemerkte ich eine Gruppe von Kindern auf der anderen Seite des Dorfplatzes, die lachend mit den Fingern auf etwas zeigten. Ein Stein flog durch die Luft, und die Hunde stoben auseinander. In ihrer Mitte sah ich die rote Hündin und die schwarz-braune Promenadenmischung des *ḍaṅgri*; die Hinterteile fest gegeneinander gepresst. Der Stein traf die Hündin direkt an der Flanke, und sie heulte laut auf, doch die Genitalien der beiden waren so fest ineinander verkeilt, dass sie sich nicht bewegen konnten.

Die Welpen kamen beim Holzstoß zur Welt. Den buschigen Schwanz hoch aufgerichtet, stolzierte die rote Hündin nun in der Gegend herum. Nara und die Zwillinge waren von den kleinen, blinden, halb kahlen Geschöpfen unendlich fasziniert. Sie hoben sie immer wieder hoch und spielten stundenlang mit ihnen. Einmal trugen sie einen der Welpen vom Holzstoß weg und versteckten ihn im Stall. Die Mutter suchte überall nach ihm und wurde zunehmend verzweifelter. Die Kinder setzten ihr Spiel aber nicht lange fort, denn die Ungeduld gewann bald die Oberhand, und sie gaben der Mutter den Welpen zurück. Zitternd stand das Hündchen dann da und ließ sich von der Mutter ablecken. Nur wenig später lag die rote Hündin, die Beine von sich gestreckt, schlafend auf der Seite, und alle sechs Welpen kletterten auf der Suche nach den geschwollenen Zitzen auf ihr herum.

Die rote Hündin war die Siebte in einer Reihe von Hunden, die Kalchus Familie gehört hatten, seitdem der Großvater vor etwa vierzig Jahren das erste Exemplar aus Tibet mitgebracht hatte. Es war ein großer, kräftiger Jagdhund gewesen, der die Familie regelmäßig mit dem Fleisch von Moschus, *tār* und Wildschwein versorgt hatte. Im Laufe der Generationen waren dessen Nachkommen durch die Kreuzung mit den Dorfhunden aber immer kleiner und auch immer unscheinbarer geworden. Selbst wenn im Blut der Vorfahren der roten Hündin vor Jahrzehnten einmal der Jagdinstinkt fest verankert gewesen war, so hatte er sich über die Generationen inzwischen gänzlich verloren. Allerdings war sie ein guter Wachhund und stellte ihre diesbezüglichen Qualitäten beim Schafehüten auf den Sommerweiden im Hochgebirge immer wieder unter Beweis. Auch gab sie meistens sofort Laut, wenn ein

Fremder das Dorf betrat oder um das Haus herumschlich. Aber hundertprozentig verlassen konnte man sich auf die rote Hündin nicht, denn Angriffslust und Gleichmut wechselten sich bei ihr so schnell ab wie der Wind, der zu Beginn des Monsuns durch das Tal fegte und seine Richtung änderte.

Von jedem Wurf war immer die kräftigste Hündin mit der rötesten Färbung behalten worden. Eines Abends ging Kalchu auch diesmal wieder zum Holzstoß und suchte unter den Welpen ein passendes Tier aus. Von den vier weiblichen und zwei männlichen Welpen waren die meisten rostbraun oder gelb-braun gefleckt, und nur ein Tier wies den tiefroten Farbton auf, den Kalchu so liebte. Er hockte sich nieder, hob fünf der zappelnden Welpen hoch und stopfte sie in einen Leinensack. Auf dem Weg zum Fluss folgte ihm die rote Hündin. Er schrie sie an und stieß mit dem Fuß nach ihr. Jaulend blieb sie dann stehen, doch Augenblicke später hatte sie ihn wieder eingeholt. Schließlich hob er eine Hand voll Steine vom Boden, und sobald er sich umwandte und sah, dass sie ihm folgte, warf er einen Stein nach ihr. Einige trafen sie, andere verfehlten ihr Ziel. Schließlich hielt die Hündin an, saß lange Zeit regungslos da und sah ihm nach. Dann ging sie zurück zu dem einen Welpen, der ihr noch geblieben war.

Als die Zwillinge am folgenden Morgen herausfanden, was ihr Vater getan hatte, waren sie böse auf ihn und traurig. Aber gerade an diesem Tag packte die rote Hündin den übrig gebliebenen Welpen am Genick und trug ihn zwischen den Zähnen die Leiter herauf ins Haus. Von da ab widmeten sich die Zwillinge ganz dem kleinen Tierchen mit seinem rundlichen Körper, das nun mit offenen Augen um sich blickte, durch das ganze Haus trottete und seiner Mutter verspielt in die Hinterbeine biss.

Doch der Reiz des Neuen war bald verflogen. Die rote Hündin verlor schnell die Geduld und schnappte nach dem Welpen, sobald er versuchte, an ihren baumelnden Zitzen zu saugen, die keine Milch mehr gaben. Sie stieß ihn zur Seite, wenn er über ihren schlafenden Körper kletterte oder ihren Kopf im spielerischen Kampf hin und her zu reißen versuchte. Auch Chola klagte, dass ihr nun zwei Hunde im Haus zwischen den Beinen herumliefen und um Futter bettelten. Sie schrie die Hunde oft an, und die Hunde antworteten mit einem doppelt so lauten Jaulen.

Alle im Dorf hatten einen gehörigen Respekt vor der Wildheit der Hunde, denn Angriffe und Verletzungen waren gang und gäbe. Tagsüber war es für gewöhnlich nicht gefährlich, im Dorf umherzuwandern, denn die Hunde kannten ihre Leute, und solange die Nachbarn auf neutralem Boden blieben, wurden sie von den Hunden in Ruhe gelassen. Es war jedoch immer ratsam, bevor man bei jemand anderem die Balkenleiter hinaufkletterte, zuerst einmal hinaufzurufen, denn der Hund des Hauses stand oft knurrend oben und wartete nur darauf, anzugreifen. Daher trugen auch die meisten Leute, wenn sie nachts unterwegs waren oder in ein anderes Dorf gingen, einen Stock oder eine Hand voll Steine bei sich. Sobald ein oder zwei Hunde des Rudels verletzt worden waren, zügelte der Rest meistens seine Angriffslust und zog sich mürrisch zurück.

Ich selbst empfand vor den Hunden mehr Abscheu als Angst, denn fast alle waren unerträglich dünn und viele von ihnen krank. Einer war so schwer von der Staupe befallen, dass er schon fast kein Fell mehr hatte. Mit hängendem Kopf lief er herum und kratzte seine nackte rosafarbene Haut auf, die an den Stellen, wo sie sich spröde über die Rippen oder das Rückgrat spannte, aufgerissen war und abschilferte. Andere hatten eiternde Wunden, die nie zu heilen schienen, und wieder andere liefen auf drei Beinen so schnell wie die anderen Hunde auf vieren und hatten dabei ein Bein, das von Geburt an verstümmelt war, unter ihren Körper geklemmt. Es war abstoßend, diesen halb verhungerten Kreaturen zuzusehen, wie sie hinter den Häusern herumschnüffelten oder auf der Suche nach Exkrementen am Flussufer entlangliefen. Oft sah ich, wie einer der Zwillinge hinter dem Haus seine Notdurft verrichtete, während die rote Hündin schon darauf wartete, den

Kot fressen zu dürfen. Oder wie Chola, als die Zwillinge noch klein waren und in ihren Schoß gekackt hatten, die rote Hündin mit einem aufmunternden »chu chu chu« angelockt hatte, damit sie den Schmutz weglecke.

Einmal kam im Sommer vor dem Monsun eine Gruppe von Gesundheitsbeamten in die Gegend, um den Leuten Unterricht in Gesundheitspflege und Hygiene zu geben. Sigarup sollte als Vertreter des Dorfes an diesem fünftägigen Kurs teilnehmen, wofür er zwanzig Rupien pro Tag erhielt. Der Unterricht fand in der Schule statt, wo drei Krankenschwestern in schillernden Saris vor der Klasse standen und an Hand von Bildern und einer Puppe vorführten, wie Würmer und Krankheiten durch Eier und Mikroben aus dem Kot eines Menschen in den Magen-Darm-Trakt eines anderen übertragen werden konnten.

Am fünften und letzten Tag wurde mit dem Graben von Latrinengruben die Theorie in die Praxis umgesetzt. Nachdem die Gesundheitsbeamten nach Kathmandu zurückgekehrt waren, änderte sich aber nur wenig. Die Leute fanden die Latrinen widerlich und zogen es vor, ihre Notdurft weiterhin ungestört im Freien zu verrichten, und auch die rote Hündin leckte nach wie vor das Geschirr sauber, bevor es von Mina im Flusswasser flüchtig abgespült wurde.

Trotz ihrer schlechten Angewohnheiten war die rote Hündin Teil der Familie. Ich mochte sie und alle anderen auch. Nur allzu oft war sie aber auch der Sündenbock für Ärgernisse, die nicht immer ihr Verschulden waren. Wenn Chola des Abends, müde von der Tagesarbeit auf den Feldern, den Teig für die *rotis* knetete und vom hungrigen Quengeln der Zwillinge, dem Flattern der Hühner um die Schüssel herum und dem bettelnden Blick des Hundes aufgebracht war, schlug sie schreiend auf ihn ein, worauf die rote Hündin übertrieben laut aufjaulte und sich in eine Ecke schlich. Als aber der Welpe vom Dach fiel und sich das Bein brach, band es Kalchu mit einem Wollfaden an eine Schiene und erneuerte die Bandage, sobald sie sich gelockert hatte, immer wieder, bis der

Knochen verheilt war. Und manchmal, wenn Besucher kamen und es *raksi* zu trinken gab, ließ er die rote Hündin singen. Ihr traurig heulender Klagegesang war so komisch, dass wir immer schallend lachen mussten.

Im Winter verbrachten die Hunde die Nacht in den Häusern, wo sie es sich um die wärmenden Überreste des Feuers gemütlich machten oder mit den Kindern unter einer Matte aus Ziegenhaar schliefen. Manchmal erwachten sie dann in der Nacht vom Heulen der Schakale am Rand des Dorfes. Dann stießen sie mit ihren Nasen die schweren Haustüren auf und gingen hinaus auf die Dächer, wo sie in den bellenden Chor der anderen Hunde einstimmten. Wenn dann das Heulen aufgehört und sich die Schakale in den Wald zurückgezogen hatten, kamen die Hunde entweder wieder herein oder zogen hinaus in die frostige Nacht und tauchten erst am Morgen wieder auf.

Eines Tages, als Chola die Hühner aus ihrem Stall herausließ, bemerkte sie, dass der Hahn fehlte. Der Stall war auf dem Dach, unweit der Haustür. Er bestand aus einem ausgehöhlten Baumstamm, dessen Eingang in der Nacht mit einer Holzlatte verschlossen wurde. Ein Schakal oder Marder hätte die Latte wohl kaum entfernen können, und selbst wenn es ihm gelungen wäre, hätte es Anzeichen für einen Kampf, wie Hühnerkadaver oder verstreute Federn, geben müssen. Also muss es sich um einen Dieb auf zwei Beinen gehandelt haben. Chola war wütend. Sie stellte sich an den Dachrand und rief dem unbekannten Dieb über das ganze Dorf hin zu, dass er dafür gelähmt werden solle; dass er an Cholera erkranken und daran sterben solle; dass die Götter ihn und seine Angehörigen für immer mit Armut und Hunger strafen sollen, wenn er nicht gestände und den Hahn zurückbrächte. Dann wandte sie sich der roten Hündin zu, verdrosch sie wegen ihrer Unachtsamkeit und nannte sie eine faule, unnütze Tagdiebin.

Ein andermal, und zwar kurze Zeit nach diesem Vorfall, war sie allerdings froh, dass die Hunde im Haus geblieben waren. An unserem Ende des Dorfes war die Nacht still gewesen, doch im Viertel der Unberührbaren hatte es ziemlichen Aufruhr gegeben. Niemand hatte das Heulen der Schakale gehört, aber die Hunde, von irgendeinem Geräusch gewarnt, hatten fortwährend gebellt, bis das Bellen unmittelbar vor Einbruch der Dämmerung in nach Rauferei klingendes Knurren übergegangen war.

Als am nächsten Morgen die ersten Leute auf die Felder zogen, fanden sie einen toten Hund auf dem Weg. Er lag auf der Seite, die Beine steif gegen den aufgeblähten Bauch angezogen. Sein Maul war leicht geöffnet, und die gefletschten Lefzen entblößten neben zwei Reihen makelloser Zähne und der rosafarbene Zungenspitze auch eine Menge weißen, mit Blut gemischten Schaumes. Der Hund war offensichtlich tollwütig gewesen.

Die Nachricht hatte sich rasch herumgesprochen, und bald hatte sich eine Menschenmenge versammelt. Ein Teil der Männer hatte sich gestreifte Decken aus Yakwolle um den Kopf und über die Schultern gelegt. Der Morgen war bitterkalt und der Atem der Männer deutlich sichtbar, als sie herumstanden, und vor sich hin murmelten. Niemand näherte sich dem Hund. Er lag ein Stückchen abseits; Kopf und Schultern auf den eisigen Steinen des Pfades, sein Hinterteil geduckt im Gras. Als ein kleiner Junge voller Neugier vortrat und mit einem Stock das Maul des Hundes untersuchte, wurde er grob am Arm gefasst und zurückgezerrt. Und als ein Hund den Kadaver teilnahmslos beschnüffelte, stieß jemand mit dem Fuß nach ihm und schrie ihn an, sodass er sich durch die Menge davonmachte.

Etwas später kamen die Lederarbeiter vorbei, die den *Ḍum* angehörten. Sie schleppten den Kadaver weg und begruben ihn. Dann versammelte sich eine Gruppe von Männern im Haus des Dorfvorstehers um das Feuer und besprach den Vorfall. Der tollwütige Hund war nicht aus der Gegend gewesen, und niemand hatte einen derartigen Hund – groß und schwarz, mit weißen Flecken auf Brust und Ohren und wunden Stellen um Nase und Augen – gekannt. Am Vortag war er am Dorfrand von Chaura und Chhuma gesehen worden, und am Tag zuvor hatte ein solcher

Hund in Pere ein Schaf gejagt, am Nacken gepackt und so lange geschüttelt, bis es vor Angst starb.

Alle kannten Geschichten von tollwütigen Hunden. Wie sie plötzlich wild wurden und außer Kontrolle gerieten, sich rasend im Kreis drehten, durch die Dörfer tobten und die Hühner aufscheuchten oder den Mond anheulten und sich den Schakalen anschlossen. Und alle wussten auch von Leuten, die gebissen worden waren. Wie der Mann, der seinen Verstand verloren hatte, der auf der Suche nach Wasser durchs Dorf hetzte, über schmerzende Glieder und einen unstillbaren Durst klagte und dessen Leichnam Monate später in Lāmri aus dem Fluss gefischt wurde.

Im Haus des Dorfvorstehers beschlossen die Männer im Namen des Dorfes, jeden Hund zu töten, der die Nacht im Freien verbracht hatte und möglicherweise an der Rauferei beteiligt gewesen war und geholfen hatte, dem tollwütigen Hund den Garaus zu machen. Auch alle läufigen Hündinnen, ganz gleich ob sie drinnen oder draußen gewesen waren, sollten getötet werden. Wer für seinen Hund Geld bezahlt hatte oder nicht wusste, wo sein Hund die Nacht über gewesen ware, sollte sein Tier dem Gott in Lāmri zum Segnen und Heilen bringen. Und auch jeder, der jüngst von einem Hund gebissen worden war oder Kontakt zu dem tollwütigen Hund gehabt hatte, sollte diesen Gott aufsuchen.

In den folgenden Tagen wurden viele Hunde auf dem Weg nach Lāmri durchs Dorf geführt. Sie kamen aus Chaura und Chhuma, aus Huri, Muri, Pere und aus Gorigāuṅ, denn der tolle Hund hatte bei seinem letzten wilden Lauf viele Kilometer zurückgelegt, und in jedem Dorf hatten sich die Hunde mit ihm gezankt und gerauft.

Niemand wusste, wie der Gott in Lāmri seinen Ruf für die Heilung toll gewordener Hunde erworben hatte, aber er ließ sich über mehrere Generationen zurückverfolgen. Der Gott war von fünf aufeinander folgenden *dhāmis* verkörpert worden, von denen er im Lauf ihres gesamten Lebens während der Séancen Besitz ergriffen hatte. Wenn ein *dhāmi* starb, wählte der Gott einen anderen, der ihn verkörperte, sodass sein Ruf von einem *dhāmi* zum nächsten weitergegeben wurde. Der Gott war so mächtig, dass jeder *dhāmi*, wenn er von ihm besessen war, einen eisernen Dreifuß mit der bloßen Hand und einem einzigen Schlag spalten konnte.

Der *dāṅgri* brachte seine Promenadenmischung und einen Sack Reis zum *dhāmi*, und als er am Abend zurückkam, sagte er, dass der Hund nun von der Plage befreit sei. Der vom Gott besessene *dhāmi* habe die Krankheit ausgetrieben. Dazu hatte er mit einer Adlerschwinge über Kopf und Rücken des Hundes gestrichen und Reiskörner verstreut, während er seinen Segen murmelte.

Es wurden viele Hunde getötet. Denn nicht alle Dorfbewohner töteten die Welpen aus den Würfen ihrer Hunde, wie es Kalchu mit den Jungen der roten Hündin getan hatte. Und so gab es viele herrenlose Hunde, die auf der Suche nach Essbarem durch das Dorf zogen, Nachkommenschaft zeugten und sich vermehrten. Fast alle streunenden, aber auch viele Haushunde wurden getötet.

Es waren vor allem die Jungen, die die Tiere töten mussten. Sie führten die Hunde an eine Biegung des Flusses, wo es einen breiten, einsamen Kiesstrand gab. Dort schlugen sie auf die Tiere mit Stöcken ein und bewarfen sie mit Steinen. Die Kadaver ließen sie liegen und verfaulen, bis die Geier und Bussarde auf ihren Streifzügen in den Lüften vom Aasgeruch angezogen wurden und herunterstürzten. Wenn der Wind in die falsche Richtung wehte, trug er den Gestank der verwesenden Kadaver über die Felder herauf.

Zu dieser Zeit verließen nur wenige Menschen in der Nacht das Dorf. Sie hatten Angst vor den Hunden, die gebissen worden waren und nun herumstreunten, und sie fürchteten, dass die toll gewordenen Schakale in Rudeln aus dem Wald kommen und sie angreifen könnten. An der Wegkreuzung außerhalb des Dorfes hatten einige der Menschen, die gebissen worden waren, Tonfiguren aufgestellt. Es waren primitive Selbstbildnisse, auf die die Betroffenen die gefürchtete Krankheit übertragen hatten. Und nachts konnte die auf diese Weise entpersonifizierte Krankheit an jedem, der an den Figuren vorbeiging, haften bleiben.

Im Lauf der Zeit nahm das Leben aber wieder seinen normalen Lauf. Niemand im Dorf hatte irgendwelche Symptome gezeigt. Die übrig gebliebenen Hunde machten einen zufriedeneren Eindruck, sie waren besser genährt. Wenn Fremde durch das Dorf zogen, war die Meute der bellenden Hunde, die sich auf sie stürzte, allerdings nicht mehr so überwältigend groß. Die Erinnerung erlosch, und die von den Aasgeiern gesäuberten Gebeine der toten Hunde waren auf dem Kies verstreut oder in den vom Schneewasser angeschwollenen Fluss gespült worden.

Als der Frühling kam, füllte sich das Dorf eine Woche lang mit Männern aus dem tibetischen Dorf weiter im Norden. Sie hatten den Winter über in Indien oder in den Basarstädten an der Grenze gearbeitet und kamen nun nach Hause zu ihren Frauen und Kindern. Einige von ihnen trugen noch immer ihre traditionelle Kleidung: Lammfell-*chubas*, die verwegen über der Schulter baumelten, schwere, mit Türkisen besetzte Silberringe in den Ohren und bestickte, kniehohe Stiefel. Doch die meisten von ihnen waren mit Polyesterhosen, Anoraks und Turnschuhen im westlichen Stil gekleidet. Sie trieben Handel im Dorf und tauschten orangefarbene Kunststoffperlen und Metallwaren, die sie in Indien gekauft hatten, gegen Mehl und Getreide ein.

Kalchus Handelspartner, sein *iṣṭa* aus Wangri, wohnte mehrere Tage lang im Haus. Die beiden Familien hatten einander schon seit Generationen Gastfreundschaft gewährt, wenn die einen für Salz in den Norden und die anderen für Getreide in den Süden kamen. Die meiste Zeit war ihr Verhältnis freundschaftlich und entspannt gewesen. Tagsüber gingen sie ihren eigenen Geschäften nach, und abends kamen sie dann zum Essen und Schlafen zurück.

Doch eines Tages gab es Streit. Alle waren bei der Arbeit, und Kalchu und sein *iṣṭa* saßen im Halbdunkel im Haus und tranken *raksi*. Der Tibeter prahlte laut und selbstzufrieden, wie er religiöse Statuen und Bilder über die Grenze geschmuggelt und in Indien verkauft und wie oft er die Grenzpolizei mit Silber, Moschus und Schmuggelware jeder Art überlistet hatte. Er erzählte, dass die meisten seiner Verwandten jetzt in Bangkok und Singapur Handel trieben und dass sie alle eine Uhr, ein Radio und eine Menge Geld hatten.

Kalchu saß still da und starrte vor sich hin. Der Tibeter war anmaßend und aggressiv geworden. In ungelenken Worten warf er Kalchu vor, dass Ignoranz und Rückständigkeit dessen Problem und das Problem aller Leute in der Umgebung seien. Er wisse nichts von der Welt, seine Kinder gingen nicht einmal zur Schule. Er täte nichts als auf dem Feld zu schuften, was ihm nicht einmal genug zu essen einbrachte.

Es war wohl wahr, dass in dieser Höhe der Ackerbau nur mit ständigem körperlichen Einsatz gedeihen konnte, dass die Menschen Sklaven ihres Bodens waren. Weiter im Norden und noch höher in den Bergen war der Boden fast unfruchtbar, sodass die Menschen dort gezwungen waren, durch Handel ihre Existenz zu sichern. Paradoxerweise waren also die Menschen mit den ärmsten Böden letztendlich am erfolgreichsten.

Kalchu, dessen Gesicht von Alkohol und Zorn gerötet war und dessen Atem in kurzen, flachen Stößen kam, sagte, dass er mehrere Jahre lang in Indien gelebt und gearbeitet hätte und dass er dort ein Niemand gewesen sei. Dass er ohne Heim und Land unglücklich und verloren sei. Er stand jäh auf, versetzte seiner leeren *raksi*-Schale einen Tritt und ging zur Tür, wobei er dem Tibeter Schimpfworte an den Kopf warf. Der Tibeter folgte ihm hinaus. Einen Augenblick lang schien es so, als ob Kalchu den Mann schlagen wolle, doch dann wich der Zorn aus seinem Gesicht, und seine Arme entspannten sich.

Die rote Hündin, die danebenstand, hatte seine Aggressivität gespürt. Sie duckte sich ganz plötzlich und stürzte sich mit gefletschten Zähnen auf den Tibeter. Intuitiv wandte sich dieser um, hob den Arm, als ob er einen Stein werfen wolle, und brüllte laute Schimpfworte. Doch es war zu spät. Die Kiefer der roten Hündin hatten sich mit eisernem Griff um sein Bein geklammert, und sie war nicht gewillt loszulassen.

Kalchu stürzte sich sofort auf die rote Hündin und befahl ihr unter Tritten und Hieben, den Mann freizugeben. Schließlich packte er sie am Genick, und es gelang ihm, sie mit aller Gewalt wegzuzerren. Sie knurrte noch immer warnend, und als der Tibeter sich, rasend vor Wut, auf sie stürzte, brauste sie erneut auf, fletschte wütend die Zähne und versuchte, sich aus Kalchus Griff zu befreien. Doch der Tibeter hatte keine Kraft mehr, sich zu rächen. Alles Blut war aus seinem Gesicht gewichen, er sank zu Boden und hielt sein schmerzendes Bein umklammert. Die Wunde war angeschwollen und verfärbt. Inmitten der blau angelaufenen Schwellung hing ein loses Stück Fleisch über der klaffenden roten Wunde.

Eine Gruppe Leute hatte sich versammelt. Chola und die Zwillinge, die vom Feld zurückgekommen waren, Sigarup, Kāli, Nara und Mina starrten entsetzt auf das Geschehen. Einige ältere Männer schoben die Kinder zur Seite, gaben Anweisungen und nahmen die Sache in die Hand.

Der Tibeter hatte sich inzwischen erholt und war aufgestanden. Das verwundete Bein, das in seiner Hülle aus zerfetztem schwarzen Polyesterstoff steckte, nach sich ziehend, taumelte er auf Kalchu zu. Er stellte sich direkt vor ihm auf und verlangte mit ruhig gefasster Stimme fünfhundert Rupien als Entschädigung.

Kalchu weigerte sich, das Geld zu zahlen. Erneut schwollen ihre Stimmen feindselig an. Keiner wollte nachgeben, und als abermals Gewalt drohte, traten vier oder fünf Männer dazwischen und hielten die Gegner zurück. Argumente folgten. Chola stellte sich auf Kalchus Seite und erklärte, dass die rote Hündin noch nie jemandem etwas angetan hätte und dass der Tibeter selber schuld sei, denn er habe sie provoziert. Doch einige der anderen Männer unterstützten den Tibeter und vertraten den Standpunkt, dass Kalchu in seinem eigenen Haus für das Verhalten seines Hundes verantwortlich sei. Schließlich wurde beschlossen, dass der Tibeter den Hund töten könne, wenn sich Kalchu weigerte, das Geld zu zahlen.

Die Auswirkungen des *raksi* waren inzwischen abgeklungen, und Kalchu ging ruhig und gedrückt ins Haus, um die Kette der roten Hündin zu holen. Auch sie war ruhig und stand geduldig da, während er die Kette an dem Stück Seil um ihren Hals befestigte. Als er sie die hinteren Stufen hinabführte, folgten ihm der Tibeter und die meisten der übrigen Leute.

Ich brachte den Welpen ins Haus, schloss die Türen und setzte mich aufs Dach. Vom freien Stück Land hinter dem Haus waren Stimmen zu hören. Es wurde beschlossen, wie der Hund am besten anzuketten sei. Bald danach begann das Jaulen. Zuerst war das Aufeinanderschlagen von Steinen zu hören, dann das dumpfe Aufschlagen von Gesteinsblöcken auf dem Boden und immer wieder das jämmerliche Jaulen. Manchmal war das Klirren der Kette zu vernehmen, wenn die rote Hündin in die eine Richtung und dann, von der Kette angehalten, wieder in die andere Richtung zerrte. Und wenn besonders schwere Blöcke zu Boden fielen, konnte ich die Vibrationen spüren, die das ganze Haus erschütterten.

Schließlich herrschte Stille. Ich sah, wie der Tibeter lässig aus dem Dorf spazierte. Dann wandte ich mich um und erblickte die rote Hündin. Langsam kroch sie auf den Holzstoß zu. Mit gesenktem Kopf schleppte sie mit letzter Kraft ihre völlig lahmen Hinterläufe hinter sich her. Der Tibeter hatte sie nicht umgebracht. Er hatte sie gemartert, bis sie fast tot war, aber als Buddhist hatte er sie nicht getötet.

Den ganzen Abend lang hatte ich Kalchu inständig gebeten, die Hündin zu erschießen, aber er wollte oder konnte es nicht tun. Niemand konnte es. Als ich ihr eine Schüssel mit Wasser brachte, blutete sie aus dem Maul und Speichel hing ihr von den Lefzen. Sie ignorierte das Wasser. Danach vermied ich es, zum Holzstoß hinunterzusehen. Als die Dunkelheit fast nichts mehr erkennen ließ, blickte ich ein letztes Mal hinunter – die rote Hündin war weg.

Wir nahmen alle an, dass sie sich davongeschlichen hatte, um allein zu sterben, und dass wir früher oder später einmal ihren Kadaver in einem Graben oder unter einem Dornenstrauch versteckt finden würden. Doch als wir am Abend ums Feuer saßen, verlor niemand ein Wort darüber. Kalchu schämte sich wegen seiner Trunkenheit, und Chola murrte und schimpfte ihn deshalb, aber niemand bedauerte die rote Hündin oder beklagte ihren Verlust. Die Kinder schwatzten und zankten wie immer, und der Welpe genoss seine neue Stellung als einziger Hund im Haus. Beglückt schnappte er nach allen Bissen, die ihm gereicht wurden, und leckte allein alle Teller sauber. Als ich zu Bett ging, fühlte ich mich leer und den Menschen fremd, mit denen ich lebte.

Doch am folgenden Morgen weckte mich der vertraute Lärm von Chola, die die Hunde anschrie, und von den Hunden, die zurückjaulten. Die rote Hündin war wieder da, wie immer erpicht auf ihr Futter. Nur ein leichtes Hinken war zu sehen, wenn sie im Haus herumtrabte, Chola in die Quere kam und sie beim Kochen behinderte.

Als der Tibeter einige Monate später wiederkam, war er beeindruckt, dass die rote Hündin überlebt hatte. Spaßend sagte er zu Kalchu, dass er einen so wilden und unverwüstlichen Wachhund gut gebrauchen könne. Und so kam es, dass die rote Hündin neben ihm herspazierte, als er sich auf den Heimweg machte.

Jagen – Einst und heute

Nach der Kartoffelernte im November gab es keine Arbeit mehr auf den Feldern, bis im Frühling mit dem Pflügen begonnen wurde. Manchmal zogen Frauen in Gruppen aus dem Dorf und kletterten die Hänge in der Umgebung hinauf, um Grasbüschel als Futter für die Rinder zu schneiden. Manchmal gingen die Männer und Frauen auch in den Wald, um Feuerholz zu sammeln, das sie dann als Vorrat für die kommenden, kalten Monate aufschichteten. Oft blieben die Leute aber auch zu Hause und fanden dort genug Arbeit, die erledigt werden musste.

Eines Tages saß ich mit Chola und Mina auf dem Dach und entkernte wilde Walnüsse zum Ölpressen. Die Nachmittagssonne wärmte sanft meinen Rücken. Ihr Licht, das auf Cholas und Minas Gesichter fiel, war klar und bräunlich gefärbt wie Bernstein. Zum Öffnen legten wir die Walnüsse auf einen Stein und schlugen dann mit einem anderen Stein darauf. Viele waren so hart, dass es schien, als seien sie durch und durch aus Holz, während andere wie Eierschalen zersprangen, dann aber fast leer waren. Seit dem frühen Morgen hatten wir dagesessen, die Nüsse aufgeknackt und die Kerne mit Nadeln herausgepickt.

Unter uns auf dem Dorfplatz hatte Kalchu seinen Webstuhl aufgestellt, auf dem er aus grauer Ziegenwolle eine Matte webte. Um ihn war eine Gruppe von Männern versammelt, die ihre *chillims* rauchten und sich unterhielten. Einige hatten ihre hölzernen Spindeln mitgebracht, die sie, während sie miteinander sprachen oder zuhörten, von Zeit zu Zeit abwesend drehten und dabei die flaumige Wolle zu einem glatten Faden spannen. Von unserem

Sitzplatz aus konnten wir gelegentlich ein Lachen und das verschwommene Gemurmel ihrer Stimmen hören, dabei aber keine einzelnen Worte verstehen.

Als die Sonne schließlich hinter dem Berg versunken war, stand Chola auf, um im Haus Feuer zu machen. Sie hatte schon fast die Tür erreicht, als die friedliche Stille jäh von einem Schuss unterbrochen wurde. Einen Augenblick lang rollte sein Echo durch das Tal. Dann erklang ein weiterer Schuss, und die beiden Echos prallten aufeinander.

Die Gruppe der Männer löste sich sofort auf. Kalchu stürmte die Balkenleiter herauf. »Es ist eine Wildschweinjagd«, rief er. »Ich gehe hinauf und schau zu.« Er eilte durch die Tür ins Haus und kam Sekunden später mit einer Büchse zurück, die er von einer Hand in die andere nahm, während er sich mit seiner widerspenstigen Jacke abmühte. Er war schon halb die Leiter hinunter, als er an mich gewandt zurückrief: »Möchtest du mitkommen, Schwester?« Eine Sekunde lang zögerte ich, unsicher, ob ich mitgehen sollte. Doch dann packte ich meine Jacke und lief ihm nach.

Vom Pfad aus sah ich auf das Haus zurück. Chola und Mina standen auf dem Dachrand und beobachteten die Männer, die in Scharen aus dem Dorf zogen. Einige liefen, andere schritten zielbewusst voran. Etliche hatten ihre Büchsen mit Seilen über die Schultern gehängt. Ein Haufen Hunde lief bellend zwischen ihren Beinen umher, während andere, die Nase am Boden und mit erhobenem Schwanz, nach der Fährte des Wildschweins schnüffelten, denn sie wussten instinktiv, dass es zur Jagd ging. Die Schüsse waren von irgendwo aus den Hügeln im Norden gekommen. Um keine Zeit zu verlieren, nahmen wir statt des üblichen Pfads, der den Konturen des Tales folgend sanft anstieg, eine Abkürzung über die steilen, fast senkrecht abfallenden Böschungen hinter den Häusern. Ich folgte Kalchu, als er sich zwischen die Männer drängte, welche hintereinander die grob ausgehauenen, fußgroßen Stufen hinaufkletterten. Die meisten aber erklommen den Hang, indem sie sich an Wurzeln und Grasbüscheln hochzogen.

Oben auf der Klippe angekommen, blieben wir stehen, um Atem zu holen und uns umzusehen. Von diesem Punkt aus hatte man gute Sicht bis weit in die Ferne, aber von der Jagd war nichts zu hören und zu sehen. Kurz entschlossen gingen wir den graswachsenen Hang hinauf, der zum Wald führte.

Zuerst herrschte Stille im Wald, doch dann wurde sie von den Stimmen der Männer unterbrochen, die einander auf der Suche nach Fährten zuriefen. Plötzlich war ein weiterer Schuss zu hören, viel näher als der letzte und so laut, dass er wie Donner über unseren Köpfen rollte. Sofort machten die Männer kehrt und eilten durch das Gehölz hinab ins Nebental, von wo der Schuss gekommen war.

Obwohl wir durch die Bäume noch nichts sehen konnten, war wenige Minuten später das aufgeregte, nahezu ekstatische Bellen der Hunde zu vernehmen. Ein weiterer Schuss wurde abgefeuert, und über dem schrillen Klingen in unseren Ohren, das der Detonation folgte, war ein gellender, fast menschlich klingender Schrei zu hören.

Am Waldrand angekommen, wo die Bäume nicht mehr so dicht beieinander standen, sahen wir endlich die Jäger. Die Männer standen drängelnd und stoßend am Ufer, sie reckten die Hälse und traten von einem Fuß auf den anderen, als sie versuchten, über die Köpfe der anderen einen Blick aufs Wasser zu erhaschen. Auch die Hunde hatten ihre Aufmerksamkeit aufs Wasser gerichtet. Bellend und knurrend standen sie direkt am Ufer oder liefen vor Aufregung winselnd zwischen den Beinen der Männer hin und her.

Ich folgte Kalchu an der Menge vorbei zu einer Stelle, wo weniger Leute standen und wo man bis an den Rand des Wassers treten konnte. In einiger Entfernung flussabwärts sahen wir den Keiler. Er war verwundet und versuchte mit aller Kraft, sich über Wasser zu halten. Seine Schnauze ragte aus dem Wasser, und sein borstiger Rücken tauchte im weißen Schaum der Strömung auf und nieder. Da begann die Menge, mit Steinen nach ihm zu werfen. Als die ersten davon auf den Keiler zuflogen, versuchte dieser den Sprung ans Ufer. Sein Kopf hob sich aus dem Wasser, und wir konnten seine gebogenen Hauer und die von Todesangst erfüllten Augen sehen. Einen Moment lang sah es so aus, als ob er noch genügend Kraft hätte, sich auf das gegenüberliegende Ufer zu retten und von dort in den Wald zu entfliehen. Doch dann erklang erneut ein Schuss. Der Keiler fiel sofort um, und das Wasser, das den Fluss herabkam, war rostbraun gefärbt.

Die Erleichterung der Menge war deutlich spürbar. Bewegung kam in die Menschen, und das Gewirr ihrer Stimmen verbreitete sich in Wellen das Ufer entlang. Es roch ein wenig nach Schießpulver, und eine bläuliche Rauchwolke trieb auf den Wald zu.

Innerhalb weniger Minuten hatten fünf oder sechs Männer ihre Schuhe ausgezogen, die Hosen hochgerollt und waren ins eiskalte Wasser gewatet. Auch einige Hunde waren vom Ufer geglitten und schwammen nun auf den Keiler zu. Alle sahen, wie das Wasser den Männern zunächst nur bis zu den Schenkeln und dann bis zur Hüfte reichte, bevor der Fluss, nach Passieren der Flussmitte, wieder seichter wurde und sie das gegenüberliegende Ufer erreichten. Eine Weile standen sie nur da und starrten voller Neugier auf den Keiler hinunter, denn sie hatten ihn während der Jagd nur flüchtig und aus ziemlicher Entfernung gesehen. Doch dann kam wieder Bewegung in die Gruppe. Wild gestikulierend besprachen sie, wie sie den Keiler am besten über den Fluss zurückbefördern könnten.

Schließlich steckten sie die Hände ins Wasser und griffen das tote Tier an den Beinen. Nach mehreren Versuchen gelang es ihnen, den Keiler auf den Rücken zu drehen. Während einige Männer das Gewicht des massigen Körpers auffingen, banden andere die Vorder- und Hinterbeine mit einem Seil zusammen. Ein paar Männer zogen dann vorne am Seil, während andere von hinten her den Körper an Felsblöcken vorbeimanövrierten und sich gegen die Strömung stemmten. Als sie nahe genug am anderen Ufer waren, warfen sie den ganz am Rand stehenden Männern die Seile zu und schoben dann allesamt von hinten nach. Mit vereinten Kräften gelang es ihnen schließlich, den Keiler aus dem Wasser ans Ufer zu heben.

Nun stürzten sich die Männer regelrecht lüstern auf das tote Tier. Ich wartete, bis sich die Menge etwas gelichtet hatte, bevor ich näher heranging. Der Keiler war wesentlich größer, als ich ursprünglich angenommen hatte. Er lag ausgestreckt auf dem Gras; aufrecht stehend hätte er mir bis an die Taille gereicht. Ich sah zwei Schußwunden, eine an der Schulter und eine tiefere im Genick. Aus beiden quoll dunkelrotes Blut. Einen Augenblick lang konnte ich die Wucht des Todes nachempfinden, das Ende eines Lebens, welches bis vor kurzem so unerschütterlich gewirkt hatte und so sehr Teil der Berge und Wälder gewesen war und jetzt plötzlich mir zu Füßen lag.

Als ich wieder aufblickte, merkte ich, dass es schon fast Nacht war. Die Kiefern auf der anderen Seite des Flusses waren nicht mehr zu erkennen; der Wald hatte sich in eine dunkle, undurchdringliche Masse verwandelt, die sich vom Rand des Wassers bis an den Horizont erstreckte. Auch der Fluss war, bis auf ein paar kräuselnde Wellen und Strudel, die wie dünne Lichtstreifen erschienen, von einer einheitlich dunklen Färbung.

Ich wandte mich wieder der Menge zu. Einige der Männer hatten am Ufer Treibholz und unter den Bäumen trockene Stöcke und Zweige gesammelt. Ein Feuer begann anheimelnd zu knistern, und über den Flammen stoben Funken in den Nachthimmel. Bald würden wir die Wärme des Feuers suchen, denn die Nachtluft war inzwischen schon kalt und das Gras am Ufer bereits vom Frost erstarrt.

Ich suchte nach Kalchu und fand ihn schließlich auf der anderen Seite des Feuers im Gespräch mit einer Gruppe von Männern, von denen ich wusste, das einige aus Chaura und andere aus Chhuma kamen. Er fragte sie, wie die Jagd begonnen hatte und was geschehen war, bevor wir dazustießen.

»Wir haben in Chaura angefangen«, begann einer von ihnen, »schon weit vor Sonnenaufgang. Stundenlang haben wir die Wälder an den Westhängen abgesucht – aber nichts gefunden. Doch dann, wir wollten schon aufgeben, haben die Hunde eine Fährte entdeckt. Und einen Augenblick später sind zwei Wildschweine durchs Unterholz gerannt. Jemand hat einen Schuss abgefeuert, aber die Bäume waren so dicht, dass man nichts sehen konnte, und die Schweine sind aus dem Wald auf die offene Lichtung gelaufen. Jetzt konnten wir sie genau sehen. Ein erwachsener Keiler und eine Bache. Dann hat wieder jemand geschossen, und die beiden trennten sich. Die Bache hat sich in den Wald davongemacht und tauchte nicht mehr wieder auf. Aber der Keiler ist ins Tal hintergelaufen, direkt in die Arme der übrigen Jäger, die dort mit ihren Büchsen schon auf ihn gewartet haben.«

Kalchu überlegte, welche der Schüsse wir vom Haus aus gehört hatten. Ich wandte mich wieder dem Keiler zu. Im Licht des Feuers hatte man begonnen, das Tier zu zerlegen. Ich sah zu, wie einer der Männer, der beim Tier kauerte, an der Unterseite von der Brust bis zur Leiste einen tiefen Schnitt machte. Dann hackte er mit einem Beil Rippen und Brustbein durch. Als der Rumpf geöffnet war, riefen die Männer die Hunde heran, die sich unsicher in einiger Entfernung duckten. Sie ließen sie ein paar Augenblicke das Blut beschnüffeln und auflecken – das sollte ihren Jagdinstinkt erneut festigen –, doch dann wurden sie wieder zurückgepfiffen und mussten am Rand der Gruppe warten, bis sie Knochen und andere Abfälle bekommen würden.

Kalchu erzählte mir später, dass das Zerteilen und Aufteilen des Fleisches nach einer strengen Rangordnung erfolgt. Die Läufe gehören den Männern, die die Jagd organisiert haben. Das sind fast immer dieselben, denn sie besitzen die Gewehre und die besten Hunde. Ihre Familien sind schon seit Jahren Jäger und haben ihre Kenntnisse und Erfahrungen über Generationen weitergegeben, bis sie ihnen schließlich in Fleisch und Blut übergegangen sind. Die Organisatoren bekommen auch die Hauer und Borsten, die sie dann in Indien verkaufen oder eintauschen können, sowie einen großen Teil des Fetts. Es wird ausgelassen und zum Kochen verwendet oder dient getrocknet und konserviert der Behandlung von Schnitt- und Prellwunden. Das übrige Fleisch wird unter allen aufgeteilt, die am Schluss mit dabei waren – denn eine Jagd ist nur dann erfolgreich, wenn so viele Leute wie möglich mitmachen.

Fünf oder sechs Jungen waren zum Feuer herübergekommen. Sie hatten Fleischreste und kleine Stückchen gesäuberter Eingeweide mitgebracht, die sie nun auf Stöcke aufgespießt über der glimmenden Glut zum Braten auflegten. Hin und wieder schauten sie nach den Spießen. Dazu griffen sie mit den Händen direkt in die Glut und neigten dabei ihre Gesichter von der Hitze weg. Als die Fleischstücke zusammengeschrumpelt waren, schwenkten die Jungen die Stöcke eine Minute lang in der kalten Luft, schoben dann das Fleisch vom Spieß, bliesen die Asche herunter und ließen es von einer Hand in die andere fallen, bis es kühl genug zum Essen war.

Bald wurden rund ums Feuer Fleischstücke gebraten, und es roch stark nach verkohltem Fleisch und versengtem Fell. Jemand beugte sich zu mir und streckte mir seine hohle Hand entgegen. Ich nahm, ohne mit der Wimper zu zucken, von der rohen, noch warmen Leber, die er mir hinhielt, denn mir war bewusst, dass er mir damit als Gast eine besondere Ehre erweisen wollte.

Viel später, als man mit dem Zerlegen fertig war, standen die Männer in Gruppen zusammen und stritten sich um die Fleischhaufen. Offensichtlich beginnen und enden die meisten Jagden hoch in den Bergen fernab der Dörfer. Und alle, die am Schluss dabei sind, haben schon die ganze Jagd von Anfang bis Ende mitgemacht. Für gewöhnlich sind das an die fünfundzwanzig bis dreißig Männer. Wenn ein ausgewachsener Keiler selbst unter vierzig Personen verteilt wird, erhält jeder immer noch eine gute Portion Fleisch. Heute hatte sich die Jagd unweit des Dorfes abgespielt. Siebzig oder achtzig Männer waren am Schluss dabei gewesen. Die meisten von ihnen hatten die Schüsse, so wie wir, von ihren Häusern aus gehört und waren gerade noch rechtzeitig dazugestoßen. Sie mussten nun ihren Anspruch auf einen Teil des Fleisches bitter erstreiten.

Als die Stimmen immer lauter wurden und es so aussah, als würden die Männer handgreiflich werden, sagte Kalchu zu mir, dass sich der Streit bestimmt erst in einigen Stunden entscheiden würde und es deshalb besser wäre, nach Hause zu gehen, als in der Kälte herumzustehen und darauf zu warten, dass wir vielleicht ein Stück Fleisch abbekämen.

Unser Pfad durch den Wald wirkte auf mich verwirrend wie ein seltsames Albtraumszenario. Hohe Bäume und ausladende Zweige tauchten plötzlich aus dem Nichts auf und verschwanden dann auf ebenso mysteriöse Weise wieder in der undurchdringlichen Finsternis. Jedes Geräusch – das Rauschen des Windes in den Kiefern, der Flügelschlag eines aufgeschreckten Vogels, das bösartige Heulen der Schakale, die geduldig auf das Gerippe warteten – schien bedrohlich. Ich blieb so dicht wie möglich hinter Kalchu, der mit der Dunkelheit vertraut war und den schmalen, gewundenen Pfad gut kannte.

Als wir den Wald verlassen hatten, spiegelte sich das blasse Mondlicht auf dem frostigen Boden, und man konnte etwas besser sehen. Kalchu wandte sich um, und ich merkte an seinem Gesicht, dass er mit sich zufrieden war. Stolz öffnete er seinen *ṭopi*, der mit Fleisch vollgestopft war. Mir war überhaupt nicht aufgefallen, dass er ihn in der Hand und nicht auf dem Kopf trug, und schon gar nicht, dass er darin Fleisch mitgenommen hatte.

Am nächsten Morgen fiel leichter Schnee – der erste Schnee des Winters. Kāli kam herein und brachte mir ein wenig gekochtes Fleisch. Dabei kaute sie selbst auch an einem Stück. Sie war voller Aufregung über den Schnee und die Jagd.

»Hast du dich gestern Abend denn gar nicht geschämt?«, fragte sie halb missbilligend. »Die einzige Frau unter so vielen Männern?«

»Doch, ein wenig«, erwiderte ich, »aber ich bin froh, dass ich mit dabei war.«

Wir sprachen eine Weile über die Jagd – sie wollte wissen, wie viel Fleisch wir gegessen und worüber die Männer gesprochen hatten –, und dann sagte sie, dass sie die Kühe auf die Weide bringen müsse. Kurze Zeit später gingen Chola und Mina zum Grassammeln auf die Hügel.

Ich saß mit Kalchu und den Kindern um die Überreste des Feuers. Es schneite noch immer, und es war so kalt, dass Kalchu beschloss, das Feuer trotz der Verschwendung noch einmal zu schüren und den ganzen Tag über brennen zu lassen. Kalchus Bruder und mehrere andere Männer, die den Rauch von draußen gesehen hatten, kamen herein, um sich an einem der wenigen Feuer, die noch brannten, zu wärmen. Kalchu machte hinter ihnen die Tür zu. Der Raum war warm und dunkel und von Rauch erfüllt. Nur durch einen Spalt zwischen den schweren Holztüren sickerte ein wenig Tageslicht herein. Kalchu holte eine Flasche *raksi* aus dem hinteren Raum und füllte für jeden eine kleines Schüsselchen. Unweigerlich kamen wir auf die Jagd zu sprechen.

»Wenn doch die Jagd heute noch so wäre wie damals, als wir in deren Alter waren«, sagte Kalchu und wandte dabei seinen Kopf in Richtung der Zwillinge. »Damals konnten unsere Väter und Großväter gut für uns sorgen. Es gab immer Fleisch: frisches Fleisch nach jeder Jagd und getrocknetes Fleisch zwischendurch.«

»Aber warum war es denn damals so viel besser?«, fragte ich, denn ich wollte wissen, ob es tatsächlich so gewesen war oder ob er es in der Erinnerung beschönigte.

»Also, erstens«, erklärte er, »hatte jeder ein Gewehr. Der Schmied hat es uns aus Holz und Stahl gemacht, den wir aus Indien mitgebracht hatten. Er hat auch die Kugeln gemacht. Aus kleinen Eisenstreifen, die er zuerst erhitzt, dann gedreht und schließlich in Form geschlagen hat. Es sind dieselben Gewehre und Kugeln, die wir auch heute noch verwenden, aber im ganzen Dorf gibt es nur noch sieben oder acht davon.«

»Was ist denn mit den anderen geschehen?«, fragte ich, neugierig geworden.

»Oh, vor etlichen Jahren« – und Kalchus Stimme klang nun resigniert – »ist die Polizei von Bazaar heraufgekommen und hat befohlen, dass nun für alle Schusswaffen eine Lizenz notwendig sei. Sie sind von Haus zu Haus gegangen und haben eine Lizenzgebühr verlangt. Man konnte entweder zehn Rupien zahlen oder, wenn man das Geld nicht hatte, ein Huhn oder zusammen mit zwei weiteren Haushalten ein Schaf abgeben. Fast alle haben sich geweigert, und da haben sie dann unsere Häuser durchsucht und die Gewehre in Beschlag genommen.«

»Für gewöhnlich«, fuhr er fort, »wissen wir es immer rechtzeitig, bevor irgendwelche Polizeirazzien stattfinden. Jemand hört in Bazaar davon und läuft dann nach Uṭhu, um die Leute zu warnen. Von Uṭhu geht dann jemand nach Lāmri und Lorpa. Schließlich kommt dann die Nachricht zu uns herauf, und von uns geht jemand nach Chaura, Chhuma und Gorigāuṅ. Die hätten damals kein einziges Gewehr gefunden – wir hätten sie alle vergraben, wenn wir nur bald genug davon gehört hätten.«

»Wo sind die Gewehre denn jetzt?«, fragte ich.

Kalchu zuckte die Achseln. »Sie haben sie mitgenommen in die Kaserne in Bazaar. Vielleicht sind sie noch immer dort – liegen auf einem großen Haufen, verrostet und verstaubt unter Spinnweben. In Bazaar kann sie niemand brauchen. Die haben jetzt alle moderne Gewehre. Als sie unsere mitnahmen, haben sie gesagt, wir würden sie jederzeit zurückbekommen, wenn wir zehn Rupien mitbringen. Niemand ist jemals hingegangen.«

Das Holz, das Kalchu zuvor aufs Feuer gelegt hatte, war noch nicht angebrannt und Rauch stieg in Schwaden hoch. Sein Bruder Māilo beugte sich vor, schichtete die Scheite um und blies in den Haufen hinein. Innerhalb weniger Sekunden hatte sich der Rauch gelegt und kräftige Flammen schossen in die Höhe.

»Ein paar Jahre später«, fuhr Kalchu abwesend fort, als ob sich die Geschichte wie ein Film von selbst vor seinem inneren Auge abspulen würde, »kam die Polizei aus Bazaar zurück. Diesmal sagten sie, dass wir keinen Moschushirsch und keinen *tār* mehr jagen dürften, weil sie von der Regierung zu ›geschützten Tierarten‹ erklärt worden sind. Wenn wir sie töteten, begingen wir eine strafbare Handlung. Zuerst haben wir keine Notiz davon genommen und haben weitergemacht wie früher. Wir haben aber bald herausgefunden, dass die Polizei ihre Augen und Ohren überall hat – in jedem Dorf, im Wald und auf jedem Berg.«

Lālas Bahādurs anhaltendes Quengeln, das geraume Zeit schon die Erzählungen seines Vaters begleitet hatte, schwoll plötzlich zu einem eindringlichen, herzzerreißenden Geschrei an. Kalchu streckte die Arme nach Lāla Bahādur aus, der sich mit Hārkini gezankt hatte, hob ihn an beiden Ellbogen hoch und zog ihn zu sich auf den Schoß. Dicke Tränen quollen dem Kind aus den Augen und liefen in kleinen Rinnsalen durch den Schmutz und Ruß auf seinem Gesicht. Ein paar Minuten lang war das Gespräch verstummt, während Kalchu den Kleinen auf seinem Schoß auf und ab wiegte und versuchte, ihn mit sanften Worten zu beschwichtigen.

Als sich das Kind endlich beruhigt hatte, sah Māilo übers Feuer zu mir herüber. »Du würdest nicht glauben, wie viel Fleisch wir immer heimbrachten, wenn wir einen *tār* erlegt hatten.« Seine Augen strahlten im Licht der Flammen. »Berge von Fleisch. Wir haben so viel davon gehabt, dass wir das Fleisch in Streifen geschnitten und ans Gesims gehängt haben, wo es durch Wind und Sonne getrocknet ist. Tagelang haben wir dort gesessen, die Hunde und Hühner weggejagt und aufgepasst, dass die Krähen und Aasgeier das Fleisch nicht holten.«

Plötzlich erstarrte sein Lächeln, und mit einem schmerzlichen Ausdruck im Gesicht legte er sich die Arme um den Körper. »Es war immer so bitterkalt. Man kann den *tār* nur im Herbst und im Winter jagen. Im Sommer sind die Tiere ganz oben in den Bergen im ewigen Eis und Schnee. Es ist viel zu gefährlich, ihnen dort auf den eisigen Klippen und in den zugeschneiten Schluchten nachzustellen. Im Herbst aber kommen sie herunter auf die Weiden, wo wir die Schafe im Sommer grasen lassen.«

»Dort haben wir sie immer gejagt. Oft sind wir einem Rudel

tagelang nachgepirscht und haben die ganze Zeit keinen einzigen *tār* gesehen. Wir sind nur den Fußspuren im Schnee gefolgt, und manchmal am Morgen, wenn die Luft ganz still war, haben wir geglaubt, sie ganz in der Nähe zu hören. Die Nacht verbrachten wir in Decken gewickelt in den Höhlen. Wir hatten kein Holz für ein Feuer, und von draußen hat ein eisiger Wind die Schneeflocken zu uns hereingeweht.«

»Aber am Ende haben wir immer eines erlegt. Wir haben sie in ein enges Tal getrieben, an dessen Ende eine Steilwand aufragte.« Mit einem schiefen Lächeln hob er herausfordernd den Kopf. »Die Tiere sind schlau, aber sie sind es gewohnt, dass Leoparden hinter ihnen her sind und nicht Männer mit Gewehren. Sie klettern dann eine Steilwand hinauf, springen von einer Felsbank zur nächsten, bis sie auf einem Vorsprung zum Stehen kommen, der so hoch und so schmal ist, dass ihnen der Leopard nicht folgen kann. Der geht so weit er kann heran, wartet dann eine Weile und starrt den *tār* mit seinen großen Augen provozierend an. Schließlich verliert er den Mut und zieht ab. Was der *tār* aber natürlich nicht weiß ist, dass er da auf seinem vorspringenden Felsen, mit seinem hellen Fell, das sich von der dunklen Felswand wie der Mond vom Nachthimmel abhebt, eine perfekte Zielscheibe für die Jäger abgibt.«

Māilo hatte immer ein so verschmitztes Zwinkern um die Augen, das so verwirrend war, dass ich nie wusste, ob er mich nicht gerade wieder anschwindelte. Jetzt glaubte ich einen Moment lang, dass er die ganze Geschichte erfunden hatte – das mysteriöse Tier, die seltsame Jagdmethode. »Wie sieht denn so ein *tār* aus?«, fragte ich, um mich zu vergewissern.

»Sie haben so eine Art grau-braune Färbung«, sagte er ausweichend, »wie Rehe oder unsere Ziegen. Aber sie sind viel größer.«

Kalchu war inzwischen aufgestanden, hatte hinter den Balken herumgesucht und schließlich ein verstaubtes Horn hervorgezogen, das er mir reichte. Ich sah es an und befühlte mit meinen Fingern die spiralförmigen Windungen. »Das Horn eines *tār*«, sagte er und fügte einen Augenblick später hinzu, »die Jäger nehmen darin ihr Schießpulver mit. Sie füllen es ein, stecken dann einen Stöpsel aus Birkenrinde drauf und binden es am Gewehrriemen fest.«

Alle sahen mich an und freuten sich, dass ich anscheinend beeindruckt war. Ein Mann neben mir, den ich nicht kannte, stieß mich in die Rippen. »Einmal«, sagte er, als er sicher war, dass ich ihm zuhörte, »haben die Schäfer einen *tār* gefunden, als sie im Frühling auf dem Heimweg von Aula den Gebirgskamm überquerten. Er lag da, vom Schnee halb bedeckt. Sie glaubten, dass er gerade gestorben sei. Das Tier war groß und kräftig, und die Aasgeier hatten es nicht angerührt – sogar die Augen waren noch in ihren Höhlen. Als sie aber näher hinschauten, merkten sie, dass es gefroren war. Wahrscheinlich war es zu Anfang des Winters von einer Lawine getötet worden oder im Schneesturm umgekommen. Es war schon eigenartig – drei Tage früher wäre es noch ganz vom Schnee bedeckt gewesen, und sie hätten es nie gesehen, und drei Tage später wäre es nur mehr ein Skelett gewesen«, er schwieg eine Weile und fügte dann hinzu, »wenn die Schäfer jetzt im Frühling auf dem Weg zurückkommen, stechen sie jeden Zentimeter des Schnees mit ihren Stöcken ab, denn es könnte ja ein gefrorener *tār* darunter liegen.« Alle lachten. »Die lernen nie«, sagte er, »dass so ein Glücksfall nur einmal vorkommt.«

Kalchu stand auf und holte noch eine Flasche *raksi*. Als er ein paar Minuten später zurückkam, lächelte er noch immer. Wir sahen ihm alle zu, wie er die klare Flüssigkeit in die einzelnen Schüsseln goss und dann begann, den Tabak für die *chillim* zu kneten.

»Wenn sie uns nicht verboten hätten, den Moschushirsch zu jagen«, sagte Māilo, während er den alten Tabak am Rand der Feuerstelle aus der *chillim* klopfte, »wären wir jetzt wahrscheinlich schon reich. Und das Schöne an der Moschusjagd war, dass wir dazu nicht einmal Gewehre brauchten.« Er reichte die leere *chillim* zu Kalchu hinüber. »Wir brauchten dazu nur einen Korb voller Bambusstöcke, deren Spitzen wir in Gift getaucht haben. In den Bergen haben wir die Stöcke dann über die ganze Talbreite kreuzweise in den Boden gesteckt. Dann brauchten wir uns mit den Hunden nur an eine Herde heranzupirschen und die Tiere in die entsprechende Richtung zu treiben. Wenn alles gut ging, haben sie sich dann auf den Bambusstöcken selber aufgespießt und somit selbst umgebracht. Wir haben auf diese Weise an einem Tag mindestens fünf oder sechs erlegt.«

»Einmal« – und Māilos Augen leuchteten bei dieser Erinnerung auf – »habe ich an der indischen Grenze so viele Moschusbeutel verkauft, dass ich kaum mehr gehen konnte, weil meine Taschen derartig mit den schweren Silbermünzen voll gestopft waren.«

Kalchu suchte im Feuer nach einem Glutstück, um es auf seine *chillim* zu legen, bevor er tief einatmete. Als er ausatmete, war sein Gesicht einen Augenblick lang im Rauch verschwunden. Er inhalierte noch einmal und reichte die *chillim* dann weiter. »Jetzt, wo es verboten ist«, sagte er hustend, »ist das Zeug tausendmal mehr wert als früher. Was glaubt ihr, woher die Tibeter ihr Geld haben, wenn sie im Frühling mit Uhren, Silberschmuck und Radios aus Indien zurückkommen?« Diese Frage war mehr an die anderen Männer gerichtet als an mich.

»J-a-a-a«, stimmte ihm der Mann neben mir zu, »aber es ist Wahnsinn, wenn man nicht genug Geld hat, um die Beamten zu bestechen. Sie haben gerade neulich jemand in Bazaar erwischt. Er hat nur ganz wenig von dem Zeug gehabt, aber sie haben ihn für drei Jahre eingesperrt. An der Grenze hätten sie ihm fünf oder zehn Jahre gegeben.«

Māilo begann plötzlich zu lachen. »Das waren noch Zeiten, als wir eine halbe *ṭola* davon in den Tabak für unsere *chillim* gekrümelt haben.«

»Warum habt ihr denn das getan?«, fragte ich. »Werdet ihr davon high wie von Marihuana?«

»Nein, gar nicht. Aber der Tabak schmeckt und riecht … mmh, wunderbar.«

»Sie werden es nie ganz unterbinden können«, sagte Kalchu zuversichtlich. »Wenn ihr mich fragt, dann sage ich euch, dass hier in den Tälern noch genauso viel gejagt wird wie früher.« Er wandte sich an den Mann neben mir. »Als ich beim letzten Monsun ein wenig Moschus brauchte, weil ich damit einen Schlangenbiss einreiben wollte, musste ich gar nicht weit suchen. Natürlich hatten alle ihre Vorräte versteckt – auf dem Tabakfeld vergraben oder unten in die Getreidetruhe gesteckt –, und ich musste sie zuerst einmal überzeugen, dass ich kein Forstbeamter war. Aber sie hatten genug davon, nicht schrumpelig und vertrocknet wie eine alte Walnuss, sondern frisch und duftend wie am Tag, an dem der Hirsch erlegt wurde.«

»Und erinnert ihr euch an den Hund, der vor einem Jahr von einem Keiler aufgespießt wurde?«, fuhr er fort. »Den sie heimgetragen und dann tagelang gepflegt haben wie ein Baby, bis er schließlich gestorben ist? Das war kein gewöhnlicher Hund, sondern ein echter Moschusjäger. Die haben den Hund für fünftausend Rupien in Tibet gekauft.«

»Wo Geld zu machen ist, findet sich immer jemand, der es macht«, sagte ein alter Mann, der seit Beginn des Gesprächs schweigend an seiner Spindel gearbeitet hatte.

Kalchu goss den restlichen *raksi* in zwei oder drei leere Schüsseln und legte mehr Holz aufs Feuer.

»Wisst ihr, was ich von diesen Wächtern und ihren ›geschützten Tierarten‹ halte?«, fragte er, indem er die Holzscheite umschichtete, »ich glaube, dass sie das Wild für sich selbst schützen wollen, damit sie ein Jagdparadies für die Reichen einrichten können – für Fremde und hohe Regierungsbeamte. Die wollen wahrscheinlich unser ganzes Land aufkaufen und uns dann in den Süden umsiedeln, oder sie lassen uns hier und benutzen uns als Treiber.«

Andere Männer im Dorf hatten mir gegenüber die Pläne für ein Wildreservat erwähnt. Ich hielt nun den Atem an und wartete, ob auch Kalchu, wie diese Männer, andeuten würde, dass ich in diesen Plan verwickelt sei. Aber Kalchu war guter Stimmung und begann eine ganz andere Geschichte zu erzählen. »Als wir klein waren – so in Naras Alter –, ist der König mit seiner Jagdgesellschaft in sieben Hubschraubern ins Tal gekommen. Sie haben unserem Dorfvorsteher fünfhundert Rupien gezahlt, und wir mussten dann alle so laut wie möglich durch den Wald ziehen und das Wild zusammentreiben. Der König und seine Leute haben am Waldrand getafelt. Da standen Tische mit weißen Tüchern und mit Hähnchen, Reis, *raksi* und Süßigkeiten – mit allem, was das Herz begehrt. Wir haben sie durch die Bäume beobachtet. Und als sie mit dem Essen fertig waren, haben sie ihre Gewehre genommen, und die Tiere haben schon auf sie gewartet. Peng, peng, peng. Das war ein guter Tag für sie.«

In diesem Moment ging die Tür auf und das Licht flutete in den Raum. Kāli kam herein. Sie hatte ihr Umhangtuch fest um Kopf und Schultern gewickelt. Das Tuch war dunkel vor Nässe und mit Schneeflocken bedeckt. Sie ging zum Feuer und hockte sich zu den Zwillingen. Dabei wärmte sie ihre Hände und die nackten Füße am Feuer. Die meisten Männer standen auf und machten sich auf den Heimweg, bestürzt, dass der Tag so schnell vergangen war und die Kühe schon zu Hause waren.

Ich ging hinaus aufs Dach und war froh, nach dem rauchigen Raum und dem vielen *raksi* noch mal frische Luft zu schnappen. Der Schnee fiel in dichten Flocken vom Himmel wie die Aprikosenblüten im ersten Monsunsturm. Da es noch nicht kalt genug war, blieb der Schnee aber nicht liegen, und am Ende des Tages bedeckte nur eine dünne Schicht Matsch den Boden.

Als der Winter endgültig Einzug gehalten hatte und er die kurzen Tage und die langen, kalten Nächte zwischen Herbst und Winter in seinem eisernen Griff umfangen hielt, wandten sich Gedanken und Fantasie der Menschen oft der Jagd zu. Das Verlangen nach Fleisch schien mit der Kälte zuzunehmen. Hin und wieder schlachtete man Hühner und aß sie. Aber niemals töteten sie sie ohne Grund, sondern nur als Opfer, wenn der Gott sie dazu aufgefordert hatte. Es waren immer Hühner, da sich die Schafe und Ziegen zu dieser Zeit weiter im Süden aufhielten. Wie die meisten anderen Jungen legte auch Nara im Schnee Schlingen zum Fangen von Vögeln aus. Einmal fing er eine Taube, aber zumeist waren es winzige Sperlinge, die er dann über der Glut röstete. Kaum waren die Federn abgesengt, waren sie auch schon fertig gebraten, und es zahlte sich fast nicht aus, sie aufzuteilen. Nur die Zwillinge wollten immer etwas davon abhaben.

Und fast immer saßen irgendwo ein paar Männer beim Feuer zusammen. Abends oder wenn es schneite, trafen sie sich drinnen – bei Sonnenschein oder wenn der Himmel klar war, auch draußen – und planten, auf die Jagd zu gehen. Aber aus irgendeinem Grund wurden ihre Pläne nie in die Tat umgesetzt. Gegen Ende Januar bemerkten die Leute, dass mindestens ein Wildschwein des Nachts auf seiner Futtersuche bis ans Dorf herankam. Man sah seine Spuren im Schnee und Stellen, wo das Tier im Erdreich nach Wurzeln gegraben hatte. Eines Morgens entdeckte jemand, dass seine Kartoffelgrube in einer Ecke seines Grundstücks geplündert worden war. Nun beschlossen die Männer endgültig, eine Jagd zu organisieren.

Als ich mit Kalchu einige Tage später in der Früh zum Haus des Dorfvorstehers ging, war es bitterkalt. Der Schlamm auf dem Pfad war so hart gefroren wie gebrannter Ton. Der Schnee, der einige Wochen zuvor gefallen war, lag noch immer in inzwischen kies- und strohdurchsetzten Wehen auf der sonnenlosen Nordseite der Häuser und Dornenhecken. Kalchu trug Wollstiefel mit aus Seilen geflochtenen Sohlen und hatte sich um die Schultern eine rot, braun und gelb gestreifte Decke geschlungen. Ich trug meine Daunenjacke, die ich bis zum Kinn mit Reißverschluss und Knöpfen geschlossen hatte, und dazu ein Paar lederne Wanderstiefel.

Das Haus des Dorfvorstehers war bereits voller Männer, die sich in der Mitte des Raumes am Feuer wärmten und miteinander sprachen. Wir standen eine Weile in der Tür, bis sich unsere Augen an die Dunkelheit gewöhnt hatten. Dann bückten wir uns tief, um den ärgsten Rauch zu vermeiden, und gingen durch die Menge auf einen Platz zu, der für uns am Feuer frei gemacht worden war. Etliche Männer grüßten Kalchu durch Kopfnicken oder mit kurzen Worten. Einige waren recht überrascht, dass ich offensichtlich mitkommen sollte.

Auf der anderen Seite der Feuerstelle saß der Dorfvorsteher aufrecht mit gekreuzten Beinen. Feierlich rauchte er eine Wasserpfeife. Jedes Mal, wenn er am Mundstück sog und der lange, sanfte Gurgelton erklang, starrte er gedankenverloren vor sich hin. Einige der Männer machten sich Sorgen um das Wetter und wollten wissen, ob man die Jagd nicht besser verschieben sollte. Die Wälder seien noch immer tief verschneit, und nach dem Wind zu schließen, würde es vor Tagesende wieder Schnee geben. Schließlich reichte der Dorfvorsteher seine Wasserpfeife weiter, stand auf und kündigte an, dass er den Wahrsager holen werde.

Als die beiden nach einiger Zeit in der Tür standen, rückten ein paar Männer zusammen, um für den Gast am Feuer Platz zu machen. Der Wahrsager setzte sich und begrüßte mit einem Kopfnicken alle Anwesenden. Dann streckte er seine Hände der Wärme entgegen. Kurz darauf kam der Dorfvorsteher aus dem hinteren Raum. Er trug einen Teller mit Reiskörnern, den er neben dem Wahrsager auf den Boden stellte.

Eine Zeit lang wärmte sich der Wahrsager weiter am Feuer und starrte dabei in die Flammen. Dann hob er wortlos den Teller auf, warf den Reis in hohem Bogen in die Luft und fing ihn mit dem Teller wieder auf. Nachdem die Körner auf dem Teller gelandet waren, beugte er sich vor und studierte eingehend das Muster, das sich gebildet hatte. Alle beobachteten ihn still und warteten auf sein Urteil.

Er stellte den Teller wieder auf den Boden und blickte auf. Seine Augen waren grau-grün wie Kiefernnadeln. Als er endlich zu sprechen begann, agierte er mit den Händen in einer Art Zeichensprache. Einige Männer stellten Fragen und machten Bemerkungen, was sie ebenfalls in der Zeichensprache taten. Ich fragte Kalchu, was sie denn sagten. »Es gibt keine Gefahr«, übersetzte er, die Augen auf die Hände des Wahrsagers gerichtet. »Aber der Keiler, den wir wollen, ist so schnell wie der Wind und schlau wie ein Adler.« Er hielt inne und fügte dann noch hinzu: »Jedenfalls glauben alle, dass wir gehen sollten.«

Als wir das Haus des Häuptlings verließen, schloss sich uns eine Gruppe Jungen an, die draußen mit den Hunden gewartet hatten, und auch aus den Häusern, an denen wir vorbeigingen, kamen noch ein paar Männer hinzu. Die Männer hatten gegen die Kälte warme Tücher um Kopf und Ohren gewickelt. Es roch unverkennbar nach Schnee, und der Himmel hatte denselben dunklen Farbton wie eine bräunlich-gelbe Prellung.

Anfangs sputeten wir uns, um die Wärme des Feuers so weit wie möglich mitzunehmen. Wir gingen hinunter über die Felder, überquerten die große Brücke und folgten einem Nebenarm des Flusses stromaufwärts, bis das Tal enger wurde. Dann rief einer der Männer etwas und gestikulierte mit den Armen unbestimmt in Richtung Wald. Alle blieben stehen und sahen sich um. Eine oder zwei Stimmen riefen etwas aus dem Tal herauf. Dann trennten sich die Jungen und einige Männer von der Gruppe und folgten mit den angeleinten Hunden einem Wildweg, der steil den Berg hinauf direkt in den Wald hinein führte.

Wir beobachteten von unten, wie sie zwischen den Bäumen verschwanden, und gingen dann auf dem breiteren, langsam ansteigenden Pfad weiter. Kalchu erklärte mir, wie eine Jagd beginnt. Zuerst durchsuchen die Hunde den Wald – die unzugänglichen Klüfte und die versteckten, engen Talmulden –, und wenn sie dann einen Keiler gefunden haben, jagen sie ihn immer hangabwärts, wie sie es gelernt haben. Und wenn alles gut läuft, erkennen die Männer dann unten am Bellen der Hunde, wo der Keiler herauskommen wird und wo sie ihn mit ihren Gewehren in Empfang nehmen können.

Wir hatten das Bellen der Hunde hier und da im Wald gehört, als sie von der Leine gelassen wurden und sich durch die Bäume davongemacht hatten. Jetzt waren sie außer Hörweite. Wir gingen durch die Stille des Waldes. Auf dem Pfad vor uns lag unberührter Schnee, doch hinter uns war der Boden aufgewühlt wie ein frisch gepflügtes Feld. Nach einiger Zeit fielen durch die Bäume die ersten Flocken auf uns nieder.

Ich war erstaunt, dass eine Jagd in einem so gemächlichen Tempo verlaufen konnte. Die Männer schlenderten dahin, blieben hin und wieder stehen, und warteten auf den richtigen Zeitpunkt.

Einmal hielten sie an, um eine *chillim* zu rauchen. Wir waren auf einer Lichtung angekommen, wo die Bäume weiter auseinander standen und der Boden von dichten Bambusbüscheln bedeckt war. Obwohl es mitten im Winter war, hatten die fedrigen Blätter das frische Grün von Birkenwäldern im Frühsommer.

Während wir darauf warteten, dass die *chillim* gefüllt und herumgereicht wurde, wies Kalchu auf einen kegelförmigen Steinhaufen am Fuß einer großen Zeder. Er sagte, dass es ein Schrein des Waldgottes Ban Bhāi sei. Es hätte einmal eine Zeit gegeben, als hier bei jeder Jagd ein Huhn geopfert wurde. Denn man fürchtete, dass der Gott die Familien der Jäger mit Krankheit und vielleicht sogar Tod strafen würde, wenn sie sein Gebiet plünderten, ohne ihn um Erlaubnis zu bitten und ohne ein Opfer zu bringen. Aber jetzt kümmere sich niemand mehr darum. Fünf, sechs Steine waren von dem Haufen gefallen und lagen halb vergraben im Schnee. Rote und weiße Stoffbänder, die an den Zweig eines Baumes gebunden worden waren, flatterten vom Wetter zerrissen und gebleicht im Wind.

Als wir weitergingen, hörten wir plötzlich das aufgeregt drohende Bellen der Hunde, was nur bedeuten konnte, dass sie ein Tier aufgespürt hatten und nun hinter ihm herjagten. Die Männer blieben abrupt stehen, lokalisierten den Lärm und eilten in Sekundenschnelle an eine Stelle zurück, die wir bereits passiert hatten und wo der Steilhang nur von der tiefen Rinne eines Wasserlaufs gespalten wurde. Das, so sagten die Männer, sei die einzig mögliche Route, die der Keiler nehmen könne.

Das Bellen wurde lauter. Es war nun sicher, dass sie diese Strecke herunterkommen würden. Die Männer stellten sich mit ihren Büchsen bereit und suchten mit den Augen gespannt die bewaldete Wasserrinne ab. Doch es war noch zu früh, nichts war zu sehen, keine Bewegung in den Zweigen, kein Wogen in den Bäumen.

Plötzlich fühlte ich, neben der Aufregung, die unvermeidlich und ansteckend war, eine seltsame Schwerelosigkeit in der Magengrube. Ich erinnerte mich an eine andere Geschichte, die man mir am Tag des ersten Schneefalls erzählt hatte. Es war die Geschichte einer Jagd, die an einem Tag wie diesem vor mehreren Jahren stattgefunden hatte. Die Männer waren in einer unbekannten Gegend gewesen und hatten den Keiler hangaufwärts verfolgt, obwohl die Regel sagt, dass dies nur in umgekehrter Richtung hangabwärts geschehen darf. Plötzlich hatte sich der Keiler einer Klippe gegenübergesehen, die er nicht erklimmen konnte. Er wandte sich um. Die Männer standen wie angewurzelt im frischen Tiefschnee und konnten nicht schnell genug das Weite suchen. Als der Keiler seinen Rückweg versperrt sah, ging er wie wild auf die Männer los. Sechs verbluteten auf der Stelle im Schnee und andere starben wenig später in den Armen von Freunden oder Verwandten, von denen sie nach Hause getragen wurden.

Und ich erinnerte mich auch an die Gewehre, die sie mir gezeigt hatten. Bei einigen waren die selbst gemachten Kugeln oft so unförmig, dass sie beim Abschuss stecken blieben und im Lauf detonierten. Die entstandenen Löcher hatten sie nur behelfsmäßig verlötet. Aber noch nie sei jemand auf diese Weise verletzt worden. War das vielleicht nur eine Frage der Zeit?

Das Bellen kam von Sekunde zu Sekunde immer näher, und wir konnten bereits hören, wie die Jäger pfiffen und den Hunden Befehle zuriefen und wie der Keiler auf seiner Flucht durch die Bäume Blätter unter seinen Hufen zermalmte und tote Zweige abbrach.

Doch ganz unerwartet hörte das Gebell auf, gefolgt von einer seltsamen Stille. Es schien, als ob der ganze Wald horchte und wartete. Hin und wieder war das vereinzelte Bellen eines Hundes zu hören, dem sich dann zwei oder drei weitere anschlossen. Aber die Hunde arbeiteten nicht mehr gemeinsam, nicht mehr als zielstrebige Meute, die einem Wild auf den Fersen ist. Offensichtlich hatten sie ihr Opfer verloren. Die Männer blieben noch einige Minuten stehen, in der Hoffnung, dass der Verlust nur vorübergehend sei. Als aber die Stille andauerte, begannen sie, sich von der Stelle zu bewegen. Sie rieben sich die Hände, um sie etwas anzuwärmen. Dann zuckten sie die Achseln und versuchten, ihr Enttäuschung hinter einem schiefen Lächeln zu verbergen. Jemand füllte eine *chillim*, zündete sie an und reichte sie den umstehenden Männern. Hin und wieder ließen sie lakonische Bemerkungen über die Flucht des Keilers fallen, besprachen das Geschehene und überlegten, was gewesen wäre, wenn sie das Glück auf ihrer Seite gehabt hätten.

Als Kalchu die Wasserrinne hinaufblickte, die der Keiler hätte entlangkommen sollen, bemerkte er einen Jungen mit einem Hund an der Leine. Als die beiden näher kamen, sahen wir, dass der Hund verwundet war. Das Tier hinkte, und seine Flanke war von Blut durchtränkt. Der Junge erzählte uns, dass sein Hund von Anfang an die Meute anführte. Er hatte den Keiler schon an den Hinterläufen geschnappt und fast zu Boden gebracht, als sich dieser plötzlich umdrehte und den Hund mit aller Wucht in die Luft schleuderte. Der Junge wollte den Hund nun nach Hause bringen. Als Kalchu ihn fragte, was denn jetzt die anderen tun würden, bestätigte er unseren Verdacht. Es sei kalt, bald würde es dunkel werden und die Hunde seien erschöpft. Die anderen würden bald nachfolgen.

Einige Männer hatten Seile und Äxte dabei, denn sie wollten nicht mit leeren Händen heimkehren, wenn sie schon keinen Keiler heimbrachten. So konnten sie jetzt wenigstens eine Ladung Feuerholz sammeln. Wir waren weit von den Dörfern entfernt, und es lag eine Menge totes Holz auf dem Boden. Als sich Kalchu mit mir und einigen anderen Männern auf den Heimweg machte,

Mina und ihr Baby.

Der *dāṅgri* raucht eine *chillim*.

Kalchu beim Worfeln.

Bei der Kartoffelernte braten Kartoffeln in einem Reisigfeuer.

Die Dorfstraße am frühen Morgen.

Sauni, Kāli und Lāla Bahādur.

Zwei junge Kāmi beim Trommeln.

Bānchu, Jakalis älteste Tochter.

begannen sie das Holz aufzulesen und die toten Zweige abzuhacken, die wie Armstümpfe von den Baumstämmen abstanden.

Als wir durch die Bäume abwärts gingen, fiel der Schnee in dichten Flocken. Die kräftigen Farben des Waldes – das Grün der Kiefern und das Orangerot des Farnkrauts – verblassten allmählich. Das Geräusch der Männer, die hinter uns im Wald Holz hackten, klang noch lange in unseren Ohren. Doch es wurde immer schwächer, bis es sich schließlich anhörte wie das stete Klopfen eines Spechts in der Ferne.

Außerhalb des Waldes war der Schnee schon fast zwanzig Zentimeter hoch und wurde von Minute zu Minute mehr. Als wir die offenen Felder erreicht hatten, pfiff dort ein eisiger Wind, der uns die Flocken in Wirbeln ins Gesicht und in die Augen trieb. Ich senkte den Kopf und zog die Kordel an der Kapuze meiner Jacke fester zu. Lange Zeit hielt ich beim Gehen den Blick auf den Boden gerichtet und beobachtete, wie meine Füße im Schnee versanken.

Als ich endlich aufblickte, hatten wir schon fast das Dorf erreicht. Blauer Rauch zog in Schwaden durch den fallenden Schnee. Im Haus würde es warm sein, und die Frauen hatten wahrscheinlich schon mit dem Kochen begonnen.

In guten wie in schlechten Tagen

Die Hochzeit

Auf dem Weg zu der Hochzeit war Kāli außer sich vor Aufregung. Sie hatte ihre besten Kleider an: einen blauen handbedruckten Rock und eine neue Wickeljacke mit großen karmesinroten und gelben Blumen, die verschwenderisch auf einem dunkelblauen Hintergrund verteilt waren. Sie war noch nie weit von zu Hause weggekommen, und erst recht nicht bis Lāmri. Bei dem Gedanken, das erste Mal in ihrem Leben woanders zu übernachten, war sie freudig erregt. Begeistert sprach sie vom Essen, das uns erwartete: *lāḍus* – eine besondere Süßspeise, die es nur auf Hochzeiten gibt –, Körbe voll goldener *puris*, Reis mit Quark oder Honig, vielleicht sogar Fleisch.

Bei unserer Ankunft im Dorf herrschte ungewöhnliche Ruhe, und wir waren nicht sicher, wohin wir gehen sollten. Wir marschierten den Hauptweg hinunter und stießen nach einer Weile auf zwei Frauen, die gerade Wasser holten. Als sie auf uns zukamen, verfiel Kāli in entschiedenes Schweigen. Sie rückte ihr Umhangtuch auf der Stirn zurecht und starrte angestrengt auf das Stück Boden zwischen uns. Ich fragte die Frauen nach dem Haus des Bräutigams, und sie wiesen mir die Richtung. Neugierig fragten sie, ob wir denn zur Hochzeit den weiten Weg gekommen seien.

Wir kletterten die Balkenleiter hinauf. Blauer Rauch kam uns in Schwaden durch die offene Türe entgegen und mit ihm der köstliche Teiggeruch gebratener *puris*. Eine Gruppe auf dem Dach sitzender Frauen begrüßte uns freundlich. Sie erzählten uns voller Stolz, dass ein riesiger Hochzeitszug, an dem fast alle Männer des Dorfes teilnahmen und der von den *Damāi*-Musikanten mit ihren Kesselpauken angeführt wurde, am Vortag ausgezogen war, um die Braut in Moharigāuṅ abzuholen. Dann machten sie uns mit der Großmutter des Bräutigams bekannt – eine vornehme weißhaarige Frau, die auf einer Matte im Schatten des Gesimses saß – und mit seiner Mutter, die zwischen zwei flachen Steinen energisch die roten Bohnen für den *dāl* mahlte.

Eine Frau sagte lachend, dass wir zu spät gekommen seien. Der beste Teil der Feier habe schon am Vorabend stattgefunden, als die Männer in Moharigāuṅ waren. Bis in die Morgenstunden hatten sich die Frauen mit Spielen und Gesang vergnügt. Ein großes Feuer war mitten im Dorf entzündet worden, und eine der Frauen hatte sich als Mann verkleidet. In Hose und Tunika, die langen Haare unter einem *ṭopi* versteckt, der ihr immer wieder vom Kopf fiel, hatte sie einen taubstummen Tölpel gespielt. Die Frau musste die Geschichte unterbrechen, denn alle taumelten und prusteten vor Lachen bei der Erinnerung an den Auftritt. Schließlich fuhr sie aber fort. Der Tölpel hatte ein Paar Glöckchen als Hoden und einen großen Rettich als Penis bekommen. Und so war er herumgesprungen und -getorkelt und hatte sich im Vorbeigehen auf die Frauen gestürzt. Wenn er dann eine gefangen hatte, stieß er sie zu Boden und gängelte sie so lange, bis sie schrie und jammerte und beide von Lachkrämpfen geschüttelt zusammenbrachen.

Kālī hatte ihre Schüchternheit überwunden und kicherte nun ganz ungeniert mit. Sie wandte sich mir zu, um meine Reaktion zu sehen. Unsere Blicke trafen sich, und wir lachten einen Moment lang gemeinsam, bevor sich unsere Aufmerksamkeit erneut den Frauen zuwandte.

Den ganzen Nachmittag lang hörten wir, wie der Hochzeitszug immer näher kam. Das Dröhnen der Kesselpauken wurde zunehmend lauter, entschwand dann aber wieder für einige Zeit, während sich der Zug durch die Hügel und Täler, Felder und Wälder zwischen Moharigāuṅ und Lāmri schlängelte. Die Frauen waren schwer beschäftigt. Sie brieten die *puris* fertig und legten sie dann in Körben beiseite; sie schälten den Reis und setzten ihn in großen Kupferbottichen zum Kochen aufs Feuer; sie schälten Kartoffeln und mahlten Salz, Chili und Gewürze; sie kochten und würzten den *dāl*, und zuletzt tünchten sie das Haus mit einer Mischung aus Lehm und Kuhmist, sodass es sauber und rituell rein war. Hin und wieder kam der Bräutigam herein – ein Jüngling mit frisch geschorenem Kopf, der einen ruhelosen und doch gelangweilten Eindruck machte.

Es wurde bereits dunkel, als sich der Hochzeitszug endlich seiner letzten Etappe näherte. Wir konnten schon sehen, wie er an den leeren Reisfeldern vorbei herunterkam und dann in den breiteren Pfad einbog, der am Flussufer entlangführte. Kāli und ich gingen hinunter zur Brücke und warteten dort mit einer Gruppe von Kindern, die schrien und lachten und vor Erwartung ganz außer sich waren.

Als Erster kam der Vater des Bräutigams über die Brücke. Er saß kerzengerade auf seinem weißen Pferd mit rot-blauer tibetischer Satteldecke und machte einen arroganten Eindruck. Sein Gesicht wirkte unter dem weißen Turban stolz und hochmütig, als er die Brücke herunterkam. Unverzüglich gab er dem Pferd die Sporen und galoppierte voran, um die Ankunft des Zuges anzukündigen. Hinter ihm stob eine Staubwolke auf, vor der seine prächtige schwarze Jacke und das weiße Pferd mit dem wehenden silbrigen Schweif noch besser zur Geltung kamen.

Dahinter kamen die *Damāi*-Musikanten in ihren eindrucksvollen, aufwändigen Hochzeitsgewändern. Sie trugen die Kesselpauken an Riemen über der Schulter, sodass die Instrumente unterhalb der Hüften beim Gehen an den Körper stießen. Während sie marschierten, trommelten sie auf den großen kupfernen Kuppeln gekonnt mit Stöcken den Rhythmus. Sie trugen lange weiße Faltenröcke, die beim Gehen mitschwangen. Dazu schwarze ärmellose Westen über weißen Hemden, die in der Taille mit einem

Kummerbund fest umwickelt waren. Um ihren Hals hatten sie rote Tücher geknüpft, und in den Falten ihrer Turbane steckten gelbe Ringelblumen. Als sie über die Brücke kamen, lachten sie uns verwegen zu. Ihre Gesichter mit den großen zinnoberroten *ṭikās* zwischen den Augen und den glänzenden Zähnen, die unter buschigen schwarzen Schnurrbärten hervorblitzten, schienen zu leuchten.

Dann kam die Braut. Sie saß auf einer Trage auf dem Rücken ihres Onkels und hatte die Arme locker um seinen Hals geschlungen. Sie trug einen blauen, bedruckten Rock, ähnlich wie der von Kālī, und braune Leinenschuhe. Kopf und Oberkörper waren von Tüchern verhüllt. Das oberste Tuch war kräftig sonnengelb und darunter lugte hier und da ein dunkleres, nachtblaues Tuch hervor. Der Onkel konnte ihren zierlichen Körper mühelos tragen. Er beugte sich nur leicht vor, um das Gewicht auszugleichen. Direkt hinter ihnen folgten zwei junge Frauen, Freundinnen der Braut aus Moharigāuṅ. Als sie die Brücke überquert hatten, löste der Mann seine Hände unter dem Sitz der Nichte und half ihr beim Absteigen. Mit gebeugtem Haupt stand sie still da, zupfte ihr Tuch zurecht und hielt die Kanten dann eng aneinander gepresst, damit das Tuch nicht verrutschen und ihr Gesicht freigeben könnte. Ihr Onkel zündete sich eine Zigarette an. Es kamen weitere Männer über die Brücke, die sich um ihn scharten.

Von hier aus wurde die Braut von den Angehörigen des Bräutigams weitergetragen. Man breitete dazu eine Decke auf dem Boden aus und befahl der Braut, sich darauf zu legen. Dann wurde sie in die Decke gewickelt und der eingewickelte Körper an einen Baumstamm gebunden. Vier Männer hoben den Stamm vom Boden, sodass er auf ihren Schultern ruhte und die eingewickelte Braut darunter hing. Nun setzte sich der Zug erneut in Bewegung. Zuerst die Musikanten, die auf dem letzten Wegstück bis zum Dorf mit zunehmendem Elan aufspielten und tanzten, dann die Braut mit ihren Trägern und zuletzt die Männer aus Lāmri und einige Männer aus Moharigāuṅ. Kālī und ich marschierten neben der Braut und ihren Gefährtinnen. Wir konnten ihr leises Schluchzen unter der Decke hören.

Im Haus des Bräutigams wimmelte es bald von Menschen. Männer, Frauen und Kinder, die bei der Feier zusehen wollten, liefen herum und rempelten einander auf dem engen Dach an. Auf einem freien Stück Land vor dem Haus tanzten und trommelten die *Damāis* nun vor einem begeisterten Publikum weiter, das lauthals seine Anerkennung bekundete. Als Teil ihrer Vorführung gingen sie hin und wieder auf einen der Zuschauer zu, umgarnten ihn mit ihrem hypnotisierenden Trommeln und eindringlichen Blicken und baten ihn dann mit unwiderstehlichem Lächeln um Geld. Manchmal hatten sie damit Glück, und als eine Geste der Großzügigkeit wurden ihnen ein paar Münzen zugeworfen. Doch öfter wies man sie mit einer abfälligen Handbewegung und dem verächtlichen Schnauben gespielter Entrüstung ab.

Es wurde immer dunkler, und außer den weißen Kitteln und Turbanen der *Damāis* war fast nichts mehr zu sehen. Doch die Menge bewegte sich nicht vom Fleck. Die Braut und ihre beiden Gefährtinnen saßen etwas abseits und hielten sich fern von der allgemeinen Heiterkeit. Im Haus hatte man eine Paraffinlampe angezündet. Der Bräutigam, der nur seinen *dhoti* trug, rieb sich Senföl aufs Gesicht, auf die Brust und auf den geschorenen Kopf. Nachdem er saubere weiße Kleider angezogen hatte, setzte er sich ans Feuer, und der Brahmanenpriester wickelte einen neuen Turban um seinen Kopf und malte ihm mit Safran- und Zinnoberpulver ein kompliziertes Muster auf die Stirn. Nach diesen Vorbereitungen wurde der junge Mann aus dem Haus in den darunter liegenden Stall getragen.

Im Stall war ein kleines Feuer entfacht worden. Sein flackerndes Licht warf lange Schatten auf die niedrigen Balken und die senkrechten Holzstützen, wodurch der Raum unendlich weit wirkte, denn jede der schwach erhellten Nischen öffnete den Blick zur nächsten. Die Rinder waren wahrscheinlich in einen anderen Stall gebracht worden. Vielleicht standen oder lagen sie aber auch nur bewegungslos in einer völlig abgedunkelten Ecke. Dem Feuer gegenüber saß der Bräutigam auf einem Tuch. Neben ihm hatte der Brahmanenpriester Platz genommen und trug einen weißen *dhoti*, die heilige Schnur als Zeichen seiner Kastenüberlegenheit, lose um die nackte Brust und die Schultern geschlungen. Vor ihnen auf dem Boden stand eine blütenförmige Öllampe und ein reich verzierter Wasserbehälter, der Wischnu, Schiwa, Ganescha und alle wichtigen hinduistischen Götter darstellte. Der mit roten und weißen Bändern geschmückte Behälter stand in einer Messingschüssel, die mit ungeschälten Gerstenkörnern gefüllt war.

Plötzlich hieß es, die Braut sei auf dem Weg zum Stall. Zwei Männer eilten daraufhin zur Tür und hielten ein langes Tuch davor. Als draußen die Schritte näher kamen, senkten sie das Tuch, und die Braut wurde durch die Menge hereingetragen. Als sie nahe genug war, warf der Bräutigam eine Hand voll Reis über sie, und unter Hochrufen und Gelächter griffen alle in ihre Taschen und taten es ihm nach. Der Träger der Braut lächelte gutmütig und schützte sein Gesicht hinter der Hand vor den Reiskörnern, doch die Braut saß regungslos und von dem Platzregen unberührt auf seinem Rücken. Nachdem sie sich einen Weg durch die Menge gebahnt hatten, wurde die Braut auf einem Sitz aus gefalteten Tüchern neben ihrem zukünftigen Gatten abgesetzt. Ihre beiden Freundinnen blieben in ihrer Nähe. Das Gesicht des Bräutigams war blass und ausdruckslos. Er wandte der Braut nicht einmal den Kopf zu.

Da niemand so recht die Liturgie verstand, die der Brahmanenpriester in monotonem Tonfall auf Sanskrit herunterleierte, unterhielten sich die Leute weiter miteinander, reichten *chillims* herum und schenkten dem ganzen Vorgang wenig Aufmerksamkeit. Die Menge bestand ausschließlich aus Männern. An Frauen waren, abgesehen von der Braut, nur ihre beiden Begleiterinnen, Kāli, ich und drei weitere Frauen anwesend. Letztere standen weiter hinten und sangen *māṅgals*, die traditionellen rituellen Gesänge der Gegend. Sie waren schon etwas älter und gaben sich von dem überwiegend männlichen Publikum wenig beeindruckt. Mit erhobenen Köpfen ließen sie ihre kräftigen, hellen Stimmen durch die dicke, rauchige Luft weit in die Nacht erklingen.

Als das Paar begann, die Hochzeitsrituale auszuführen, wurde die Menge wieder munterer und aufmerksamer. Alle beobachteten gespannt, wie die Braut, nachdem sie ihre eigenen Hände gewaschen hatte, Wasser in eine Schüssel goss und dann die Füße ihres zukünftigen Ehemannes wusch. Dann schöpfte sie mit der hohlen Hand etwas Wasser, zog das Umhängetuch leicht vom Mund weg und trank ein wenig. Danach wurde das schmutzige Wasser weggetragen und eine Schüssel mit Reis und Quark auf den Boden gestellt. Der Brahmane forderte zuerst die Braut auf, daraus zu essen. Sie tauchte die Finger hinein und führte sie kurz an ihre Lippen. Als die Schüssel dann dem Bräutigam gereicht wurde, nahm auch er vom Reis und verzog dabei leicht das Gesicht. Beifall und freudiges Geschrei begleiteten diese Geste, denn alle wussten, dass dies das erste und letzte Mal war, dass er sich durch das Essen vom selben Teller wie seine Frau verunreinigen würde.

Die allgemeine Ausgelassenheit dauerte auch an, als eine Schüssel mit Reisbrei zwischen das Paar gestellt wurde. Auf die Aufforderung des Brahmanenpriesters hin nahmen beide eine Hand voll und versuchten, sich gegenseitig das Gesicht damit zu beschmieren. Obwohl sie durch ihren Schal kaum sehen konnte, gelang es der Braut sofort, einen großen Klacks auf den Mund ihres Gatten zu setzen. Als er sich aber rächen wollte, versteckte sie ihr verschleiertes Gesicht in den Händen, während ihre beiden Gefährtinnen herüberlangten und ihn an Kinn und Ohren bespritzten. Jeder wollte die Braut bei diesem Spiel gewinnen sehen. Und ich konnte mir vorstellen, dass sie sich innerlich freute und bei dem Gedanken, wie ihr Gatte sein verschmiertes Gesicht wusch, heimlich lachte.

Auch Kāli lachte nun mit. Sie versuchte nicht mehr, sich hinter ihrem Tuch unsichtbar zu machen, sondern reckte wie alle anderen den Hals, um die Vorgänge besser sehen zu können.

Während der erneuten eintönigen Litanei des Priesters war die Aufmerksamkeit der Zuschauer wieder abgelenkt worden, doch dann kam das letzte Ritual. Der Bräutigam beugte sich vor und verknüpfte die Enden seines weißen Tuchs, das er um die Schultern trug, mit den Enden des blauen und safranfarbenen Umhangs der Braut. Man half nun der Braut beim Aufstehen. Gefolgt von ihren beiden Begleiterinnen, ging das Paar dreimal um das mit den roten und weißen Bändern geschmückte heilige Wassergefäß. Nach jeder Runde rief die ungehemmt jubelnde Menge ein lautes »Bihā bhayo!«.

Als sich die beiden wieder gesetzt hatten, legte der Priester einen Rupienschein über den Ausgießer des Wassergefäßes und häufte darauf ein wenig von einem roten Pulver, das *sindur* genannt wird. Der Bräutigam tauchte einen Finger in den *sindur* und lehnte sich zu seiner Frau hinüber. Sie senkte den Kopf, während sie ihren Umhang zurechtzupfte, und der Bräutigam malte ihr eine rote Linie auf den Scheitel. Die Menge rief »Bihā bhayo!«, und das Paar war getraut.

Die Leute standen auf, streckten lächelnd die Beine und stellten sich plaudernd in Gruppen zusammen. Es war ein froher Anlass: Zwei Dörfer und Familien würden sich in Zukunft näher kommen, die Grundlage für neues Leben war geschaffen, Tradition und Kontinuität wurden bekräftigt.

Braut und Bräutigam wurden hochgehoben und von starken Trägern lächelnd aus dem Stall und über die Stufen zum Haus getragen. Als sie das Dach hinaufzogen, war ein Schuss zu hören, der durch die klare, frostige Nacht verkündete, dass die Hochzeit stattgefunden hatte und das Paar nun getraut war. Die Träger hielten auf der Schwelle an, wo sich die Frauen des Hauses wartend versammelt hatten. Jemand reichte der Braut eine Schüssel mit ungekochtem Reis, der mit Quark vermischt war. Sie tauchte ihren Daumen in das Gemisch und malte mit etwas Hilfe drei weiße Zeichen auf den Kuhmist über der Tür. Der Bräutigam, dessen schönes, junges Gesicht mit der roten und gelben Bemalung völlig ausdruckslos war, tat es ihr nach, und dann wurden beide ins Haus getragen.

Als die Braut nun auf eigenen Füßen in ihrem zukünftigen Heim stand, tat sie, was von ihr erwartet wurde – sie ließ die beiden Zipfel ihres Tuches los, das nun auseinander glitt und ihr Gesicht freigab. Im Raum wurde es still, als die Mitglieder der Familie des Bräutigams auf sie starrten. Einen Augenblick lang schien die Braut so verwundbar wie ein Schmetterling, der sich im Netz des Sammlers verfangen hat. Doch der Augenblick verflog – jemand ging lächelnd auf sie zu und malte ihr eine ṭikā zwischen die Augen. Der Raum war nun wieder von Stimmen erfüllt, und die Aufmerksamkeit konzentrierte sich nicht mehr nur auf die Braut. Dann wurde sie nacheinander von ihrem Schwiegervater, ihrer Schwiegermutter, ihren Schwagern und Schwägerinnen und von der übrigen Verwandtschaft[1] ihres Gatten mit einer ṭikā begrüßt. Einige der älteren Männer und Frauen warfen Rupienmünzen in die mit ṭikā-Pulver gefüllte Schüssel der Braut. Zur Erwiderung beugte diese sich nieder, malte ṭikās auf die Füße ihrer neuen Verwandten und berührte dann mit ihrer Stirn deren Zehen.

Nachdem sie von allen willkommen geheißen worden war, redete man auf die Braut und ihre Schwiegermutter ein, sich zu beiden Seiten eines großen Kupferbottichs zu setzen, der mit ungeschältem Reis gefüllt war. Nach einigem Widerstreben folgten die Frauen der Aufforderung. Die Leute versammelten sich um die beiden. Einige drängten nach vorne, um besser sehen zu können. Die ältere Frau kicherte scheu hinter vorgehaltener Hand, doch das Gesicht der jüngeren Frau war ruhig und wirkte äußerst

---

[1] Verwandtschaft versteht sich hier als »Stammbaum« und bezeichnet die männliche Nachkommenschaft eines männlichen Vorfahren. Sie ist auf ein Dorf konzentriert, da die Männer nach der Heirat immer in ihrem Dorf bleiben. Die Frauen hingegen heiraten »hinaus« und ziehen in das Haus ihres Ehemanns, das sich immer in einem anderen Dorf befindet. Manchmal wird der Begriff »Stammbaum« auch weiter gefasst und schließt die Frauen verwandter Männer sowie deren unverheiratete Töchter mit ein.

selbstbewusst, was oft als Gelassenheit interpretiert wird. Jemand gab das Zeichen für den Anfang, und die beiden Frauen beugten sich vor, wobei sie sich leicht aus dem Sitz erhoben, tauchten ihre Hände bis an die Gelenke in den Reis und wühlten suchend darin herum. Von den Zuschauern kamen Bemerkungen und neckische Rufe, und alle lachten lauthals über ihre eigenen Späße. Plötzlich stieß die Braut einen Schrei des Entzückens aus. Sie lachte übers ganze Gesicht, als sie mit der Hand eine glänzende silberne Rupie herauszog und dabei eine Menge Reis über den Boden verstreute. Die Umstehenden brachen in Beifall aus, denn alle waren begeistert, dass sie die Münze gefunden hatte und somit die Siegerin war. Es war ein gutes Omen, ein Zeichen, dass sie stark und fleißig sein würde, dass sie prächtige Söhne gebären und ein Gewinn für die Familie ihres Mannes sein würde.

Fast die ganze Nacht wurde gefeiert. Es galt, das ganze Dorf und alle, die aus Moharigāuṅ gekommen waren, zu verköstigen. Die Frauen des Hauses schlängelten sich durch den überfüllten Raum, holten Wasser für die Leute zum Händewaschen und Trinken, legten auf und füllten nach, wenn die Teller leer waren, trugen Geschirr zum Waschen nach draußen und füllten die Teller erneut für andere. Als fast alle bedient waren, setzten Kāli und ich uns hin. Auf unseren Tellern häuften sich *puris* und würzige Bratkartoffeln. Danach gab es Reis und *dāl,* und zum Abschluss bekamen wir eine Portion Reis, der diesmal mit kühlem, cremigem Quark zu einer dicken Paste verrührt war. Die Braut und ihre Freundinnen aßen im hinteren Raum, wo es viel ruhiger war. Die Frauen des Hauses gesellten sich dort zu ihnen, nachdem sie alle bedient und selbst gegessen hatten. Nun waren nur noch die Männer übrig, die Bier tranken und sich bis in die frühen Morgenstunden miteinander unterhielten.

Die Nacht verbrachten Kāli und ich in der kleinen Getreidekammer neben dem Hausschrein auf dem oberen Dach. Zuerst schien es bitterkalt zu werden, denn uns trennten nur dünne Holzlatten und der Lehmverputz von der frostigen Nacht. Doch dann kuschelten wir uns unter die Matten, die man uns gegeben hatte, und Kāli schlief fast sofort ein. Draußen hatten die Feiern ihren Höhepunkt erreicht. Geschrei und Gelächter drangen vom Stall herauf, wo die *Damāi*-Trommler ihre Hühnchen kochten, die ein Teil des Entgelts für ihre Dienste waren. Gedämpfte Stimmen klangen wie ein ferner, gleichförmiger Rhythmus aus dem Raum unter uns herauf. Ich lag lange wach, starrte durch einen Spalt in der Tür und staunte darüber, dass die Nacht so klar und die Sterne so hell sein konnten.

Als wir am Morgen loszogen, gab man uns einige *puris* und *lāḍus* für Kalchu und Chola mit auf den Weg. Sobald wir das Dorf hinter uns gelassen hatten, öffnete Kāli das in Birkenrinde gehüllte Päckchen, wir nahmen von beidem ein Stück und ließen uns die Leckerbissen beim Gehen schmecken. Kāli war nun noch lebhafter als auf dem Hinweg. Wir sprachen von der Hochzeit und wie schön wir die Braut mit ihrem glänzend geölten Gesicht, ihrem goldenen Nasenring und ihren funkelnden Ketten und Armreifen gefunden hatten.

Und als wir so dahinmarschierten, eröffnete mir Kāli plötzlich aus heiterem Himmel, dass auch sie schon mit einem Jungen aus Gorigāuṅ verlobt sei. Jemand hatte es mit ihrem Vater abgesprochen, als sie erst ein paar Jahre alt war, und die beiden hatten die Vereinbarung dann mit einer Flasche *raksi* begossen und *ṭikās* ausgetauscht. Ich fragte, wie er denn sei, ihr zukünftiger Gatte, und sie lachte zur Antwort und verzog das Gesicht. »Scheußlich. Er ist klein wie ein Mädchen, und seine Haut ist so schwarz wie Dreck.«

Zu Hause angekommen, stürzten sich die Zwillinge sofort auf uns, packten uns an den Beinen und ließen uns nicht mehr los, denn sie wollten ihre *lāḍus* haben. Mit niedergeschlagener Miene erzählte Kāli ihnen, dass wir keine bekommen hätten, denn es seien keine für uns übrig geblieben. Zuerst wollten die beiden die Geschichte nicht glauben, aber Kāli beharrte darauf, bis den Zwillingen vor Enttäuschung Tränen in die Augen traten. Dann zog sie mit einem breiten Lachen das Päckchen heraus und reichte es über ihre Köpfe hinweg an Chola weiter, die es öffnete und *puris* und *lāḍus* austeilte. Während die Zwillinge von dem ungewohnten, süßen Geschmack des Honigs ganz in Anspruch genommen waren, erzählte Kāli ihren Eltern von der Hochzeit und fügte dann gleich hinzu, dass sie selbst eine solche Hochzeit haben wolle, eine richtige Hinduhochzeit, eine *kanyādān*-Hochzeit mit einem Brahmanenpriester und *Damāi*-Trommlern, mehreren tausend Gästen und Bergen von Essen.

Als sie mit ihrer Erzählung fertig war, begann Kalchu zu lachen. Er sagte, dass er sich nie so eine Hochzeit leisten könne. Abgesehen von dem Geld für die *Damāi*-Trommler und den Brahmanenpriester sowie die Kosten für das Essen würde ihn die Mitgift – eine Kuh, ein Schaf, ein Wasserbehälter, eine Matte, ein Kochtopf, ein Teller, eine Schüssel, praktisch ein Stück von all dem, was sie besaßen – völlig arm machen. Es bliebe für sie selbst nichts mehr übrig.

Drei Jahre später hörte ich, dass Kāli eine Hochzeit bekommen hatte, wie sie es sich gewünscht hatte. Sie war zwar weniger verschwenderisch als die, die wir in Lāmri gesehen hatten, aber es war trotzdem eine standesgemäße Hinduhochzeit gewesen. Der Hochzeitszug war eines Abends aus Gorigāuṅ hergekommen, um sie abzuholen, und Kalchus männliche Verwandtschaft hatte mitgeholfen, ein Fest für die Männer und das gesamte Dorf auszurichten. Die ganze Nacht hindurch wurde gesungen und getanzt, getrunken und gefeiert. Am Morgen, bevor Kāli fortgetragen worden war, hatten Kalchu, Chola und die übrige Familie ihre Füße in einer Schüssel gewaschen und dann vom Wasser getrunken. Chola weinte, und Kāli schluchzte den ganzen Weg bis Gorigāuṅ.

Mitinis

Für den Tag, an dem Jakali und ich *Mitinis* werden sollten, hatte sie ein Festmahl zubereitet. Ihr Mann hatte die Messingschüsseln mit Bier gefüllt, und wir saßen ums Feuer und tranken den gelben Gerstensaft in kleinen Schlucken, während Jakali das Salz, den Chili und die Gewürze mahlte und dem Essen den letzten Schliff gab. Als alles bereit war, füllte sie kleine Töpfe mit Wasser und stellte sie vor uns hin, damit wir darin unsere Hände waschen konnten. Bevor sie die Mahlzeit auftrug, warf sie einige Reiskörner für die Hausgötter ins Feuer. Bei Jakali gab es immer besondere Leckereien, wie geröstete Amarantkerne, Puffmais oder Chutney aus grünen Tomaten, und heute hatte sie zur Feier des Tages Honig aufgetragen. Er war im Herbst geerntet und dann in einem Tontopf aufbewahrt worden, der mit Birkenrinde und Kuhmist versiegelt worden war. Im Töpfchen hatte der Honig die Farbe von goldenem Herbstlaub. Wachsstückchen und tote Bienen schwammen obenauf wie Treibgut auf einem Wasserwirbel. Im Laufe der Nacht vernaschten wir den ganzen Topf.

»Das ist fürs Leben«, sagte Jakali. »Von nun an ist mein Heim auch dein Heim, und meine Kinder sind auch deine Kinder.« Wir malten uns gegenseitig rote *ṭikās* auf die Stirn. Dann machte Jakali die Runde und beugte sich zu jeder Person im Raum herunter, auch zu ihrem Baby, das beim Feuer schlief, bis wir alle dasselbe karmesinrote Zeichen zwischen den Augen hatten. Dann gab sie den Kindern die Schüssel mit der *ṭikā*-Mischung zum Spielen. Sie beschmierten sofort ihre Hände und Beine mit dem Pulver und malten sich so viele *ṭikās* auf die Stirn, dass es bald aussah wie eine Kriegsbemalung und von Ohr zu Ohr reichte. Nach den *ṭikās* gaben wir einander Geschenke. Jakali ging in den hinteren Raum und holte eine Kette hervor, die aus winzigen bunten Perlen fein geflochten war. Ich gab ihr fünf Armreife aus rotem Glas und einen Haarschmuck, den ich in Kathmandu gekauft hatte.

Jakalis Kinder kamen fast täglich und machten es sich bei mir gemütlich, ganz gleich womit ich gerade beschäftigt war. Manchmal marschierten alle fünf Mädchen bei mir herein, manchmal waren es nur die jüngeren, die mir dann voller Stolz erzählten, dass Rām Chobār in der Schule sei, dass sie als einziges Mädchen im Dorf zur Schule ginge und dass Bānchu die Kühe auf der Weide hütete. Bānchu, die Älteste, hatte begonnen, sich für ihr Aussehen zu interessieren. Ihr Gesicht war immer gewaschen und geölt und ihr Haar ordentlich geflochten, wenn sie zu mir kam. Oft zeigte sie mir dann ein paar Schmuckstücke oder Haarspangen. Die anderen Kinder sagten nie viel, sondern versenkten sich still in meine Welt und vertrieben sich die Zeit, während ihre Mutter auf dem Feld arbeitete. Eines der Mädchen brachte immer das Baby mit, das es in ein Tuch gewickelt auf dem Rücken trug. Manchmal spielten sie dann mit ihrer jüngsten Schwester, drückten und kitzelten sie und behaupteten, sie fütterten Mäuse, worüber das Kind immer hell lachte. Jakali hatte dem Baby noch keinen Namen gegeben. Sie wollte warten, bis das Mädchen herangewachsen war und sich ein passender Name von selbst ergab.

Einmal im Herbst, als Jakalis Mann zum Handeln in den Süden gegangen war, waren wir beide auf dem Feld mit der Hirseernte beschäftigt. Fünf Tage lang wateten wir durch das Körnermeer, schnitten die schweren braunen Köpfe mit Sicheln von den dünnen Stielen und warfen sie dann in die Körbe auf unseren Rücken. Ein andermal, im Frühsommer, half ich ihr beim Pflücken der purpurroten *dāntelo*-Beeren, aus denen sie Öl gewann. Die wilden *dāntelo*-Büsche wuchsen ums Dorf herum, zwischen den Feldern und am Flussufer. Wir gingen von einem Busch zum nächsten und zerkratzten uns die Handrücken an den Dornen, wenn wir unter den dichten grünen Blättern nach den Beeren suchten. Die vollen Körbe trugen wir dann zum Fluss und traten die Beeren unter Wasser mit den Füßen, bis das Fruchtfleisch weggewaschen war. Zwei von Jakalis Töchtern kamen zu uns herübergelaufen, als sie sahen, was wir taten. Jakali zog ihnen die Kleider aus, und die beiden kreischten vor Freude, als sie nackt im wirbelnden, von den Beeren rot gefärbten Wasser plantschten und herumhopsten.

Während des Monsuns sah ich Jakali mehrere Wochen lang nicht. Sie hatte ihr Haus mit wunderschön geschnitzten Fensterrahmen verrammelt und mit ihrer Familie, den Kühen, Hunden und Hühnern das Dorf verlassen und war auf die Monsunhalden am Südhang des Jimale gezogen. Eines Abends, als es das erste Mal seit den Morgenstunden nicht mehr geregnet hatte und der Wind den Himmel in ein wässriges Blau und Orange getaucht hatte, kam sie zu mir. Ich wusste sofort, dass etwas nicht stimmte. Ihre Gesichtszüge waren angespannt, und sie atmete schwer, als ob sie schnell gelaufen wäre. Sie setzte sich und löste vorsichtig das Tuch, mit dem sie das Baby auf dem Rücken trug. Mir stockte der Atem; der Kopf des Babys war von Brandblasen bedeckt, und an manchen Stellen hatte sich die Haut gelöst und das Fleisch darunter war rot und entzündet.

»Was ist passiert?«, fragte ich sie. Sie erzählte mir, dass Rām Chobār auf das Baby aufgepasst hatte, während sie mit ihrem Mann beim Unkrautjäten war. Die beiden hatten miteinander gespielt, und das Baby war ins Feuer gefallen. Ich sah von Jakali zum Kind, und beide schienen unter Schock zu stehen. Ihre Augen waren trocken und ihre Gesichter ausdruckslos, so als ob Schmerz und Tränen vorübergehend ausgesetzt hätten.

»Wir bringen sie morgen früh ins Krankenhaus«, sagte ich und versuchte, meiner Stimme einen ermutigenden Ton zu geben. »Ich komme mit dir.«

Doch Jakali schüttelte den Kopf. Das Baby sei viel zu schwach für den langen Marsch, und es sei gefährlich, das Kind aus dem Dorf hinauszutragen, denn böse Geister könnten durch die offene Wunde auf seinem Kopf in den Körper eindringen. Ich versuchte, sie auf jede mögliche Art zu überreden, aber sie blieb standhaft. »Wir beide kümmern uns miteinander um sie«, sagte sie. »Gemeinsam können wir sie wieder gesund machen.«

Ich stellte einen Topf Wasser zum Kochen aufs Feuer und holte dann eine Jodlösung, etwas Watte und Mullbinde, Vaseline und eine Bandage aus meiner Reiseapotheke. Das Baby lag quer auf Jakalis Schoß und wurde von der Mutter fest im Arm gehalten. Halbherzig saugte es an ihrer Brust. Ich wartete, bis das Wasser abgekühlt war. Sobald ich die Wunde berührte, schrie das Kind auf und schlug um sich, völlig entsetzt darüber, dass ihm im sicheren Schoß der Mutter wehgetan wurde.

Die Wunde war an den Stellen stark verschmutzt, wo Flaum, Haare und Sand sich im offenen Fleisch festgesetzt hatten. Es war völlig unmöglich, alles herauszuwaschen, unmöglich angesichts des schmerzverzerrten Gesichtchens mit der Tortur überhaupt fortzufahren. Jakali sagte, dass es vielleicht einfacher wäre, wenn sie selbst versuchte, die Wunde zu säubern. Ich gab ihr die Watte und die Schüssel mit dem Wasser, aber das Baby wehrte sich bei ihr fast genauso heftig. Letztlich konnten wir die Wunde nur ausspülen, in der Hoffnung, dass das Jod weitere Infektionen verhindern würde. Als die Wunde trocken war, deckte ich sie mit einer Lage Mull ab, den ich zuvor mit Vaseline beschmiert hatte. Dann wickelte ich eine Bandage so gut es ging um den Kopf des Kindes. Als ich fertig war, machte sich Jakali gleich auf den Weg, denn sie wollte noch vor Einbruch der Dunkelheit zurück zu ihrer Familie auf den Jimale.

Drei Tage später ging ich wie versprochen hinauf, um die Bandage zu wechseln. Es regnete. Der Pfad bergaufwärts war steil und schlüpfrig und an manchen Stellen mit Unkraut bewachsen, das in den Pfützen spross. Die Stille im Wald um mich herum wurde nur durch das rhythmische Platschen der Tropfen unterbrochen, die von den Bäumen fielen.

Jakali hatte mir erzählt, dass ich ihre Hütte auf der ersten Lichtung fände, die ich beim Besteigen des Hügels auf halber Höhe erreichte. Ich war froh, als ich den dunklen Wald hinter mir ließ und wieder ins Tageslicht trat. Der Weizen war auf der Höhe bereits geerntet, und die Rinder weideten nun die Stoppelfelder ab. Ich ging über den holprigen Boden auf die erste der drei Holzhütten zu. Ich wusste sofort, dass es die richtige war, als ich sah, wie eine von Jakalis Töchtern nackt durch die offene Tür stürmte und rief: »Mitini āmā ayo.« Dann lief sie zur Begrüßung auf mich zu.

Im Haus brannte mitten im Raum ein Feuer. Jakali saß auf dem mit Kiefernnadeln bestreuten Boden und klopfte den Teig für die roṭis zwischen ihren Handflächen. Dann warf sie die fertigen Scheiben in eine schwere Eisenpfanne. Das Baby lag derweil schlafend in ihrem Schoß. Die Bandage hatte sich noch nicht gelöst, war aber schmutzig und so verschoben, dass sie ein Auge des Kindes halb verdeckte und bis über das eine Ohr hinunterhing. Jakali lächelte mir zu und drehte ein roṭi um. Als es aufgegangen war, nahm sie es aus der Pfanne und ließ es dann nahe der glühenden Kohlen fertig backen. Sie sagte, dass es dem Baby ganz gut gehe, dass es aber vor allem nachts oft weine.

Ich hatte keinen Hunger, doch Jakali bestand wie immer darauf, dass ich etwas esse. Rām Chobār holte mir also einen Topf mit Wasser zum Händewaschen, und Jakali legte zwei warme roṭis auf einen Teller und gab einen Klecks Quark aus dem Holzbottich daneben. Die Fliegen, die bis dahin ziellos umhergeschwirrt waren, steuerten nun sofort auf mein Essen zu. Während des Essens war ich die ganze Zeit damit beschäftigt, sie zu verscheuchen.

Wieder schrie und wand sich das Baby, als ich seinen Kopf berührte. Diesmal blieb Jakali aber ruhig und sprach besänftigend auf das Kind ein, während sie die zappelnden Arme und Beine festhielt. Die Bandage war nicht, wie ich befürchtet hatte, angeklebt, aber die Wunde darunter war blutig und an einer Stelle eitrig. Ich erklärte Jakali, dass das Kind sterben könnte, wenn wir es nicht ins Krankenhaus brächten. Doch Jakali weigerte sich, sie hatte zu große Angst um ihr Kind.

Ich befühlte die Drüsen des Babys, die leicht angeschwollen waren. Es schien aber kein Fieber zu haben. Wir kochten Wasser und wuschen die Wunde wie beim ersten Mal mit Jodlösung aus. Als wir damit fertig waren, machte das Kind einen viel zufriedeneren Eindruck. Wir hatten ihm auch das Gesicht gewaschen.

Im Kontrast zu der frischen weißen Bandage hatten seine weichen Bäckchen jetzt eine gesunde gelb-braune Farbe. Auch Jakali schien froh und optimistisch zu sein.

Doch mir war das Herz schwer vor Angst und Traurigkeit über das ungerechtfertigte Vertrauen, das sie mir entgegenbrachte. Ich beteuerte Jakali erneut, dass ich keine medizinische Ausbildung hätte und dass ich nicht wüsste, wie ich ihr Kind retten könnte. Als ich aber Augenblicke später aus der Not heraus ein Fläschchen Ampicillin hervorholte, bestätigte ich nur erneut ihr Vertrauen. Rām Chobār hatte an den blauen und gelben Kapseln große Freude und war stolz und begeistert, dass ihre kleine Schwester dieses fremdartige, hundertprozentig wirksame Mittel bekommen würde. Ich las die Anleitung auf der Flaschenrückseite, riss ein Blatt Papier in kleine Stücke, teilte den Inhalt der Kapseln in vier Häufchen und wickelte sie in das Papier ein. Dann streuten wir gleich den Inhalt eines Tütchens in ein Schüsselchen Milch, die wir dem Baby zu trinken gaben. Es hustete zuerst ein wenig, schluckte dann aber. Ich wies Jakali nun an, dem Baby diese Medizin viermal am Tag zu geben.

Voller Sorgen machte ich mich an den Abstieg durch den Wald. Vielleicht hatte ich die Anweisungen nicht genau genug erklärt? Jakali könnte dem Kind möglicherweise zu viel oder zu wenig geben, was beides gefährlich wäre. Vielleicht war das Baby gegen Penicillin allergisch? Wenn es einen Ausschlag bekäme oder in Atemnot geriete, würde Jakali nicht wissen, dass sie die Medizin nicht mehr verabreichen dürfe. Vielleicht würde das Kind Durchfall bekommen, und geschwächt, wie es war, könnte es seine Lebenskraft ganz verlieren und sterben. Ich bemerkte plötzlich, dass sich der Nieselregen in einen Wolkenbruch verwandelt hatte. Regentropfen trommelten auf die Blätter und Zweige über mir, und dieses Geräusch vermischte sich mit dem surrenden Zirpen der Grillen. Der ganze Wald schien überzuschäumen vor Leben.

Als ich drei Tage später wieder auf den Jimale stieg, war ich viel gelassener. Die Dinge hatten inzwischen ihren Lauf genommen, und ich konnte nur noch zusehen und abwarten. Unterwegs stieß ich auf Rām Chobār, die mit anderen Mädchen im Wald wilde Himbeeren pflückte. Sie erzählte mir, dass ihre Mutter beim Nadelnsammeln sei, aber bald zurück sein würde. Dann gab sie mir eine Hand voll Himbeeren, und ich ließ mir beim Gehen das orangerote Fruchtfleisch schmecken. Bald danach erspähte ich Jakali vor mir auf dem Pfad. Sie ging unter dem Gewicht einer riesigen Ladung Kiefernnadeln gebeugt dahin. Auf mein Rufen hin wartete sie auf mich, und wir marschierten gemeinsam über die Lichtung auf die Hütte zu.

Das Baby lag mit dem Gesicht nach unten auf einem Tuch in der Sonne. Es stieß mit den Beinchen in die Luft, während seine beiden Schwestern direkt neben ihm mit Stöcken in einer Pfütze spielten. Die Bandage war diesmal noch schmutziger als zuvor und so verrutscht, dass sie nun fast beide Augen bedeckte. Das Baby hob den Kopf und lächelte uns an. Jakali setzte ihr Nadelbündel auf den Boden, streckte die Arme nach dem Kind aus und hob es hoch. Im Haus angekommen, gab sie ihm die Brust und holte nach einer Weile einen kleinen Beutel aus ihrer Schärpe hervor. Vorsichtig zog sie eines der Tütchen mit Ampicillin heraus und entfaltete es.

Diesmal schrie das Baby kaum, als ich begann, die Bandage zu lösen. Jakali erzählte mir, dass es ihm besser gehen müsse, denn es weinte nachts fast kaum mehr, und morgens alberte es manchmal schon wieder herum und brachte sie alle wie früher zum Lachen. Ich nahm das letzte Stück der Bandage ab und hob, noch immer ängstlich, den Mullverband von der Wunde. Doch der Kopf darunter war trocken. Eine saubere, schützende Kruste bedeckte fast die ganze Wunde, und die Infektion hatte sich nicht, wie ich befürchtet hatte, ausgebreitet.

Jakali war außer sich vor Freude. Sie drückte das Baby an sich, liebkoste es und versicherte mir, dass es ihm nun schon besser gehe, dass es wieder gesund werden würde. Auch ich war erfreut und erleichtert. Nachdem ich die Wunde erneut verbunden hatte, gab ich Jakali noch einige Tütchen mit Ampicillin.

Am folgenden Tag verließ Jakali mit ihrer Familie die Hütte auf dem Jimale und zog wieder ins Dorf zurück. Sie trafen am Abend ein. Allen voran kamen die Kühe, dahinter die Hunde und dann die Menschen mit zwei großen Körben. In einem saßen die Hühner, im anderen waren Decken und Kochtöpfe verstaut.

Im Herbst trafen wir uns häufig. Die Wunden des Babys heilten allmählich ab. Nach und nach löste sich die Kruste, und darunter kam eine Lage zarter rosafarbener Haut zum Vorschein. Jakali machte sich Sorgen, dass die Haare nicht nachwachsen und die Stelle der Brandwunde für immer kahl bleiben würde. Doch nach einer Weile sprossen auch dort verstreut einige neue Haarbüschel. Jakali ließ die Bandage aber noch länger auf dem Kopf des Babys. Zum einen befürchtete sie, dass es die juckende Kruste abkratzen könnte, und zum anderen hatte sie, so lange die Wunde noch nicht ganz verheilt war, Angst vor den bösen Geistern.

Wenn Jakali jetzt zu mir kam, brachte sie fast immer ein kleines Geschenk mit – ein paar Eier oder Kartoffeln, einen Teller mit Maismehl –, und an Feiertagen oder zu besonderen Anlässen lud sie mich immer zu sich zum Essen ein. Einmal, als ihr Bruder aus Mohariǵaũn zu Besuch kam, schlachtete sie ein Huhn für ihn. Ihr Bruder war ein weltgewandter Mann, der in Indien viel herumgekommen war und dort gearbeitet hatte. Mehrere Jahre lang war er auch Regierungsbeamter in Jumla gewesen. Jakalis Kinder mochten ihn gerne, denn er erzählte ihnen von seinen Abenteuern, und oftmals unterbrach er ein Gespräch mit ihrem Vater, um mit ihnen zu spielen und sie zu verwöhnen.

Ein paar Tage später lud sie mich wieder zum Essen ein. Es war am Vorabend des Tages, an dem ihr Mann seine alljährliche Handelsreise zur südlichen Grenze antreten würde. Den ganzen Abend über kamen Leute herein, um sich zu verabschieden. Jakali reichte Schüsseln mit Bier und *raksi* herum, und die Nacht verflog mit Gelächter und Geschichten, bis ganz unerwartet die Morgendämmerung angebrochen war.

Nachdem ihr Mann gegangen war, half ich Jakali, etwas Bier anzusetzen, das bei seiner Rückkehr in drei Wochen vergoren sein würde. Wir hatten uns aufs Dach gesetzt, um dem Rauch zu entfliehen, während die Gerste im Bottich kochte und kochte. Hin und wieder ging eine von uns ins Haus hinunter, sah nach, ob noch genug Flüssigkeit im Bottich war, und legte etwas Holz aufs Feuer. Als die Gerste endlich weich war, goss Jakali sie zum Abkühlen auf den frisch getünchten Boden. Wir krümelten die Hefe hinein und füllten dann alles wieder in den Bottich, den wir mit einer Lage Birkenrinde abdeckten. Nach drei Tagen hatte die Gärung eingesetzt, und wir gossen die Masse in einen Tonkrug, den wir mit Kuhmist abdichteten. Tagsüber stellte Jakali den Krug hinaus in die warme Sonne und brachte ihn jede Nacht wieder herein.

Eines Abends saßen wir an Jakalis Feuer und kämmten Wolle. Bānchu und Rām Chobār waren irgendwo außer Haus, und die drei jüngeren Mädchen schliefen schon. Wir waren eine Weile still gewesen und hatten uns ganz auf die Wolle konzentriert, als Jakali plötzlich sagte, dass sich ihr Mann eine zweite Frau nehmen würde.

»Warum?«, fragte ich bestürzt.

Jakali hatte ihren Blick fest auf die verfilzte, schmierige Wolle gerichtet, die sie geschickt zu einem weichen weißen Flaum kämmte. Sie sagte, dass sie ihm nur Töchter geboren hätte und dass er sich einen Sohn wünschte. Ich dachte über das Gesagte nach. Ich wusste, dass einige Leute, die keine Söhne hatten, ihre Töchter im eigenen Dorf verheirateten, sodass sie nicht ins Dorf ihres Gatten ziehen mussten. »Könnte nicht Bānchus Mann zu euch herziehen, wenn sie einmal verheiratet ist?«, fragte ich. »Auf diese Weise hättet ihr jemand, der euch bei der Arbeit auf dem Feld hilft und der sich um euch kümmert, wenn ihr alt seid.«

»Mein Mann ist viel zu stolz dafür«, antwortete sie. »Und überhaupt kann eines Tages das Beerdigungsritual nur von einem wirklichen Sohn vorgenommen werden, der sein eigen Fleisch und Blut ist.«

Jakali war schon einmal verheiratet gewesen, in einer arrangierten Ehe mit einem Mann aus Chaura. Dann hatte sie ihren jetzigen Mann kennen gelernt, die beiden hatten sich ineinander verliebt, er hatte ihrem ersten Mann das Ehebruchsgeld gezahlt, und sie war zu ihm gezogen. Der Ton ihrer Stimme und die Trauer in ihrem Gesicht sagten mir, dass sie ihn noch immer liebte. Das wirklich Tragische an der Sache war aber, dass sie ihrem ersten Mann zwei Söhne geboren hatte, die der Vater bei sich behalten hatte. Jetzt war sie nicht sicher, ob sie noch einmal schwanger werden könnte.

»Was wirst du denn tun?«, fragte ich besorgt.

»Ich werde wohl oder übel mit ihr leben lernen.« Einige Augenblicke vergingen, und dann sah sie von ihrem Wollflaum auf. »Manchmal muss man lachen und manchmal weinen.«

Mina

Die Hochzeit von Mina und Śaṅkar war keine orthodoxe Hinduhochzeit, wie Kāli einmal eine bekommen sollte. Auch Mina war Śaṅkar schon als kleines Mädchen zur Ehe versprochen worden, und als sie dann ins heiratsfähige Alter gekommen war, erschien er mit ein oder zwei anderen Männern in Gorigāuṅ und brachte die üblichen fünfhundert *puris* für ihre Familie mit. Śaṅkar bemalte ihr den Scheitel mit *sindur*. Minas Familie wusch ihr die Füße, und dann wurde sie fortgetragen. Sicher hatte es eine kleine Feier gegeben – mit *puris* und Bier –, aber es wurde natürlich kein Fest für das ganze Dorf ausgerichtet. Es war eine Hochzeit, wie sie die meisten Leute hatten: billig, zwanglos und praktisch.

Drei Jahre später fühlte sich Mina noch immer als Außenseiterin in der Familie ihres Mannes. Śaṅkar und sie sprachen nur selten miteinander, sahen sich kaum einmal in die Augen und zeigten einander, zumindest in der Öffentlichkeit, keinerlei Zeichen der Zuneigung. Auch Kalchu ignorierte Mina die meiste Zeit. Und wenn er das Wort an sie richtete, wandte sie den Blick ab und antwortete nur flüsternd. Chola war weniger zurückhaltend zu ihr, denn die beiden Frauen arbeiteten schließlich fast täglich miteinander. Wenn dann aber eine Arbeit nicht ordentlich verrichtet worden war, gab man Mina ausnahmslos die Schuld und warf ihr vor, faul zu sein oder sich anderswo zu vergnügen, wenn sie gebraucht wurde. Nur die jüngeren Kinder behandelten sie mit herzlicher Zuneigung. Für Kāli war Mina wie eine ältere Schwester, mit der sie reden und so tun konnte, als ob sie schon erwachsen sei. Für die Zwillinge war sie eine Art Ersatzmutter, wenn die eigene gerade nicht da war, der sie um den Hals fallen und in deren Armen sie Schutz suchen konnten.

Wann immer sich die Gelegenheit bot, verbrachte Mina ihre Zeit außer Haus. Sobald sie am Morgen aufgestanden war, ging sie zum Wasserholen. Für gewöhnlich verweilte sie dann ein wenig am Fluss, wusch sich das Gesicht, sprach mit den anderen Frauen und rauchte eine *chillim*, bevor sie ihr Kupfergefäß füllte und nach Hause trug. Sie ging gerne mit den anderen Frauen in den Wald zum Sammeln von Brennholz oder Kiefernadeln. Im Spätsommer stieg sie mit ihnen auf die steilen Berghänge, wo sie Gras als Winterfutter für die Rinder holten. An solchen Tagen verließ sie das Haus schon in der Morgendämmerung, steckte einige *roṭis* in ihre Schärpe und kam erst zurück, wenn die letzten Sonnenstrahlen zu einem grauen Schimmer verblasst waren. Solange sie mit ihrer Last bis zum Einbruch der Dunkelheit zurück war, wurden ihr keine Fragen gestellt, sie musste dann keine Rechenschaft über die vielen Stunden abgeben, die sie plaudernd und lachend im Gras liegend verbracht hatte.

Wenn sie an solchen Abenden zurückkam und still ihr Essen aß, während die übrige Familie um sie herum schwatzte und zankte, dann schien es so, als ob sie etwas wusste, das sonst niemand um sie herum wissen konnte. Es war eine Stärke in dieser Stille und auch ein gewisser Stolz. Sie sammelte das schmutzige Geschirr ein und trug es zum Waschen hinaus. Und wenn sie dann in der Dunkelheit hockte und die Pfannen mit Holzkohle und Asche ausrieb, blieb ihr Geheimnis bei ihr so sicher verwahrt wie in einem Amulett.

Oft kam sie am Abend zu mir, wenn ihr die versammelte Familie zu viel wurde, wenn sie es nicht mehr ertragen konnte, dass sie in der Gegenwart ihres Schwiegervaters nicht sprechen und nicht einmal rauchen durfte. Sie sprach dann ganz leise mit mir, denn sie fürchtete, dass die anderen herausfinden könnten, wo sie sei und es als eine Art Verrat betrachten würden. Doch ihr Zorn war unverkennbar und machte sich in einem Schwall von Klagen und Beschwerden Luft. Manchmal sprach ich ihr dann tröstend zu, wenn sie den Tabak in ihre *chillim* stopfte und im Feuer wütend nach einem Holzkohlenstückchen zum Anzünden herumstöberte. Sobald wir uns aber mit dem Rauch der *chillim* eingenebelt hatten, beruhigte sie sich meistens, und wir konnten gemeinsam über alles lachen.

Zu besonderen Festen ging Mina nach Hause zu ihrer eigenen Familie, ihrer *māiti* in Gorigāuṅ. Sie liebte diese Ausflüge, liebte es, von ihren Eltern verwöhnt zu werden, keine anderen Arbeiten machen zu müssen, als Wasser zu holen und den Reis zu zerstoßen. Sie genoss es, von Menschen umgeben zu sein, die sie kannte und mit denen sie aufgewachsen war, von ihren jüngeren Brüdern und Schwestern, ihren Onkeln und Tanten, ihren Vettern und Cousinen und von ihrer Großmutter, die jetzt alt und blind war und bei den Eltern lebte. Alle bemühten sich um sie und wollten den neuesten Klatsch von ihr hören.

Mehrmals schon war Mina nicht mit den anderen Frauen zurückgekommen, wenn diese ihre *māitis* in Gorigāuṅ besucht hatten. Einmal waren bereits etliche Tage vergangen, und man hatte noch immer nichts von ihr gehört. Chola war wütend, dass sie für sie einspringen und die viele zusätzliche Arbeit allein erledigen musste. Sie stürmte durchs Haus, schimpfte über Mina und klagte, dass sie erst nach ihrer Rückkehr den Weizen auf dem Jimale säen könnten, wo es doch fast schon zu spät dafür wäre. Außerdem müsse sie nun wegen ihrer Schwiegertochter die Nacht in der

Wassermühle verbringen. Der Tag habe nur vierundzwanzig Stunden, und sie könne nicht alles alleine tun.

Mina tauchte am frühen Morgen des neunten Tages wieder auf. Sie sah recht einfältig drein, als sie die Türe öffnete und einige Schritte in den Raum machte, wo alle beim Essen saßen. Sie sagte kein Wort – keine Entschuldigung, keine Ausrede –, sondern stand nur da, den Blick auf den Boden gerichtet, und wartete, was nun kommen würde. Überraschenderweise erhob niemand die Stimme. Chola murrte nur vor sich hin, während sie etwas Maisbrei auf einen Teller schöpfte, den sie Mina reichte. Kalchu und Śaṅkar sagten kein Wort und aßen ruhig weiter.

Spätabends, als sie alle vom Feld zurückgekehrt waren, kam Mina zu mir. Wir rauchten meine Zigaretten, obwohl sie immer sagte, dass ihr die eigene *chillim* mit dem trockenen, selbst angebauten Tabak lieber war. Sie erzählte mir, dass sie überhaupt nicht mehr zurückkommen wollte und dass ihr täglich mehr davor gegraut hatte. Ihr Vater hatte versucht, ihr gut zuzureden, ihr zu versichern, wie ehrbar und freundlich Kalchu und Chola doch wären und dass sie letzten Endes bei ihnen glücklich werden würde. Sie wollte ihn nicht verstimmen, aber je mehr Tage verstrichen, desto unhaltbarer erschien ihre Situation. Und schließlich bestand der Vater auf ihrer Rückkehr.

Im Licht des Feuers wirkte Minas Gesicht ganz jung und wunderschön. Als sie die Zigarette zum Mund führte, schien die Haut ihrer Wangen, ganz im Gegensatz zu ihren rissigen, von der Arbeit geschwärzten Händen, so zart und weich wie Aprikosen. Sie trug eine Kette aus blauen und orangefarbenen Perlen, die sie während ihrer Abwesenheit geflochten hatte, und statt ihrer alten, geflickten und zerschlissenen eine neue Wickeljacke. Einer plötzlichen Regung folgend fragte ich sie, ob sie denn in jemand anderen verliebt sei. Sie verneinte und versicherte mir, dass sie bei Śaṅkar bleiben werde. Sie lächelte ihr unergründliches Lächeln, das so viel sagte wie: Er mochte zwar dumm und hässlich sein, aber wenigstens schlug er sie nicht.

Kurz darauf weckte mich nachts das Knarren einer Tür, die geöffnet wurde, und dann das Geräusch von Schritten und das eindringliche Wispern von Stimmen auf dem Dach. Ich sah hinaus. Der Mond schien nicht und anfangs herrschte völlige Dunkelheit. Doch dann konnte ich zwei Gestalten ausmachen, die auf die hintere Treppe zueilten. Eine der beiden war nach vorne gebeugt und hielt ihren Bauch umschlungen, als ob sie Schmerzen hätte. Die andere hatte den Arm um sie gelegt und half ihr weiter. Beide waren in lose dunkle Gewänder gehüllt – Röcke und Decken, die sie über Kopf und Schultern gelegt hatten. Es dauerte eine Weile, bevor ich die beiden als Mina und Chola erkannte.

Ich folgte ihnen nicht und sagte auch nichts, denn ich spürte das Einvernehmen, das die beiden miteinander verband, und wollte mich nicht dazwischendrängen. Aber am Morgen fragte ich Chola, was für eine Aufregung es denn nachts gegeben hatte. Sie erzählte mir, dass Mina in der Nacht eine Fehlgeburt gehabt hatte und dass sie auf dem Weg zum Stall gewesen seien, damit Mina das Haus nicht verunreinigen würde.

Etwas später am selben Tag, als alle anderen auf dem Feld waren, kam Mina zu mir. Sie stand vor der offenen Tür und weigerte sich, hereinzukommen. Sie sah schrecklich aus: Ihr Gesicht war eingefallen und aschgrau, und ihr junger Körper schien über Nacht verwelkt zu sein. Sie sagte, dass sie noch immer Schmerzen habe und noch immer blute. Auf meine Frage, ob ich etwas für sie tun könne, bat sie mich, etwas Maismehl für sie in Öl zu braten, denn das würde die Blutung stillen. Ich machte ein Feuer und bereitete das Gewünschte für sie zu. Danach saßen wir eine Weile auf dem Dach in der Sonne. Ich bot ihr eine Zigarette an, aber sie hielt mir wie eine Unberührbare ihre hohle Hand hin und wies mich an, die Zigarette in ihre Hand fallen zu lassen, denn sie hatte Angst, dass ihre Finger an dem einen Ende der Zigarette meine Finger am anderen Ende verunreinigen würden.

Mina blieb neun Tage lang im Stall. Sie kam nur hin und wieder heraus, um sich in der Sonne zu wärmen, um ihre Notdurft zu verrichten und – am ersten Morgen, als es noch nicht hell war und sie nicht gesehen werden konnte – um den abgegangenen Fötus zum Fluss hinunterzutragen und dort wegzuwerfen. Abends entfachte sie für sich ein kleines Feuer. Chola brachte ihr das Essen hinunter, und manchmal saßen Chola oder Kāli und die Zwillinge bei ihr und unterhielten sich eine Weile, bevor sich Mina in ihre Decken hüllte und zum Schlafen niederlegte.

Am Morgen des zehnten Tages ging Mina hinunter zum Fluss, um sich zu waschen. Die Dämmerung war gerade angebrochen, als sie dort ankam, und sie konnte im spärlichen Licht, das sich im Wasser spiegelte, mit Mühe einige Zweige sammeln und am Ufer ein Feuer entzünden. Als die Zweige brannten, stellte sie drei große Steine um das Feuer und darauf einen Topf mit Wasser. Vor dem Wind geschützt, wurden die Flammen stärker, und Mina hockte sich nieder und streckte ihre Handflächen in die Wärme. Während sie wartete, dass das Wasser wärmer würde, stopfte sie sich eine *chillim* und rauchte sie zufrieden. Hin und wieder legte sie einen Zweig oder ein größeres Stück Holz auf das Feuer. Wenn ein kleiner Luftzug die Flammen dämpfte und den Rauch aufwirbeln ließ, beugte sie sich zum Boden und blies aus vollen Backen ins Feuer.

Mina wusch alles. Ihren zerlumpten Rock, den sie selbst mit kräftigen roten und grünen Pflanzenfarben bedruckt hatte und der jetzt über und über braun befleckt war, ihre alte geflickte Jacke, ihre weiße Schärpe, ihr Umhängetuch und die Decken, in denen sie geschlafen hatte. Sie füllte den Topf immer wieder von neuem, aber in der frostigen Luft erwärmte sich das Wasser nur langsam. Die meiste Zeit nahm sie kaltes Wasser, weichte die Wäsche darin ein und mischte weiße Holzasche darunter, die sie in einer Schüssel mitgebracht hatte. Dann schlug sie mit einem Holzbrett auf die einzelnen Stücke ein und spülte den gelösten Schmutz im Flusswasser aus.

Als sie schließlich begann, ihr Haar und ihren Körper zu waschen, kamen schon vereinzelt Leute zum Fluss, um Wasser zu holen und sich Gesicht und Hände zu waschen. Auch eine andere Frau hatte einen Korb mit Kleidern zum Waschen mitgebracht. Nun war sie damit beschäftigt, unweit von Mina ein Feuer zu entzünden, um im warmen Wasser die viertägige Verunreinigung durch ihre Monatsblutung wegzuwaschen.

Als Mina zum Haus zurückkam, war die Sonne schon aufgegangen, und der Himmel leuchtete in einem unergründlichen Blau. Chola hockte am Boden und war damit beschäftigt, zur Reinigung des Hauses eine Mischung aus Lehm und Kuhmist in kreisrunden Bewegungen auf dem Boden aufzutragen. Als sie Mina sah, nahm sie einen kleinen Messingtopf, in dem sie im Stall den Urin einer Kuh aufgefangen hatte. Sie tauchte ihre Finger in die klare gelbliche Flüssigkeit und besprengte damit Mina und den ganzen Raum. Nachdem sie Mina das Gefäß gereicht und diese einige Tropfen daraus getrunken hatte, war die junge Frau endgültig gereinigt.

Allmählich erholte sich Mina von der Fehlgeburt, und als sie während des Monsuns auf den Jimale gezogen war, bekam ihr Körper endlich seine ehemalige Fülle und ihr Gesicht seine kindliche Klarheit wieder. Es war eine Zeit, in der nur wenig gearbeitet wurde, eine Zeit, in der die Feldfrüchte in der Wärme und im Regen wuchsen und heranreiften und nur hin und wieder gejätet werden mussten. Mina hatte viel Ruhe. Sie pflückte Himbeeren und Erdbeeren, sammelte Pilze im Wald, trank Milch und aß viel Quark, den es während dieser wenigen Monate in Hülle und Fülle gab.

Es muss zu dieser Zeit gewesen sein, dass sie wieder schwanger wurde, denn ihr Baby kam im Frühling zur Welt. Ich habe nicht herausgefunden, wann sie gemerkt hat, dass sie ein Kind erwartete. Sie sagte es mir erst, als nur noch ein Monat bis zur Geburt blieb – ich hatte bis dahin nicht den leisesten Verdacht geschöpft. Den ganzen Herbst und Winter über arbeitete sie genauso schwer wie immer. Sie half beim Einbringen der Ernte, sie sammelte Feuerholz und trug Körbe voll *mal* vom Stall auf die Reisfelder. Ich bemerkte nicht einmal die körperliche Veränderung, denn alle Frauen trugen dicke Gürtelschärpen, die mit *chillims*, Tabak und allem möglichen Kleinkram so voll gestopft waren, dass man nie sagen konnte, ob sie schwanger waren oder nicht. Ich wunderte mich auch nicht, dass sie vier Tage im Monat nicht im Stall schlief, denn einige Frauen taten dies, andere aber nicht.

Ihre Wehen setzten in der Nacht ein. Chola füllte einen Korb mit gehacktem Feuerholz, *jharo*-Stöckchen zur Beleuchtung und jeder Menge Decken, unter denen sich beide wärmen konnten. Dann half sie ihr in den Stall hinunter. Mina erzählte mir nachher, dass sie froh war, dass das Baby in der Nacht gekommen war: Die Dunkelheit war intimer und beschützender. Wenn die Wehen tagsüber eingesetzt hätten und sie mit Chola vom Feld hätte zurückkommen müssen, hätten es alle gewusst, und das wäre eine Schande gewesen.

Ich weiß nicht, wie lange die beiden unten im Stall waren, denn diesmal wachte ich nicht auf. Aber wahrscheinlich wird es fast die ganze Nacht gedauert haben – das Warten und die Schmerzen. Mina konnte sich nachher nicht mehr so recht entsinnen. Sie konnte sich nur noch daran erinnern, dass sie in einen unruhigen Dämmerschlaf verfallen war, aus dem sie immer wieder durch die Geräusche der Kühe neben sich geweckt wurde. Jedes Mal glaubte sie, es sei schon Morgen, doch dann wurde ihr immer bewusst, dass es nicht der Morgen war, den sie erwartete. Sie erinnerte sich an Cholas Gegenwart, an einen vagen Schatten, der sich im Raum bewegte, Holz aufs Feuer legte und die Scheite umschichtete und der, als die Schmerzen stärker wurden, sich über sie beugte, sie berührte, sie in den Armen hielt und ihren Körper in die richtige Lage brachte.

Als Kalchu hörte, dass Minas Baby ein Knabe war, war er außer sich vor Freude. Der erstgeborene Sohn seines erstgeborenen Sohnes – sein einziger Enkel. Er nahm das Gewehr vom Balken herunter und ging mit Śaṅkar auf das obere Dach hinauf. Dann richtete er das Gewehr direkt gen Himmel und feuerte zwei, drei, vier, fünf und sechs Schüsse ab. Zurück im Haus, suchte er nach einer Flasche *raksi*. Er lächelte vor sich hin, und sein Gesicht erstrahlte bei dem Gedanken an seinen Enkelsohn. Und als er den Birkenrindenstöpsel von der Flasche gezogen und zwei Schüsseln mit der klaren, aromatischen Flüssigkeit gefüllt hatte, verwandelte sich sein Strahlen in ein ausgelassenes Lachen.

Kurze Zeit später kamen die *Ḍamāi*-Trommler. Sie hatten die Schüsse vernommen und trommelten nun auf dem Dach den festlichen Rhythmus zur Geburt eines Sohnes. Sechs Tage lang kamen sie morgens und abends und spielten ihre Begrüßung für den neuen Erdenbürger. Und sechs Tage lang gaben ihnen Kalchu und Chola ihre Mahlzeiten als Anzahlung. Später schlossen sich den Musikanten auf dem Dach auch Jungen und Mädchen an, die tanzten und die traditionellen Geburtslieder sangen. Im Haus öffnete Kalchu eine Flasche *raksi* nach der anderen, und je mehr Freunde und Verwandte zum Feiern vorbeikamen, desto beschwipster wurden er und sein Sohn.

Minas Baby war kräftig und gesund, und seine Haut war schon bei der Geburt so dunkel, dass Nara und die Zwillinge sie damit hänselten und das Baby einen *Ḍum*[2] nannten. Kāli war völlig vernarrt in das Kind und verbrachte die meiste Zeit im Stall. Dort hielt sie das Baby in den Armen, umklammerte es, liebkoste es und wiegte es, wenn es zu weinen begann. Auch Mina wurde mit zurückkehrenden Kräften immer zufriedener. Sie genoss es, im Mittelpunkt der Aufmerksamkeit zu stehen, dem Trommeln und Singen auf dem Dach, das ihr galt, zuzuhören und die besonderen Leckerbissen zu verspeisen, die man ihr brachte. Kalchu hatte ein Huhn für sie geschlachtet, und auch ihr Vater hatte eines von Gorigāuṅ herübergeschickt, als er von den Neuigkeiten erfuhr.

Während der ersten Tage nach der Geburt verließ Mina den Stall nur selten. In gewisser Hinsicht war sie froh über die er-

---

[2] Viele *Ḍum*-Familien waren aus dem Süden eingewandert. Ihre Haut ist oft dunkler als die der übrigen Nepālis.

zwungene Isolation, die auf Grund ihrer Unreinheit erforderlich war. Als sie sich aber in der zweiten Nacht nach der Geburt stark genug fühlte, wickelte sie die Plazenta in ihren blutbefleckten Rock und trug das Bündel zum Fluss hinunter. Sie vergrub es im weichen Erdreich am Ufer und ging dann ans Wasser, um sich zu waschen. Zwei Tage lang stillte sie das Baby nicht selbst, denn angeblich war die erste Milch nicht gut für das Kind. Chola fand eine Amme, eine Frau, deren eigenes Kind schon fast abgestillt war. Mina fürchtete, dass sie ihren Sohn nicht selbst stillen könnte, dass sie keine Milch hätte. Doch als sie ihm die Brust reichte und die Milch nach ein oder zwei Versuchen zu fließen begann, war sie froh und erleichtert. Nun würde der Kleine zu einem runden, prallen Baby und später zu einem kräftigen Jungen heranwachsen.

Am sechsten Tag war Minas Isolation beendet. Sie ging zum Fluss, machte ein Feuer und wusch sich. Nachdem sie sich mit Kuhurin besprengt und ihre Lippen mit einigen Tropfen davon benetzt hatte, wickelte sie ihren Sohn in ein sauberes Tuch, hob ihn vorsichtig auf ihren Rücken und trug ihn zum ersten Mal aus dem Stall und die Stufen zum Haus hinauf. Der Boden war frisch getüncht worden, und eine Menge Leute saßen um das Feuer, die alle darauf warteten, das Kind zu sehen, es zu begrüßen und in seiner Familie willkommen zu heißen. Kalchus Bruder gab ihm ein Armband aus blauen und weißen Perlen mit einer einzigen Silbermünze, das alle seine Söhne zum Schutz getragen hatten, als sie noch klein waren. Śaṅkar band es vorsichtig um das Handgelenk seines Kindes. Minas Vater und Bruder waren aus Gorigāuṅ herübergekommen, und Jakali sang zu diesem besonderen Anlass mit zwei anderen Frauen *māṅgals*.

Kalchu entschuldigte sich, dass er keine Ziege geschlachtet hatte, aber die Tiere waren noch immer weiter im Süden. Doch es gab *puris* und Reis, *dāl*, frisches Blattgemüse und Bier, und alle waren guter Stimmung. Selbst das Baby ließ sich die viele Aufmerksamkeit bereitwillig gefallen. Immer wieder wurde es von Śaṅkar an Kalchu und dann an Kāli weitergereicht, die es schon ein wenig kannte. Als das Kind dann aber doch zu schreien begann, hob es Mina hoch und trug es aus dem Raum in den Sonnenschein hinaus.

Chola

Die Kartoffelernte schien nie enden zu wollen. Ein Feld nach dem anderen, Reihe um Reihe verwelkter Pflanzen, die auszugraben waren, und die Erde darunter, die zerkrümelt und von Steinchen befreit werden musste. Kalchu ging mit dem Pflug voran. Er lenkte die beiden Stiere entlang einer Rinne, redete ihnen gut zu, und wenn sie langsamer wurden, feuerte er sie mit Rufen und Pfiffen an und ließ seinen langen Weidenzweig durch die Luft schwirren, bis dieser ihre knochigen Hinterkeulen traf und sie sich daraufhin mit einem Ruck wieder in Bewegung setzten. Chola, Mina, die Kinder und ich folgten ihm nach. Wir beugten uns immer wieder nieder, durchsuchten das aufgelockerte Erdreich und warfen dann die blassen Kartoffeln in kleine, zylindrische Körbe.

Zu dieser Jahreszeit waren die frühen Morgenstunden noch recht kalt. Kalchu musste sich mit seinem ganzen Gewicht auf den hölzernen Pflug stemmen, um die Pflugschar in die frostige Erde zu drücken. Kāli und Nara klagten über ihre klammen und schmerzenden Hände. Immer wieder richteten sie sich auf und bliesen warme Luft auf die Finger oder rieben ihre Hände gegeneinander, um die Durchblutung anzuregen. Wenn wir nicht alle Kartoffeln aus einer Furche geklaubt hatten, bevor Kalchu mit dem Pflügen der nächsten Reihe begann, hielt Chola die Kinder an, sich nicht vor der Arbeit zu drücken, denn wenn sie sich ein wenig mehr anstrengten, würden auch ihre Hände warm werden.

Als die Sonne aufging, durchdrang die Wärme zuerst unsere Rücken, bevor sie allmählich auch Hände und Füße erreichte. Zur Mittagsstunde war das Licht dann so stark, dass es blendete. Kalchu, die Stiere und unsere gebeugten Körper waren, ihrer Farbe und Substanz beraubt, vor dem hellen Erdreich nur Silhouetten. Staub wirbelte hinter dem Pflug auf, überzog unsere Gesichter und setzte sich in unserem Haar und auf unseren Wimpern fest. Die Zwillinge hatten es satt, allein zu spielen und die abgeernteten Furchen nach Kartoffeln zu durchsuchen, die wir übersehen hatten. Sie wurden unruhig und langweilten sich, zogen an Cholas Rock und bettelten um Essen. Als sich Chola aufrichtete, um sie zu beruhigen, erfasste sie ein plötzlicher Schwindel. Sie beugte sich vor und legte den Kopf in die Hände, sodass sich die Handflächen über ihre Wangen wölbten und die Finger die Augen beschatteten.

Als sie aufsah, merkte sie, dass Kāli, die als Nächste in der Reihe arbeitete, innehielt und sie besorgt anblickte. Kāli ließ die Kartoffel, die sie gerade in der Hand hielt, in den Korb zu ihren Füßen fallen und kam durch das aufgewühlte Erdreich zur Mutter zurück. Chola versicherte ihr, dass sie sich besser fühle, dass der Schwindelanfall vorbei sei. Nachdem sie Kāli beruhigt hatte, trug sie ihr auf, einen Korb voll trockener Zweige zu sammeln, damit sie ein Feuer machen und einige Kartoffeln darin braten könnten, denn sicher sei ihr nur vor Hunger schwach geworden.

Bald schon wirbelte blauer Rauch durch Staub und Sonnenlicht. Kalchu hielt mit einem Ruf die Stiere an, spannte sie aus und ließ sie in einiger Entfernung auf dem vertrockneten Boden und unter den verkümmerten Pflanzen nach Gras suchen. Chola, Mina und ich ernteten die Furche, in der wir gearbeitet hatten, noch bis zum Ende ab, entleerten unsere kleinen Körbe in die größeren, die am Rand des Feldes standen, und gesellten uns zu den anderen am Feuer.

Kāli hatte zum Braten die größten Kartoffeln – riesige runde Knollen – ausgesucht. Deren Schale, die noch immer mit Erde verkrustet war, war dick und schwarz und von den Flammen verkohlt. Als wir sie abschälten, verbrannten wir uns vor lauter Gier nach dem krümeligen gelblichen Fleisch die Finger. Die meisten Kartoffeln waren in der Mitte noch nicht gar, und Chola neckte Kāli wegen ihrer Gefräßigkeit und sagte, dass so große Kartoffeln erst bei Einbruch der Nacht gar würden. Zusammen mit dem kalten Wasser, das Mina aus dem Fluss geholt hatte, schmeckten sie uns aber vorzüglich. Als wir mit dem Essen fertig waren, durchsuchten wir das Feuer mit Stöcken nach den restlichen Kartoffeln, die so verkohlt waren, dass sie in der Glut kaum zu erkennen waren.

Wir gingen nicht gleich wieder an die Arbeit, sondern warteten, bis Kalchu die Kartoffeln, die wir geerntet hatten, in die Grube entleert hatte, wo sie für den Winter aufbewahrt wurden. Wir setzten uns nieder und rauchten eine *chillim*, bis Kalchu zurückkommen und die Stiere wieder einspannen würde. Chola klagte, dass ihr ganzer Körper von dem vielen Bücken am Vormittag schmerzte, und Lāla Bahādur, der nach dem Essen noch immer schlecht gelaunt war, quengelte vor sich hin. Mit ihrer Geduld am Ende, hob Chola die Jacke hoch und zog ihre Brust heraus. Der Kleine saß auf ihrem Schoß, während sie seine hellbraunen Haare, die vom Staub zu Borsten und Knoten gezwirbelt worden waren, glättete. Eine Weile schien er zufrieden, und seine Augen wirkten inmitten seines schmutzigen und vom Ruß der Kartoffelschalen geschwärzten Gesichts wie stille Seen. Doch er war viel zu unruhig, um lange Zeit wie ein Baby auf ihrem Schoß zu sitzen. Bald schon krabbelte er wieder hinunter, schnupfte eine lange Rotzfahne zurück in die Nase und lief zu den anderen davon. Fluchend steckte Chola ihre Brust wieder weg.

In den Stunden, die folgten, sprach niemand viel. Wir verfielen wieder in den Rhythmus der Arbeit, verloren uns in einer Welt, in der nichts existierte außer der Struktur des Bodens und den Kartoffeln in unseren Händen: große, die die ganze Hand füllten, und kleine, die sich im Gewirr der Wurzeln verfangen hatten wie Kieselsteine in Schlingpflanzen. Und im Hintergrund hörten wir verschwommen, wie aus weiter Ferne, das Murmeln von Kalchus Stimme und das knarrende Hin und Her des Pfluges, der immer wieder seinen Weg der Sonne entgegen und von ihr weg nahm.

Wir hörten mit der Arbeit auf, als die Sonne endgültig hinter dem Berg verschwunden und das gesamte Tal in lange Schatten getaucht war. Es war plötzlich bitterkalt geworden, und wir spürten den eisigen Nordwind, den die Wärme der Sonne bis dahin entschärft hatte.

Ich half nicht jeden Tag bei der Kartoffelernte. Die meiste Zeit blieb ich zu Hause und las oder schrieb. An einem solchen Tag kam Chola früher vom Feld zurück, denn sie wollte etwas Öl pressen, das sie einige Tage später zum Braten der *puris* für Sigarups Abreise nach Aula brauchen würde. Sie holte dazu die Paste, die sie aus gerösteten Hanfsamen zubereitet hatte, und die kleine hölzerne Rinne, in der sie die Paste auspresste. Dann kniete sie sich auf den Boden und begann. Als ich zu ihr aufs Dach ging, sagte sie: »Schwester, für dich ist alles einfach. Du hast Öl und Ghee und Gewürze jeder Art, du isst Fleisch und Eier und Honig und Reis sooft du willst, du hast Medizin, Verhütungsmittel, schöne Kleider und Seife zum Waschen, du musst nicht den ganzen Tag auf dem Feld arbeiten – du kannst ganz einfach zu Hause sitzen, lesen und schreiben …«

Sie hatte das alles schon früher des Öfteren zu mir gesagt, und auch jetzt gestand ich die Wahrheit – oder besser gesagt die halbe Wahrheit – erneut ein. Chola beugte sich vor und drückte mit aller Kraft die Fingerknöchel in die Paste. Dann klappte sie die Enden übereinander und presste die Knöchel erneut so fest nieder, dass die gespannte Haut über ihren Fäusten durchsichtig weiß erschien. Ich beobachtete, wie das Öl aus der Paste sickerte, die hölzerne Rinne entlanglief und an deren Ende tropfenweise in eine kleine Schüssel fiel und sich darin langsam auf dem Boden ausbreitete.

Als ich das nächste Mal nach Jumla Bazaar ging, kaufte ich Fleisch und lud die ganze Familie – Kalchu, Chola, ihre sieben Kinder und Mina – bei mir zum Essen ein. Ich brauchte fast den ganzen Tag für die Vorbereitungen, denn es war ein ständiger Kampf mit der richtigen Feuerhitze und dem Rauch, und ich musste zudem auch Teller und Schüsseln, große Kochtöpfe und Pfannen von

Chola borgen. Außer dem Fleisch gab es *dāl* aus gelben Linsen, würzige Kartoffeln, Reis, frische grüne Chilis, die ich in Bazaar gekauft hatte, und einige Flaschen *raksi*.

Als alles fertig war, kam Chola als Erste herein. Ganz vorsichtig öffnete sie die Tür, wandte sich dann um und vergewisserte sich wispernd, dass die anderen ihr unmittelbar nachfolgten. Mit Lāla Bahādur an der Hand kam sie fast trippelnd in den Raum. Obwohl sie schon oft bei mir gewesen war, benahm sie sich dieses Mal wie ein schuldbewusstes Kind, das eine lang erträumte, verbotene Fantasie auslebt. Sie genoss jeden Augenblick und ging ganz langsam ans Feuer. Ihre Augen glänzten voller Erwartung und blickten mit dem ihnen eigenen Frohsinn und Schalk um sich. Es schien, als ob sie alle meine Besitztümer noch nie vorher gesehen hätte. Kritisch betrachtete sie meine Bücher, meine Taschenlampe, die Kamera, die Plastikbehälter, auf die sie es schon immer abgesehen hatte, und sagte dann, wie hell und sauber alles im gleichmäßigen Licht der Paraffinlampe aussehe.

Ich goss *raksi* in die Schüsseln. Eine für Kalchu und eine für Śaṅkar, Sigarup, Mina, Chola und für mich. Mina wies ihre zurück, als ich sie ihr anbot. Verlegen schob sie mir die Schüssel auf dem Boden zu, als ob sie sagen wollte, dass es ihr lieber gewesen wäre, wenn ich sie ihr nicht angeboten hätte. Chola wechselte einen Blick mit Kalchu, der anzudeuten schien, dass es falsch von mir war, Frauen in der Gegenwart von Männern Alkohol anzubieten. Auch sie wies ihre Schale zurück, doch plötzlich leuchteten ihre Augen auf, und sie überlegte es sich anders. Sie würde sich das Getränk gönnen und mit ihren Kindern teilen.

Ich füllte die Teller und reichte sie herum. Während ich abwartete, bis alle gegessen hatten, um dann schließlich selber zugreifen zu dürfen, füllte ich die Teller immer wieder von neuem mit mehr Reis, *dāl* und Fleisch. Ich war froh, dass es diesmal nicht Chola war, die die Reste aus den Pfannen aß, nachdem alle fertig waren. Ich freute mich, dass sie sich ihren Teller nachfüllen ließ und einen Knochen nach dem anderen bis auf das letzte Stückchen

Fleisch abnagte. Mit Genugtuung beobachtete ich, wie sie genüsslich schmatzend in eine grüne Chili biss und der frische Saft sich prickelnd und brennend in ihrem Mund sammelte.

Nachdem das Essen beendet war, gingen alle nacheinander aufs Dach hinauf, um sich die Hände zu waschen. Kalchu wies Mina an, das Geschirr zusammenzutragen und draußen abzuspülen. Je mehr ich protestierte, desto beharrlicher bestand er darauf. Schließlich folgte ich ihr nach draußen und bat sie, das Spülen sein zu lassen, denn sie sei an diesem Abend mein Gast. Doch sie entgegnete mir, dass sie sich lieber draußen aufhielte, als drinnen bei ihren Schwiegereltern sitzen zu müssen. Hier draußen könne sie rauchen, und danach wäre die Gelegenheit günstig, um sich fortzustehlen und im Dorf jemanden zu besuchen.

Ich füllte die Schüsseln mit *raksi* nach und lachte, als Lāla Bahādur Cholas Brust abwies und stattdessen ihre Schüssel ergriff. Chola ignorierte ihn und sagte zu mir: »Schwester, ist es wirklich wahr, dass es in deinem Land jetzt früh am Morgen ist – dass es in Amerika nacht ist, wenn es bei uns Tag ist?«

»Ja, das stimmt«, sagte ich. Ich hatte es aufgegeben, ihr zu erklären, dass ich keine Amerikanerin sei, dass es in Amerika etwa zehn Stunden früher am Tag war als in Nepal und England irgendwo dazwischen lag.

»Wie ist denn das möglich?«, grübelte sie und lächelte verwirrt über die Absurdität des Ganzen.

Mein Nepāli war nicht gut genug für eine Erklärung, und Kalchu sprang nun für mich ein. Angeregt begann er zu sprechen und zu gestikulieren. Er beschrieb mit den Armen einen Kreis über seinem Kopf, dann machte er mit einem Holzstückchen eine Zeichnung auf den Lehmboden und erwähnte dabei die Sonne, den Mond, die Erde, den Himmel und die Sterne.

Ich verstand nicht, was er sagte, und ich glaube, auch Chola verstand nichts davon, denn nach ein oder zwei Minuten wechselte sie das Thema und unterbrach seine Erklärungen. Mit einem nachdenklichen Ausdruck im Gesicht fragte sie: »Und stimmt es wirklich, Schwester, dass bei euch jede Kuh täglich dreißig *mānās* Milch gibt … und dass bei euch die Fische so lang sind wie dein Arm?«

»Manche schon«, sagte ich. »Manche sind sogar noch größer. Es gibt große und kleine Fische. Manche sind nur halb so groß wie eure hier.« Ich versuchte, ihr den Unterschied zwischen Meeresfischen und Flussfischen, zwischen dem Ozean und einem Fluss zu erklären.

»Wa, wa, wa!«, sagte sie kopfschüttelnd, sichtlich beeindruckt, aber skeptisch.

»Sie hat doch noch nicht einmal ein Auto gesehen und noch nie eine Banane probiert«, warf Sigarup, ihr zweitältester Sohn, ein, der schon mit Handelsware und den Schafen weiter im Süden gewesen war. »Sie war noch nie aus diesem Tal heraus – sie war ja noch nicht einmal in Jumla!«

Mehrere Wochen vergingen. Die Kartoffelernte war beendet, und Kalchu deckte die Gruben mit Erde und einer dicken Lage Dornenbüsche zu, um Wildschweine und andere Tiere auf der Suche nach Futter daran zu hindern, durch die Abdeckung zu graben und die Kartoffellager zu plündern. Dann zog Sigarup mit den Schafen nach Aula. Und der erste Schnee fiel.

Eines Abends saßen wir alle in der Wärme beim Feuer, als sich Chola plötzlich nach vorne beugte, den Kopf in die Hände legte und sagte, dass ihr entsetzlich schwindlig sei. Sekunden später begann sie am ganzen Körper zu zittern, zuerst nur leicht, doch dann in krampfartigen Zuckungen. Als sie aufblickte, flatterten ihre Augen wie Schmetterlinge, und sie musste nach Atem ringen, als ob man ihr den Hals zugeschnürt hätte. »Aha, aha, aha« – der Ton kam als abgehacktes, rhythmisches Ächzen hervor. Chola war besessen.

Ihr Anblick und die Verwandlung, die sich in ihr vollzogen hatte, schockierten und ängstigten mich. Ich hatte sie schon früher gesehen, wenn sie besessen war, aber das war zur Zeit des großen Vollmondfestes gewesen, als alle möglichen Leute plötzlich aufsprangen und besessen von irgendeinem Gott wild tanzten und herumsprangen. Damals hatte sie eine Girlande aus Ringelblumen getragen, und ihr Gesicht hatte eine innere Ruhe ausgestrahlt, als sie im Kreis tanzte und ihr Lächeln wie Silbermünzen unter den Zuschauern verteilte. Doch jetzt sah sie übellaunig, wenn nicht gar feindselig aus. Sie sagte etwas zu Kalchu mit einer seltsamen Stimme, die ich nicht verstand. Er ging hinaus und kam mit einem Teller Reiskörner wieder. Als er den Teller vor sie hinstellte, rührte sie eine Minute lang darin herum. Dann ging sie auf Lāla Bahādur zu, der fast den ganzen Tag lang geweint und geschmollt hatte. Mit ärgerlichen Gemurmel schwenkte sie eine Hand voll Reiskörner dreimal um seinen Kopf. Dann stieß sie die Tür auf, ging an den Rand des Dachs und schleuderte die Reiskörner in die Luft. Etwas hatte das Kind verhext – doch jetzt war es weg.

Am folgenden Tag hatte Chola Bauchschmerzen und musste sich mehrmals übergeben. Die Schmerzen wurden im Laufe des Tages aber nicht besser, sondern immer schlimmer. Bis zum Abend hatten sie auch Brust und Herz ergriffen und waren so heftig und hartnäckig, dass sich Kalchu Sorgen machte. Er sagte dem *dhāmi*, dass er die Götter noch an diesem Abend in den Schrein rufen müsse.

Lange wurde getrommelt und die große Glocke geläutet, aber die Götter kamen nicht. Doch dann begann der *dhāmi* endlich zu zittern. »Aha, aha, aha.« Als der Lärm der Glocke und der Trommeln verklungen war und der *dhāmi* seinen *ṭopi* vom Kopf genommen und seine Haare gelöst hatte, stellte ihm Kalchu die Fragen, mit denen er gekommen war: Welcher Gott hatte von seiner Frau Besitz ergriffen und weshalb war sie krank?

Der Gott sagte, dass er nicht wisse, welcher der anderen Götter es sei. Er war sich nicht einmal sicher, aus welchem Dorf der Gott kam. Da dieser sich aber nicht zu erkennen gab, war es wahrscheinlich, dass er von weiter weg, aus Dörfern wie Rini oder Padmāra kam. Einige Männer im Schrein machten Vorschläge, die dann eine Zeit lang von allen diskutiert wurden. Dann sprach der Gott: »Aber so viel ist sicher. Deine Frau ist krank, weil ihr Körper seiner nicht würdig war, als er sie erwählte – als er zu ihr kam.«

Die Männer im Schrein wurden wieder lebendig, sprachen mit dem Gott und beratschlagten untereinander. Ich verstand die Unterhaltung nicht. Einerseits wurde sie so schnell und erhitzt geführt, und andererseits war die Stimme des *dhāmi* eigentlich die mir fremde Stimme des Gottes, und die Worte, die er benutzte, waren mir neu und unbekannt. Dann wurde es plötzlich still im Schrein, und ich merkte, dass mich alle anstarrten, als ob sie eine Antwort von mir erwarteten. Ich blickte auf Kalchu, der neben mir saß, und er sagte erklärend: »Der Gott hat dich gefragt, ob sie etwas gegessen hat, das du gekocht hast, während du deine Regel hattest.«

»Nein«, murmelte ich.

Das war es also nicht. Die Diskussion ging weiter, und nach einer Weile herrschte erneut Stille. Kalchu beugte sich zu mir herüber. »Schwester«, sagte er, »du musst fünf Rupien an den Schrein zahlen. Der Gott hat sie krank gemacht, denn ihr Körper war verunreinigt, weil sie das Essen von Fremden zu sich genommen hatte, als er zu ihr kam. Das Geld ist eine Art Buße – eine Entschuldigung an beide.«

Ich ließ die Männer im Gespräch im Schrein zurück, fand meine Schuhe, die ich vor der Tür ausgezogen hatte, und ging nach Hause, um das Geld zu holen.

Danach wusste ich nicht, wie ich mich Chola gegenüber verhalten sollte. Es ging ihr fast sofort wieder besser, und es hatte nicht den Anschein, als ob sie mir grollte oder mir etwas verübelte. Aber ich war nicht froh darüber und auch Kalchu war ein wenig gereizt. Also setzte ich mich eines Abends zu ihm und sprach mit ihm darüber. Er sagte, dass es nicht an mir oder meinen Speisen läge. Auch von anderen Leuten dürfe sie manche Dinge nicht annehmen, denn wenn der Gott regelmäßig zu ihr käme, dann wäre sie eine *dhāmini*, ein weiblicher *dhāmi*, und für alle *dhāmis* gebe es bestimmte unreine Nahrungsmittel – Hühner, Eier, *raksi*, Bier –, die sie nicht essen dürfen. Ich nickte verständnisvoll, fragte mich aber insgeheim, ob Chola es übers Herz bringen würde, Hähnchenfleisch zurückzuweisen, wenn es ihr angeboten wurde. Ich bezweifelte dies stark.

Ich begegnete Chola nie mehr in besessenem Zustand, aber ich sah, wie sie Hähnchenfleisch zurückwies. Als es dann aber so schien, als ob der Gott sie auf immer verlassen hätte, nahm sie ihre früheren Essgewohnheiten wieder auf, trank zuerst aber nur schwaches Bier, das mit Wasser versetzt war, und aß nur winzige Stückchen Hühnerfleisch, die sie vom Teller der Kinder stibitzte.

Als ich, erst fast ein Jahr später, das nächste Mal für die ganze Familie kochte, war es überhaupt keine Frage, ob Chola mitkommen sollte. Sie freute sich wie ein Kind, genoss den Anlass und ließ sich das Essen schmecken.

Sāuni

Kālis Schwester Sāuni kam am Tag, bevor wir mit dem Umpflanzen des Reises begannen, vom Dorf ihres Mannes nach Hause. Sie war seit fast zwei Jahren verheiratet, aber kaum ein Jahr nach der Hochzeit war ihr Mann in den Süden gegangen. Und obwohl seine Familie auf jede erdenkliche Weise versucht hatte, sich mit ihm in Verbindung zu setzen, hatte man seitdem nichts mehr von ihm gehört. Zu jener Zeit war Sāuni so jung und so schön und hatte so viele Möglichkeiten für ein neues Glück, dass sie die Trostlosigkeit des Verlassenseins nicht ertragen konnte und sich während der langen Monate seiner Abwesenheit in einen anderen verliebte. Zuerst war ihre Liebe so versteckt und geheim gewesen wie eine Frühlingsblume unter dem Schnee, doch im Lauf der Zeit hatte schließlich auch ihr Schwiegervater davon gehört. Erzürnt und empört hatte er erklärt, dass sein Sohn, selbst wenn er schon so lange weg war, zurückkommen werde, und dass sie – ob ihr das nun recht war oder nicht – eine verheiratete Frau und seine Schwiegertochter sei. Wenn sie zu ihrem Geliebten in Chaura überliefe, müsse dieser ihnen fünftausend Rupien als Ehebruchsgeld zahlen.

Die meiste Zeit glaubte Sāuni fest daran, dass ihr Geliebter und seine Familie eines Tages das Geld aufbringen würden und sie dann frei wäre, zu ihm zu gehen. Bis dahin war das Leben bei der Familie ihres Mannes aber kaum zu ertragen. Sie begegneten ihr entweder mit offener Feindseligkeit oder unterschwelliger Missbilligung. Doch wenn sie dann zu Festen oder Anlässen wie dem Umpflanzen des Reises zu ihren *māiti* nach Hause kam, um mit ihnen zu feiern oder ihnen bei der Arbeit zu helfen, war sie wie neu geboren. Da war sie dann nicht mehr die eingeschüchterte, von Schimpf und Schande gebeugte Ehefrau, sondern ein junges Ding, das lachte und ausgelassen war in der Gewissheit, wenigstens ein paar Tage lang, fern der allgegenwärtigen Blicke im Dorf ihres Mannes, wieder mit ihrem Geliebten zusammen sein zu können.

Die zur Aussaat bestimmten Reiskörner waren vor zwei Monaten im Mondmonat *Chait* am Tag des neuen Mondes eingeweicht worden. Nach drei Tagen im Wasser streute man sie in der Sonne zum Trocknen aus und ließ sie dann in verschlossenen Behältern im Dunkeln keimen. Sobald sich knospende weiße Sprösslinge gebildet hatten, säte Kalchu sie auf einem seiner Felder aus. Während die Pflänzchen Wurzeln schlugen und schlanke grüne Blätter trieben, bereitete Kalchu die restlichen Reisfelder vor. Dazu hatte er die Bewässerungskanäle geöffnet, sodass das Flusswasser das Land überschwemmen konnte, dann hatte er die gewässerten Felder zweimal gepflügt und dabei Wasser, Erdreich und *mal* zu einer glatten, schlammigen Masse vermengt. Die Erdwälle zwischen den primitiven Terrassen mussten neu aufgeschüttet und in Stand gesetzt werden, um zu verhindern, dass das Wasser von den oberen Terrassen ungewollt durchsickert und auf das untere Feld abfließt.

Am Morgen von Sāunis Heimkehr waren alle mit den Vorbereitungen für den nächsten Tag beschäftigt. Kalchu, Sigarup und Śaṅkar waren auf die Reisfelder gegangen, wo sie die jungen Setzlinge zum Umpflanzen vorsichtig aus dem Boden zogen und dann mehrere mit einem einzelnen Halm bündelten. Kāli, Mina, Sāuni und ich gingen hinunter zum Fluss, um unsere Haare zu waschen. Es war ein wunderschöner, klarer, heißer Tag mitten im Juni. Das Wasser war nach der Schneeschmelze in den Bergen und vor dem Monsunregen so warm, dass das Kopfwaschen zum Vergnügen wurde. Wir benutzten statt des üblichen Lehms mein Shampoo, das ich in der Stadt gekauft hatte. Meine drei Begleiterinnen lachten und kreischten vor Vergnügen, als der weiche weiße Schaum ihre Köpfe bedeckte und vom Wind in Flöckchen weggetragen wurde, wenn sie ihn mit den Fingern anschnippten.

Nachher setzten wir uns aufs Dach in die Sonne. Sāuni saß gegen Kālis Schienbeine gelehnt, während sich die jüngere Schwester über sie beugte und ihr Haar ölte und kämmte. Dann teilte sie Sāunis Haar in kleine Quadrate und flocht jedes Quadrat zu dünnen Zöpfchen, die sich von den Schläfen aus zu einem dicken Zopf am Hinterkopf vereinten. Als der Zopf nackenlang war, flocht Kāli ein schwarzes Baumwollband ein, das mit einer roten Quaste endete. Sāuni hatte dünnes, widerspenstiges Haar, das ihr nur bis an die Schultern reichte, doch als Kāli schließlich das Band am Ende befestigte, wirkte Sāunis Zopf üppig und schwer und sah aus, als ob er ihr bis über die Taille reichte. Kāli schwang triumphierend und stolz auf ihr Werk die rote Quaste über die Schulter ihrer Schwester. Sāuni setzte sich auf und befühlte den Zopf mit der Hand. Sie bat mich um meinen Taschenspiegel und betrachtete sich dann einige Minuten lang. Zuerst hielt sie den Spiegel ganz nahe an ihr Gesicht und prüfte, ob die Zöpfchen auch ordentlich geflochten waren. Dann hielt sie ihn etwas weiter von sich, um einen Gesamteindruck von ihrem Gesicht, ihrer Frisur, der silbernen Korallenkette und von den metallenen Haarspangen zu bekommen, die sie in einer Reihe an der Vorderseite ihrer Jacke befestigt hatte.

»Du bist schön«, sagte Kāli, halb ehrerbietig, halb sarkastisch. Verlegen über diese Bemerkung tat Sāuni so, als ob sie der Schwester einen Klaps verpassen wollte. Aber sie brauchte keinen Spiegel und auch nicht die Bemerkung ihrer Schwester, um zu wissen, dass sie schön war. Sie war nicht eitel, aber alles an ihr – die Art wie sie ihre Kleider und ihren Schmuck trug, die Art wie sie ging und sich hielt, die Art wie sie plötzlich in ein herzliches, strahlendes Lachen ausbrach – zeugte davon, dass sie sich ihrer Schönheit durchaus bewusst war.

Die Sonne stand schon hoch am Himmel, als wir endlich bereit waren, uns auf den Weg zu den Reisfeldern zu machen. Kalchu und die jungen Männer waren schon längst fort, aber es hatte einige Zeit gedauert, bis Chola das Essen zum Mitnehmen zubereitet hatte, bis wir alle unsere besten Kleider angezogen und Sāuni und Mina ihren Silberschmuck mit Asche gewaschen und poliert hatten. Dann mussten sich die beiden immer wieder von ihren Lachanfällen erholen, von denen sie jedes Mal geschüttelt wurden, sobald sie versuchten, sich gegenseitig und dann auch Kāli und mir die traditionellen blauen Punkte und Streifen ins Gesicht zu malen. Wir waren gerade fertig, als Kāli zu unserer großen Freude einen Korb mit Rhododendronblüten hereinbrachte. Es seien die letzten gewesen, erzählte sie uns, und sie hätte dazu hoch auf den Berg hinaufklettern müssen. Mit gespielter Grazie steckten wir uns die schweren karmesinroten Blüten in die Zöpfe und hinter die Ohren.

Auf dem etwa einen Kilometer langen Weg zu den Reisfeldern waren wir an die zehn Frauen, von denen die meisten Kinder bei sich hatten. Babys, die in Tüchern auf dem Rücken getragen, und Kleinkinder, die an der Hand mitgeschleppt wurden, junge Mädchen und kleine Jungen, die aufgeregt voran liefen und alles untersuchten, was ihnen am Wegrand ins Auge stach. Jedes Jahr halfen fast alle Frauen aus vier oder fünf verschiedenen Familien beim Reisumpflanzen mit. Junge, verheiratete Frauen arbeiteten zunächst auf den Feldern des Ehemannes mit, dann auf denen des Schwiegervaters und des Schwagers, schließlich halfen sie auch noch auf den Feldern ihres eigenen Vaters und ihrer Brüder in ihrem Geburtsort mit. Diesmal hatten sich zu den Frauen aus Kalchus Haushalt seine beiden Schwestern, die aus den Dörfern ihrer Männer gekommen waren, die Frauen und Schwiegertöchter seiner Brüder und Sāuni gesellt. Und es verstand sich von selbst, dass man diese Hilfe erwidern würde.

Obwohl der Monsun erst in einigen Wochen erwartet wurde, hatte es bereits fünf oder sechs Regentage gegeben. Die Landschaft war regelrecht aufgeblüht und wirkte frisch und grün. Die Blätter auf den Weiden am Flussufer waren dünn und zart wie Seidenpapier, und die Gerstenähren auf den Feldern, an denen wir vorbeikamen, waren zwar noch schmal und unreif, hatten aber bereits ihre volle Höhe erreicht. Doch als wir um eine Wegbiegung kamen und auf die Reisfelder zu gingen, waren die Farben plötzlich wieder winterlich. So weit das Auge reichte, erstreckte sich über die ganze Länge und Breite des Tales kahle, unbebaute Erde. Nur hier und da erinnerte ein Fleckchen, das mit dem hellsten und saftigsten Grün bedeckt war, das man sich nur vorstellen konnte, an die sommerliche Jahreszeit. Es waren genau die dicht beieinander stehenden Reissetzlinge, die nun umgepflanzt werden sollten.

Als wir Sigarup und Śaṅkar in ihren bunten *ṭopis* erspähten, wussten wir, dass wir Kalchus Felder erreicht hatten. Sie hockten auf kleinen, einbeinigen Schemeln, die sie in den Lehm am Rand eines grünen Fleckens gesteckt hatten. Sie saßen vornübergebeugt, zogen mit den Händen die Setzlinge aus dem Erdreich und häuften sie gebündelt in einen Korb. Als sie uns sahen, hielten sie bei ihrer Arbeit inne, wandten sich um und riefen uns eine derbe Bemerkung zu, worauf die Frauen entrüstet vor sich hin murmelten und kicherten. Sāuni fand als Erste ihr Sprache wieder und gab eine schlagfertige Antwort. Nun begannen auch die Männer gespielt schockiert zu kichern, wobei sie sich auf ihren windigen, kleinen Schemeln hin und her bogen.

In einiger Entfernung sahen wir Kalchu, der mit den Stieren pflügte. Er selbst balancierte auf einem Brett, das er hinten am Pflug befestigt hatte. Mit einem Stock hieb er auf die Stiere ein, die mit großer Geschwindigkeit durch das weiche Erdreich trabten und dabei den Boden auflockerten und glätteten, sodass die jungen Pflanzen darin leichter wurzeln konnten. Als Kalchu so über das Feld zog, blähte der Wind seine Baumwolltunika auf. Hinter ihm sprühte eine Fahne aus Lehm und Wasser in die Luft und klatschte dann in einer großen Fontäne wieder zu Boden.

Als das Feld endlich zu seiner vollen Zufriedenheit vorbereitet war, trieb Kalchu die Stiere vom Acker. Er schwang seinen Stock und feuerte die Tiere mit Rufen und Pfiffen an, bis sie endlich ihre schweren Körper aus dem schlammigen Erdreich hievten und mühsam über die Böschung kletterten. Er ließ die schmutzverkrusteten Tiere im Nachbarfeld stehen, bis er sie wieder brauchte. Inzwischen waren Śaṅkar und Sigarup mit dem Korb voller Setzlinge herübergekommen. Die Babys saßen bereits in nächster Nähe bei ihren älteren Schwestern auf einem trockenen Stück Boden, und die kleinen Kinder spielten begeistert im Schlamm. Wir waren startbereit.

Auf ein Zeichen von Kalchu hin begannen die beiden *Damāi*-Trommler, die auf dem Pfad gewartet hatten, auf ihre Kesselpauken zu schlagen. Gleichmäßig wie der Herzschlag eines Riesen rollte der Klang der Trommeln über die Felder, und alle Blicke waren auf Chola, als älteste Frau des Haushalts, gerichtet. Ein leicht arrogantes Lächeln umspielte ihren Mund, denn sie wusste, was von ihr erwartet wurde, und sie war stolz auf ihren Rang und ihre Stellung. Kalchu reichte ihr Bündel von Setzlingen, und vor den Augen aller schürzte sie ihren Rock, steckte die Enden in ihre Gürtelschärpe und watete bis zur Mitte des Feldes. Dabei hinterließen ihre Füße tiefe Abdrücke, in die das schlammige Erdreich langsam wieder nachsackte. Fast in der Mitte angekommen, schaute sie sich nach dem richtigen Platz zum Anfangen um. Lachend und gestikulierend wiesen sie alle an, ein wenig nach links und dann ein wenig nach rechts zu gehen. Schließlich beugte sie sich unter allgemeiner Zustimmung an einer bestimmten Stelle nieder und pflanzte die Setzlinge in der Form eines Kreuzes. In die Mitte steckte sie einen gegabelten Zweig, an dessen Spitze sie ein rotes Stoffband befestigte. Das Feld war nun für die kommende Ernte gesegnet und geschützt.

Danach schürzten Sāuni, Mina und die anderen Frauen ihre Röcke bis an die Knie und stiegen von der Böschung ins schlammige Feld. Sekunden später standen sie gebeugt in einer Reihe, das Gesicht zum Feldrand. Langsam gingen sie immer weiter ins offene Feld hinaus und bedeckten den Boden Reihe um Reihe mit Setzlingen. Dabei wurde jeder Setzling aus dem Bündel genommen und flach gegen zwei ausgestreckte Finger gelegt, die die Frauen dann in den Boden steckten und wieder herauszogen, während die zarten Setzlinge anfangs schlaff und zerdrückt zurückblieben, um sich erst später aufzurichten und im schlammigen Boden Fuß zu fassen. Anfangs arbeitete ich an dem einen Ende der Reihe, blieb aber immer wieder zurück, während die Frauen schon die nächste Reihe gebildet hatten. Geschickt nahmen sie die Pflänzchen von einer Hand in die andere und steckten dann mehrere in den Boden um sich herum. Schließlich gesellte ich mich zu Kāli und den anderen Mädchen, die am anderen Ende des Feldes im Anfängertempo in einer Reihe arbeiteten, ohne dabei den anderen in die Quere zu kommen.

Die Sonne brannte heiß und unerbittlich auf unsere gebeugten Rücken, doch das schlammige Erdreich war kühl, und die Brise, die gelegentlich durch das überflutete Tal strich und uns die durchnässten Röcke an die Schenkel klebte, ließ uns immer wieder erschauern. Kalchu, Sigarup und Śaṅkar beobachteten uns bei der Arbeit. Sie gingen auf der Böschung auf und ab und prüften unsere Fortschritte. Hin und wieder kritisierten sie eine der Frauen, wenn sie die Setzlinge zu weit oder zu eng aneinander pflanzte, aber die meiste Zeit achteten sie nur darauf, ob Nachschub für die Bündel mit den Setzlingen gebraucht wurde. Wenn einer der Frauen der Vorrat ausging, fuchtelte sie mit den Armen in der Luft, bis die Männer aufmerksam wurden. Wer immer sie zuerst sah, warf dann ein grünes Bündel übers Feld in ihre Richtung. Wenn sie Glück hatte, fing sie es. Doch meistens kam es zu scharf oder zu hoch angeflogen und landete mit einem gezielten Plumps, der die Frau mit Schlamm bespritzte, worauf sie lauthals über den Schmutz auf ihrem Rock, ihrem Haar und ihrem Gesicht schimpfte.

Nach etlichen Stunden traf die Reihe der Frauen auf die Mädchen, die von der anderen Seite her mit dem Pflanzen begonnen hatten. Die meisten nahmen dies als willkommene Pause, richteten sich auf und streckten sich erst einmal, bevor sie ihr Werk begutachteten. Die eine oder andere arbeitete weiter und ging noch einmal über den Abschnitt, den die Mädchen bepflanzt hatten. Vorsichtig bewegten sie sich zwischen den empfindlichen Setzlingen bis in die äußersten Ecken des Feldes und füllten hier und da eine zu spärlich bepflanzte Stelle auf. Damit war eines der Felder – das größte – fertig, und wir suchten uns nun ein Stück trockenen Boden auf der anderen Seite des Pfades, wo wir uns zum Essen niederließen. Als besonderen Genuss hatte Chola für uns dicke Buchweizenpfannkuchen und Röstkartoffeln zubereitet, und die ganze Gruppe von etwa fünfzig Personen, zu der sich auch die Kinder gesellt hatten, entspannte sich nun im Gras und ließ sich das Picknick schmecken.

Nachdem wir uns ausgeruht hatten und satt waren, begannen wir mit dem zweiten Feld. Das Trommeln hallte noch immer in der Ferne durchs Tal. Es kam von einem anderen Feld, wo man auch an diesem Tag mit dem Pflanzen begonnen hatte. Im Laufe des Vormittags waren die Trommler auf den trockenen Pfaden zwischen den Feldern der verschiedenen Familien hin und her marschiert. Der Klang ihrer Instrumente kam manchmal lauter und manchmal schwächer zu uns herüber, beherrschte unser Denken und entschwand dann wieder in den Hintergrund. Da ich inzwischen schon ein wenig Übung bekommen hatte, ging ich zurück zu Sāuni und Mina in die Reihe der Frauen. Es entstand eine Art Kameradschaft, als wir uns gemeinsam vorwärts bewegten, mit Händen und Ellbogen beim Pflanzen gegeneinander stießen, uns im Flüsterton Anekdoten und Witze erzählten und Kalchu wegen seiner unangebrachten Kritik verwünschten. Mit unseren gebückten Körpern und den abgewandten Gesichtern schufen wir uns unsere eigene Welt, in die von außen – auch durch noch so aufdringliches Starren – niemand eindringen konnte. Den Blick zu Boden gerichtet, sahen wir dann nicht mehr den Schlamm und die Setzlinge, die wir pflanzen sollten, sondern im gekräuselten Spiegel des Wassers nur noch die Gesichter der anderen Frauen, ihre silbernen Ketten und bunten Röcke, die dahintreibenden Wolkenfetzen und das gleißende Licht der Sonne. Hin und wieder stieß die eine oder andere Frau ihre Nachbarin an, und beide begannen eines der für die Gegend typischen Lieder zu singen. Nach den ersten paar Takten schlossen sich dann zumeist auch die übrigen Frauen in der Reihe an, lachten dabei aber oft mehr, als dass sie sangen.

> Das Gras ist grün auf den Bergen,
> die Blumen blühen am Bach,
> in Aufregung schwirrt die Biene,
> denn die Zeit der Fülle ist da.

Am Abend war es zur Zeit des Reisumpflanzens üblich, dass alle Frauen, die auf Kalchus Land mitgeholfen hatten, eine Reismahlzeit erhielten. Chola hatte am Morgen eine riesige Pfanne Reis gekocht, der am Abend nur noch lauwarm war. Aber die Sauce dazu, die sie erst nach ihrer Rückkehr zubereitete, war frisch und heiß. Reismahlzeiten waren für alle ein ganz besonderer Genuss, den es nur zu besonderen Anlässen gab. Denn selbst wenn der Reisvorrat noch so streng rationiert wurde, schien er nie fürs ganze Jahr zu reichen. Immer wieder gab es peinliche Situationen, wenn geschätzten Gästen statt Reis gekochte Hirse oder *roṭis* vorgesetzt werden mussten. Und die Gäste mussten dann so tun, als ob es ihnen schmeckte, während ihnen in Wirklichkeit ob dieser Beleidigung jeder Happen fast im Hals stecken blieb. An diesem Abend aber genossen die Frauen ihre Mahlzeit und fühlten sich besonders geehrt und verwöhnt. Danach blieben die meisten noch auf und verbrachten die Zeit bis in die frühen Morgenstunden mit Lachen und Erzählen.

Irgendwann im Laufe des Abends hörte Sāuni das Bellen der Hunde, was bedeutete, dass Fremde ins Dorf gekommen waren. Ohne ein Wort zu sagen und auch ohne eine Bemerkung der anderen stand sie auf und verließ die Frauen im Raum. Als sie draußen war, hörte sie in der Stille der Nacht, was sie erwartet hatte – die Stimmen junger Männer und ihr leises, drängendes Pfeifen. Schnell stieg sie die Leiter hinunter und ging zu jener Stelle am Pfad, von wo sie die Stimmen gehört zu haben glaubte. Doch es war niemand da. Ihr Blick durchsuchte das Dunkel, und da sah sie sie, versteckt im Schatten des Holzstoßes. Mit ihrem Geliebten Channa Lāl waren noch fünf oder sechs weitere Männer, alle aus Chaura und Chhuma, gekommen. Als Sāuni bei ihnen stand, tauchten aus dem Nichts ganz plötzlich auch andere Mädchen und Frauen auf. Ihre Gesichter waren unter mehreren Lagen von Baumwolltüchern fast verdeckt.

Als sich alle gefunden hatten, gingen sie hinüber zu einem Platz am hinteren Pfad und dann hinunter zu den Wassermühlen. Es war eine klare Nacht. Der Mond war noch nicht ganz voll, und die Sterne stachen ins Auge wie Veilchen auf einem belaubten Waldweg. Gebeugt gingen sie hintereinander durch den niedrigen Eingang in eine der Mühlen. Drinnen war es, abgesehen von den Lichtflecken an der Tür, dunkel wie in einer Höhle, und das eindringliche Rauschen des Wassers, das unter dem Häuschen die Rinne hinunterschoss, erstickte alle von draußen kommenden Geräusche.

Im Lauf des Abends gesellten sich noch andere junge Männer und Mädchen zu ihnen. Sie gingen in die sommerliche Nachtluft hinaus, die nach der kühlen Feuchtigkeit in der Mühle so sanft und warm war wie frische Kuhmilch. Sie hakten einander unter und bildeten einen Kreis, die Männer auf der einen, die Mädchen auf der anderen Seite, und verbrachten viele Stunden der Nacht mit dem Singen traditioneller Liebeslieder, zu denen sie sich im langsam schwingenden Rhythmus gemeinsam wiegten.

Bei Einbruch der Morgendämmerung trennte sich Sāuni von ihrem Geliebten und eilte zurück ins Haus, bereit für die Arbeit des kommenden Tages.

Die Reisfelder glichen an diesem Tag einer schier endlosen Wasserfläche. Klares kaltes Wasser, das ungehindert durch die tiefen Bewässerungskanäle strömte; kleine Rinnsale, die sich über die Lehmböschungen einen Weg bahnten oder durch undichte Dämme sickerten; stille warme Wasserflächen, in denen sich der Himmel matt spiegelte. Als die Sonne später stieg, begann alles zu schillern und zu glänzen: die silbernen Münzen der Ketten, die schwarzen, frisch geölten Haare, die Bündel mit den Reissetzlingen, die so grün waren wie das Moos, das in der Regenzeit die Buchenstämme überzieht. Später wurde das Gehen zwischen den Feldern zum Balanceakt. Die Lehmböschungen waren nun so dünn, dass man sich nur leichten Fußes daran entlangstehlen konnte, immer mit der Angst, dass sie einbrechen oder man selber in eines der Felder zu beiden Seiten fallen und die Setzlinge unter sich zerdrücken könnte.

Niemand sprach mit Sāuni über ihren Geliebten oder fragte sie, wo sie denn die Nacht über gewesen sei. Mina, Chola, Kāli und die meisten anderen jungen Frauen wussten Bescheid. Auch Kalchu, obwohl er es nie erwähnte und niemand mit ihm darüber sprach. Niemand verzieh ihr den Verrat an ihrem Mann und seiner Familie, aber alle konnten die Sehnsucht in ihrem Herzen sehen und die Hoffnung, dass sie eines Tages mit ihrem Geliebten zusammen sein würde.

Weitere vier Tage verliefen nach demselben Muster. Jeden Abend richtete Chola ein großes Reisessen aus. Und in der Nacht trafen sich Sāuni und einige andere Mädchen und Frauen mit ihren Geliebten bei den Wassermühlen, in irgendeinem Stall oder am Waldrand. Und tagsüber – von der Morgendämmerung bis zum Einbruch der Dunkelheit – wurde gepflanzt.

Am fünften und letzten Tag hatte sich die Stimmung auf den Reisfeldern geändert. Die Frauen waren völlig erschöpft, und ihre Rücken, Schultern, Beine und Köpfe schmerzten. Die bunten Röcke und Jacken, die sie am ersten Morgen so stolz getragen hatten, waren nun über und über mit Schmutz bedeckt und so unscheinbar wie ihre Alltagskleidung. Sāuni war besonders still. Sie hatte ihre ganze Lebensfreude wieder verloren und rief ihren Brüdern nicht länger freche Bemerkungen zu. Auch stimmte sie nicht mehr wie früher mit Elan eines der Pflanzlieder an, bevor sie sich kurz darauf vor Lachen bog, weil sie wieder einmal den Text durcheinander gebracht hatte. Aber vielleicht war sie auch nur müde.

Früh am nächsten Morgen ging sie still zurück ins Dorf ihres

Mannes. Chola hatte ihr einen Stoffbeutel mit Maismehl für die Schwiegereltern mitgegeben, als stillschweigende Anerkennung der Tatsache, dass die Ehe ihrer Tochter auch eine Verbindung der beiden Familien war und dass sie diese Ehe, trotz der traurigen Umstände, honorierten.

Der Monsun setzte in diesem Jahr schon eine Woche nach dem Bepflanzen der Reisfelder ein. Tag für Tag prasselten schwere Regentropfen auf die wässrigen Felder. Manchmal schien es, als ob die zarten Schösslinge vom Regen so schwer gepeitscht wurden, dass sie sich nie mehr vom Boden würden erheben können, und ein andermal konnte man glauben, dass sie von den Fluten weggetragen würden. Doch mit der Zeit wuchsen sie heran, und die spärlichen grünen Halme waren zwischen dem Schlamm und den grauen Nebel- und Regenschleiern kaum erkennbar. Mit der Zeit wurden sie aber langsam stärker und dichter, bis sich das ganze Tal schließlich in ein leuchtend grünes Meer verwandelt hatte.

Während der folgenden Monate kam Sāuni mehrmals zu besonderen Festen zu ihren *māiti* nach Hause. Bei ihrer Ankunft war sie dann immer laut und ausgelassen, borgte meine Seife und mein Shampoo, polierte ihren Schmuck, ölte und flocht ihr Haar, um sich schön zu machen. Als es dann aber an der Zeit war, zurückzugehen, war sie immer traurig. Ich fragte sie einmal, wie es denn um sie und ihren Geliebten stünde, und sie erzählte mir, dass sich nichts geändert hätte, obwohl es ein Treffen zwischen der Familie ihres Mannes und ihrem Geliebten und dessen Familie gegeben hatte. Zahlreiche Vertreter aus der männlichen Verwandtschaft beider Familien hatten sich auf neutralem Boden, an einer Stelle beim Fluss auf halber Strecke zwischen den beiden Dörfern, versammelt. Sie hatten versucht, hinsichtlich des Ehebruchgeldes zu einer Einigung zu kommen, hatten aber nichts erreicht. Sāunis Schwiegervater hatte darauf bestanden, keinen *suka* weniger als fünftausend Rupien anzunehmen, und ihr Geliebter hatte ihm vorgeworfen, knauserig und unvernünftig zu sein. Darauf wurde die Stimmung gereizt und es drohte Gewalt – die Verhandlungen waren festgefahren.

Einige Zeit nach dem Monsun wurden die Bewässerungskanäle wieder geschlossen und die Wasserzufuhr zu den Reisfeldern blockiert. Bald war der weiche Schlamm verrunzelt und rissig wie das Gesicht einer alten Frau. Mit der Zeit wurde das Grün der Reispflanzen gelb und schließlich so tiefbraun wie die ausgetrocknete Erde. Am dem Tag, an dem im Oktober mit der Ernte begonnen werden sollte, trug Chola einen Apfel und etliche *puris* zum steinernen Schrein von Bhuiar, dem Gott des Bodens. Der Schrein war eine kleine Hütte, die auf einem glatten Felsen in der Mitte eines zum Dorf gehörenden Reisfeldes errichtet worden war. Chola trug den Apfel und die *puris* in den Schrein. Dort ließ sie sie bei den Opfergaben anderer Familien als Dank für eine reiche Ernte, die von Wind, Hagel und Schädlingen fast völlig verschont geblieben war.

Sāuni kam zur Ernte nicht zurück. Anders als das Umpflanzen war die Reisernte kein besonderer Anlass. Diese Arbeit konnte von den Männern und Frauen des Dorfes bewältigt werden, und man war daher nicht auf Hilfe von außen angewiesen. Wieder war es ein warmer, sonniger Tag, doch diesmal bedeckte keine einzige Wolke den Himmel. Der Himmel war so klar und tiefblau wie Lapislazuli, und vor ihm schienen die schneebedeckten Berge am Ende des Tales plötzlich nackt und unwirtlich. Wie beim Umpflanzen arbeiteten wir auch diesmal in einer Reihe. Dabei raffte jeder ein Büschel Reispflanzen zusammen und schnitt es mit der Sichel ganz unten ab. Die abgeschnittene Garbe legten wir hinter uns und arbeiteten uns auf diese Weise weiter ins Feld vor. Dazu war zwar weniger Geschicklichkeit nötig als zum Umpflanzen, aber es war wichtig, die Halme mit einem einzigen Schnitt abzutrennen. Durch wiederholtes Hacken wären die reifen Körner zu Boden gefallen und in den Stoppeln verloren gegangen.

Sobald wir ein Feld abgeerntet hatten, trugen wir die Garben vorsichtig zu einer Stelle, an der Kalchu Matten und Decken ausgebreitet hatte. Dort schlug er mit Chola die Garben gegen einen schweren Stein, sodass die losen Körner in die Luft flogen und dann auf den umliegenden Matten landeten. Mehrmals am Tag trug Kalchu die losen Körner in einem gewebten Sack und die Garben mit einer Schnur gebündelt zum Haus zurück. Er legte die Garben auf dem Dach in der Sonne aus, und als dann nach etlichen Wochen auch die letzten Körner ausgereift waren, droschen er und Śaṅkar die Garben von neuem, doch diesmal mit Stöcken. Dann kippten sie die Körner in die schwere Holztruhe im Getreidespeicher neben dem Schrein auf dem oberen Dach und verfütterten das Stroh an die Rinder.

Als ich Sāuni das nächste Mal sah, war es Winter. Sie kam in ihren Schneeschuhen aus Filz mit Sohlen aus geflochtenen Seilen nach Hause. Ihr Gesicht war von der Kälte gerötet, und sie setzte sich ans Feuer, um ihre Hände zu wärmen. »Mein Mann ist zurückgekommen«, sagte sie sofort, und ich konnte an ihrem Gesicht nicht ablesen, was dies für sie bedeutete – ob er sie, wie sie immer befürchtet hatte, rasend vor Wut geschlagen hatte oder ob er beschlossen hatte, sie mitzunehmen. Alle starrten sie an und warteten. »Er bleibt aber nicht da«, fuhr sie fort. »Seine Mutter weint die ganze Zeit, weil er sagt, dass er in Indien ein neues Leben begonnen hat – beim Straßenbau.« An diesem Punkt änderte sich der unergründliche Ausdruck in ihrem Gesicht, ihre Augen begannen zu leuchten, und sie erstrahlte vor Glück. »Er und sein Vater haben eintausend Rupien akzeptiert. Morgen kommt Channa Lāl hierher, mit Geschenken für euch alle, und dann nimmt er mich mit nach Hause als seine Frau.«

Danksagung

Ich danke dem Northern Ireland Department of Education für die Finanzierung meiner Forschungen in Nepal. Mein Dank gilt auch Gabriel Campbell für seine Hilfe während meiner Forschungsarbeit und insbesondere auch für die Aufbereitung von Mythen und Zitaten, ohne die das Buch bei weitem nicht so anschaulich geworden wäre. Und ich danke auch den vier Lehrern aus der Ortschaft Jumla, Ṭasi Bahādur Buṛa, Nara Bahādur Buṛa, Keśāb Mahat und Chandan Rokāya, die meine zahlreichen Fragen mit so viel Geduld beantwortet haben. Insbesondere Keśāb Mahat war mir eine große Hilfe beim Übertragen und Übersetzen von Erzählungen und Liedern.

Für ihre Unterstützung während des Schreibens danke ich meinen vielen Freunden und Verwandten, ganz besonders Hanna Connell, Chris Sheppard, Debbie Taylor, Myra Connell und Mark Chamberlain.

Mein allergrößter Dank gilt jedoch den Menschen in Talphi, vor allem der Familie, bei der wir wohnten, und Peter Barker, der so viele Erlebnisse mit mir geteilt hat und dessen Bilder auf ihre Weise eine ähnliche Geschichte erzählen wie meine Worte. *Der Duft von Wacholder* ist ihr Buch genauso wie meines.

Für die deutschsprachige Ausgabe danke ich ganz besonders Ingrid Price-Gschlössl, die sich für das Buch vom ersten Augenblick an, als sie es auf einer Studienreise in Nepal kennen lernte, engagiert hat. Ich danke ihr für die Freundschaft, die aus der Arbeit an diesem Buchprojekt erwachsen ist, und natürlich auch für ihre Übersetzung.

Glossar

Aula: Hügelland im Süden Nepals und das Terai-Gebiet, wohin im Winter die Schafe gebracht werden. Wörtlich bedeutet es »Malaria« oder »heißer unwirtlicher Ort«.

Bāhan: Einer der vielen Dämonen, der von den Maṣṭā-Göttern besiegt und in eine niedrigere Gottheit verwandelt wurde. Manchmal auch als Diener der Maṣṭās bezeichnet.

balṭu: Heilpflanze, die in den Bergen gesammelt und im Süden verkauft wird.

Bānba: Dämon, der in den *paṛeli* genannt wird.

Ban Bhāi: Waldgott.

ban chhoṛāi: Das Verlassen des Waldes – ein Ritual, das die Zeit des Sammelns der Kiefernnadeln in den Wäldern abschließt.

ban pasāi: Das Betreten des Waldes – ein entsprechendes Ritual, das zu Beginn des Kiefernnadelsammelns stattfindet.

Bāra Bhāi: Die Zwölf Brüder; gemeinsamer Name für alle Maṣṭā-Götter. Tatsächlich gibt es mehr als zwölf.

Bārakot: Gebiet im südlichen Hügelland von Nepal.

Bārakote: Aus dem Bārakot stammender Mensch.

baṭuka: Schüssel; auch eine schüsselförmige Pilzart.

Bhawani: Gottheiten, die im Hausschrein verehrt werden, meist eine oder zwei.

Bhuiaṛ: Der Gott des Bodens.

»*Bihā bhayo!*«: »Sie sind verheiratet!«

Bijulī Maṣṭā: Ein Maṣṭā-Gott.

Chait: Nepalischer Mondmonat, ungefähr vom 15. März bis 15. April.

Chait Dasaiṅ: Bhawāni geweihtes Fest im Monat *Chait*.
chang (Tib.): Tibetisches Reisbier.
chaturdaśi: Der Tag vor dem Vollmondfest.
Chhetri: Hindukaste.
chillim: Kegelförmige Tonpfeife, die für gewöhnlich mit selbst angebautem Tabak geraucht wird.
chuba (Tib.): Traditioneller tibetischer Mantel aus Wolle oder Fell.
dāl: Sauce, die mit Reis oder *roṭis* gegessen wird.
Damāi: *Ḍum* oder die Unberührbarenkaste der Schneider, die auch als Musikanten arbeiten.
ḍāṅgri: Priester, der den Schrein betreut und Tieropfer darbringt.
dāṅtelo: Corniger Strauch mit magischen Kräften, aus dessen Beeren Öl gewonnen wird.
desu: Buchweizenbrot, das auf Reisen mitgenommen wird, weil es relativ lang frisch bleibt.
dhāmi: Orakel oder spirituelles Medium.
dhāmini: Weiblicher *dhāmi*.
»dhanyabād«: »Danke«.
dharamsālā (auch *dharmasālā*): Unterstand am Wegrand für Reisende. Oft aus religiösen Gründen errichtet.
dhoti: Lendentuch.
duadaśi: Die drei Tage vor dem Vollmondfest.
Ḍum: Männliches Mitglied der Kaste der Unberührbaren: *Sārki* – Lederarbeiter; *Damāi* – Schneider (und Musikant); *Kāmi* – Schmied.
Ḍumini: Weibliches Mitglied der Kaste der Unberührbaren.
ekādaśi: Elfter Tag des Mondmonats, vier Tage vor dem Vollmondfest.
gāgro: Großes Wassergefäß.
Ganescha: Hindugott des Wohlstands, dargestellt mit Elefantenkopf.
ghaṭ: Verbrennungsstätte am Flussufer.
hātijaro: Heilpflanze, die im Süden verkauft wird.
haut: Süßspeise aus zu einer Art Paste eingekochter Milch.

hirin: Sterberitual, bei dem dem Sterbenden für gewöhnlich von männlichen Verwandten Wasser gereicht wird. Manchmal wird ihm auch eine Münze in den Mund gelegt.

»Hiuṅ āyo«: »Es schneit«.

Indra: König der Hindugötter und Kriegsgott. Wird manchmal als Schöpfer oder Vater der Maṣṭā-Götter bezeichnet.

iṣṭa: Ritueller Handelspartner oder Freund, oft aus einer über Generationen befreundeten Familie stammend.

jharo: Pechkieferspäne, die als Zündmaterial oder zur Beleuchtung verwendet werden.

Jimale: Ort, an dem die Dorfbewohner während des Monsuns siedeln.

Kālādika: Grasige Hochebene unweit des Dorfes.

Kāmi: Ḍum oder Unberührbarenkaste der Schmiede.

Kānchho: Jüngster Bruder. Bezieht sich hier auf Kalchus jüngsten Bruder. Kalchus Kinder nannten ihn Kānchho Bā: Vaters jüngster Bruder.

kaṅkani: Wilde, weinrebenartige Pflanze, deren Sprossen, Blätter und Beeren gegessen werden.

kanyādān: Orthodoxe Hinduhochzeit. Wörtlich »Geschenk einer Jungfrau«.

karaso: Hölzerner Rechen.

karāti: Die Nächte bis zum Vollmondfest, wenn die *dhāmis* besessen sind und tanzen.

Kārtik: Nepalischer Mondmonat, ungefähr 15. Oktober bis 15. November.

Kaskā Sundari Devī: Regional verehrte Göttin.

katuka: Heilpflanze, die im Süden verkauft wird.

lāḍu: Bällchen aus Reis und Honig, traditionelle Süßspeise bei Hochzeiten.

lekh: Bergpass.

liṅga: Kiefernpfahl, der vor einem Schrein aufgestellt wird.

lukal: Satteltasche aus Leder und Wolle, die von Schafen und Ziegen getragen wird.

Māilo: Mittlerer Bruder. Bezieht sich hier auf den Bruder, der jünger als Kalchu, aber älter als Kāncho, der jüngste Bruder, ist.
māiti: Geburtshaus und Familie der verheirateten Frau.
Maiyu: Eine der beiden Gottheiten, die in einem Hausschrein verehrt werden.
mal: Dünger aus Kiefernnadeln und Kuhmist.
mānā: Maßeinheit für Flüssigkeiten oder Getreide; etwa ein halber Liter.
māṅgal: Traditionelle Lieder, die bei Geburten, Hochzeiten und Beisetzungen gesungen werden.
mantri: Eine Frau, die mit magischen Beschwörungen Krankheiten heilt.
Maṣṭā: Die Maṣṭās sind in dieser Region die wichtigsten Götter. Sie werden auch Bāra Bhāi oder die Zwölf Brüder genannt.
matawāli: Alkohol trinkend.
mitini: Rituelle Freundin.
»Mitini āmā ayo«: »Mutters *mitini* ist hier«.
pachyauro: Ein von Frauen getragenes Umhängetuch, das oft zu rituellen Anlässen überreicht wird.
paiṭh: Vollmondfest.
pareli: Die Lebensgeschichte eines Gottes, die über das Medium eines besessenen *dhāmi* erzählt wird.
pheṭa: Ein von Männern getragener Turban, der als rituelles Geschenk überreicht wird.
prasād: Den Göttern geopferte Nahrungsmittel, die zunächst im Geiste gegessen und dann gesegnet an die Menschen zurückgegeben werden.
puri: Gebratenes, ungesäuertes Brot.
purnimā: Tag des Vollmonds.
raksi: Alkoholisches Getränk, das aus Gerste, Hirse oder Reis gebrannt wird.
roṭi: Ungesäuertes Brot aus Weizen-, Gersten-, Mais- oder Hirsemehl.
Sārki: *Ḍum* oder Unberührbarenkaste der Lederarbeiter.

Sāun: Nepalischer Mondmonat, ungefähr vom 15. Juli bis 15. August.

Sāun Saṅkrānti: Fest, das am ersten Tag des *Sāun* stattfindet.

siṅdur: Zinnoberrotes Pulver, mit dem der Bräutigam den Scheitel der Braut bemalt.

suka: Münze im Wert einer Viertelrupie.

tār: Ziegenartiges Wild, das zur gefährdeten Tierart erklärt wurde und dessen Tötung nun verboten ist.

tetradaśi: Die zwei Tage vor dem Vollmond.

tetua: Grober, handgewebter Baumwollstoff, der aus Aula mitgebracht und dann zu Kleidungsstücken verarbeitet wird.

ṭikā: Auf die Stirn gemaltes Segenszeichen.

ṭola: Gewichtsmaß, etwa 15 Gramm.

ṭopi: Traditionelle Kopfbedeckung der Männer in Nepal.

Ṭhakuri: Hindukaste.

Tharpā Bāhān: Einer der Bāhān-Götter.

Ukhāṛi Maṣṭā: Einer der Maṣṭā-Götter.

Wischnu: Einer der wichtigsten Hindugötter, der Gott der Erhaltung.

Yāṅge: Einer der Maṣṭā-Götter.

Aussprachehilfe

Interessierte Leser finden nachstehend eine kleine Anleitung zur Aussprache der nepalischen Wörter.

Vokale

a	kurzes, dumpfes *o* wie in Kl*o*tz
ā	langes *a* wie in B*a*d oder N*a*se
i, ī	beide wie normales *i* in St*i*mme
u, ū	beide wie *u* in K*u*h
o	lang gezogenes *o* wie in *O*ma, M*o*tor
oi	deutsche *eu* wie in *Eu*le
ṅ	zeigt an, dass der vorhergehende Vokal nasaliert wird, etwa wie im Französischen sa*n*g, *en*, ci*n*q, mo*n*t, lu*n*di

Konsonanten

d, ḍ	beide wie normales *d* in *d*umm
h	für sich allein ist das *h* kaum hörbar. Nach einem Konsonanten wird dieser aspiriert oder mit einem kräftigen Ausatmen ausgesprochen (eine Ausnahme ist *ch*, das wie *tsch* in Ma*tsch* ausgesprochen wird), *chh* spricht sich wie *tsch* und *h* in zwei Silben
j	stimmhaftes *dsch* wie in *Dsch*ungel
ph	wie *f* in Foto

kk	kurzes *k* wie in Ja*ck*e
kh	beide Laute sind hörbar, werden aber wie einer ausgesprochen
r̥	Aussprache ähnlich d
ṣ	immer scharf und stimmlos wie in *s*ingen
s	wie *sch* in *Sch*iff
t, ṭ	beide wie normales *t*
y	wie *y* in *J*äger

Alle übrigen Laute, auch Doppellaute wie *au,* werden wie im Deutschen ausgesprochen.

Alle nepalischen Wörter sind im Text kursiv gedruckt und werden im Glossar erklärt.